Peter Anklam

Analyse und Planung im Outfit-Einzelhandel

Erfolgreiche Betriebsführung durch professionelles Kalkulations- und Kostenmanagement

Deutscher Fachverlag

Bibliografische Information Der Deutschen Bibliothek

Die Deutsche Bibliothek verzeichnet diese Publikation in der Deutschen Nationalbibliografie; detaillierte bibliografische Daten sind im Internet über http://dnb.dnb.de abrufbar.

ISSN 1433-3899

ISBN 978-3-86641-069-5

Umschlag: Bayerl & Ost, Frankfurt am Main

Satz: UCMG, Kiew

Druck und Bindung: Stürtz GmbH, Würzburg

Inhalt

III Planungsrechnungen in der Anwendung

Vorwort

Zunächst ein Zitat aus dem Buch „More Net Profit" des Unternehmensberaters Herbert N. Casson aus dem Jahr 1928 (!), das heute noch genauso Bestand hat wie damals und sich im Kern mit meinem Vorwort deckt:

„Keinen Gewinn zu erzielen, das ist nicht nur ein Stück Buchhaltung, es ist ein **Unglück** *und muss als solches behandelt werden. Alle gesunden und aufrechten Firmen erzielen Gewinne. ... Die Sache ist die, dass wenige Firmen es wagen, den Tatsachen ins Antlitz zu sehen. Sie rechnen damit, dass ihre Buchhaltung ihre Fehler und Verluste verdecken werde. Sie denken zuerst an den Schein und erst in zweiter Linie an die wahren Tatsachen. ... Als einst Napoleon an drei oder vier Fronten Krieg führte, gab er den Befehl, ihn nur dann zu stören, wenn es sich um eine schlechte Nachricht handeln sollte. Und eben weil Napoleon Tatsachen zu hören wünschte und keine Komplimente, wurde er einer der erfolgreichsten Feldherren, die die Welt jemals kannte. ... Blicke den unangenehmen Tatsachen ins Auge. Geh geradewegs auf sie los; such sie auf. Dein Unternehmen hat Geld verloren: Geh dem Verlust auf den Grund!*

Eine feine Dame sprach einst einen Wanderburschen an: „Sagen Sie, nach welchem Prinzip reisen Sie eigentlich durch's Land?" – „Sehr einfach", antwortete dieser, „ich kehre dem Wind immer den Rücken zu." Ein richtiger Landstreicherwahlspruch! „Immer den Wind im Rücken": Ausgangspunkt für Müßiggang, Schwäche und Misserfolg. Der Wahlspruch des Tüchtigen lautet: „TROTZ DEM WIND! BLICK IHM INS AUGE!" ... Wichtigste Regel: ... Wenn Sie Verluste erleiden, tadeln Sie sich selbst."

Aber: Komplimente und Optimismus müssen natürlich auch sein ...!
Ich komme ohne Umschweife auf den Punkt: Dieses Buch soll helfen, mithilfe von Zahlenanalysen den Gewinn eines Warenhandelsbetriebs zu verbessern. Höhere Gewinne, steigende Erträge, Kosten in vernünftiger Höhe und hohe Leistungsdaten fördern auch ein gutes Betriebsklima, machen allen Beteiligten Spaß und Freude. Und zwar nicht nur dem Inhaber, sondern auch den Mitarbeitern. Auch das kann man schon bei Herbert N. Casson nachlesen:

„Es ist eine wissenschaftliche Tatsache, dass Begeisterung die Anzahl der roten Blutkörperchen vermehrt und das menschliche Leben verlängert. ... Ist es

euch jemals aufgefallen, dass die meisten traurigen Leute sehr mager und die Begeisterungsfähigen dick und rosig sind? ... Die Ärzte sagen: Lache und werde dick. Ich aber sage: Lache und werde reich. Heiterkeit ist eine Großmacht im Geschäft, fast genauso wie Reklame, Personalschulung oder Verkaufskunst. Heiterkeit verringert die Unkosten, belebt die Denkkraft, macht die Leute eifrig und interessiert an ihrer Arbeit. ... Man frage einen ausgedienten Soldaten. Er weiß es, nur Musik und Scherz halten eine Armee an der Front."

Insofern kann Gewinnsteigerung auch helfen, soziale Bedürfnisse zu befriedigen. Gewinn und Mitarbeiterzufriedenheit schließen sich nicht aus – im Gegenteil! Wo mehr übrig bleibt, kann auch mehr verteilt und mehr gefeiert werden, und es bleibt sogar Raum für soziales Engagement.

Um dies zu erreichen, muss leider manchmal hart durchgegriffen werden. Trennungen von liebgewordenen Sortimenten, von Standorten, von langjährigen Mitarbeitern oder sogar von eigenen Familienmitgliedern bleiben unter Umständen nicht aus. Die deutlichen Reformen, die wir immer von der Politik fordern, sind genauso häufig in Unternehmen nötig, besonders bei Betriebsformen, die im Lebenszyklus bereits in der Sättigungs- oder Verfallsphase sind. Ich habe die Erfahrung gemacht, dass sich Unternehmensberatungen häufig mit psychologischen oder familiären Problemen ihrer Kunden beschäftigen und die Kernursache für Verluste der Unternehmung oft beim Management selbst zu finden ist.

Im Mittelpunkt dieses Buches stehen unzählige Analysen, die helfen sollen, sämtliche Schwachstellen im Betrieb zu durchleuchten und anschließend konkrete Maßnahmen zu entwickeln. Sowohl der Anfänger soll angesprochen werden, der bislang noch nichts mit Zahlen zu tun hatte, als auch der Zahlenprofi, der mit Sicherheit in diesem Buch neue Ideen und Techniken für seinen beruflichen Alltag finden wird.

Im **ersten Kapitel** findet sozusagen die „Grundausbildung" statt. Fachbegriffe und Formeln werden erklärt, die zum Verständnis der weiteren Kapitel notwendig sind.

Im **zweiten Kapitel** geht es dann an das „Eingemachte": Es werden Originaltabellen aus der Praxis (BWA, GuV, KER, ...) vorgelegt, analysiert und Maßnahmen besprochen. Als Unterstützung kann der Leser sich bei www.panklam.de ein Analysetool in Excel downloaden.

Im **dritten und letzten Kapitel** werden in gleicher Weise und ebenfalls mit einem Download-tool alle wichtigen Planungsrechnungen erläutert (Planung von Umsatz, Personal, Existenzgründung, neue Filiale, Umbau, Sortiment, Limit, Räumungsverkauf).

Mode und Zahlen passen auf den ersten Blick nicht zusammen. Der Leser wird jedoch realisieren, dass mit den richtigen Managementtechniken unsere Branchen Bekleidung, Textil, Schuhe und Sport auch nicht riskanter zu steuern sind als andere. Eine repräsentative Umfrage des Verfassers im Textilhandel ergab, dass es eine auffällig starke Korrelation zwischen Know-how und Profit gibt. Eine weitere Untersuchung von Dr. Eickhoff 1997 bei den Solitären im deutschen Textilhandel zeigte, dass zwei Erfolgstypen die besten Ergebnisse aufweisen:

* der intuitive Individualist
* der systematische Stratege

Den Ersteren kann ich mit diesem Buch zunächst nicht bedienen. Die Unternehmerpersönlichkeit muss ihm quasi angeboren sein. Analyseschemen würden ihn nur behindern. Jedoch kann man schlecht zur Bank gehen, einen Kredit einfordern mit der Absicherung, dass man die richtige Intuition schon hätte. Banken legen Wert auf überzeugende Vorlagen und Analysen. Insofern kann dem intuitiven Individualisten doch geholfen werden. Dem zweiten Typ allemal. Es gibt fast nichts, was im Betrieb nicht untersucht werden könnte.

Trotzdem muss einiges immer noch mit dem Bauch entschieden werden. Ich habe bislang z. B. immer noch kein wasserdichtes System zur richtigen Personalauswahl gefunden – da muss man sich eher auf seine Intuition und persönliche Erfahrung verlassen. Dabei bleiben Fehler nicht aus, im Gegenteil, auch sie vergrößern den Erfahrungsschatz. Auch beim Einkauf hilft keine Statistik weiter, wenn es darum geht, das richtige einzelne Teil aus der Kollektion herauszusuchen.

Aber gerade das macht unsere Branche so spannend. Es gibt keinen vergleichbaren, vielseitigeren Job, bei dem die Zeit so schnell vergeht wie im Oufit-Handel. Die Branche bringt viel Spaß und Freude, wenn man nur will. ...

Ich bedanke mich bei allen, die mir in den letzten Jahren viel Input zu diesem Buch geliefert haben. An erster Stelle bei meiner Frau Katharina (selbst in der Modebranche tätig), bei meinem Vater Hugo (LDT-Dozent und Unternehmensberater, der viele Vorlagen erfand), bei meinen Kollegen an der LDT Nagold: den Herren Jung, Petri, Ziegler, Heitmann, Kerbel und Geil als „Sparringspartner", meinem Geschäftspartner Adolf Mayer-Rosa, bei Herrn Uhlhaas (dem Unternehmensberater, bei dem ich diesen Beruf „lernen" durfte) sowie bei meinen ERFA-Mitgliedern, den LDT-Studenten sowie bei meinen Mitarbeiterinnen in den Läden für viele Diskussionen und Anregungen aus der Praxis.

Peter Anklam
im Sommer 2007

Abkürzungsverzeichnis

Abt.	Abteilung
AfA	Abschreibung für Anlagegüter (Anlagevermögen)
Änd.	Änderung(en)
Ausz.	Auszeichnung
AZ	Arbeitszeit
BE	Betriebsergebnis
BTE	Bundesverband des Deutschen Textileinzelhandels
Btlg.	Beteiligung(en)
BV	Betriebsvermögen
BWA	Betriebswirtschaftliche Auswertung (Statistik in der FiBu)
DOB	Damenoberbekleidung
eff.	effektiv (z. B. tatsächlich verbuchte Aufwendungen)
EH	Einzelhandel
Eing. Sp.	Eingangsspanne
EK	Einkaufspreis, -wert
EKP	Einkaufspreis
Entw.	Entwertungen (verbuchte, herabgesetzte Preise)
ERFA-Grp.	Erfahrungsaustausch-Gruppe (Kooperation von Einzelhändlern)
EW	Einkaufswert
Erz. Sp.	Erzielte Spanne
FfH	Forschungsstelle für den Handel, Universität Berlin
FEH	Facheinzelhandel
FG	Fachgeschäft(e)
FiBu	Finanzbuchhaltung
GR	Gesamtraum
GuV	Gewinn- und Verlustrechnung
HAKA	Herren-Konfektion (früher: Herren- und Knabenkonfektion)
HA/KW	Abt. Handarbeiten, Kurz- und Meterwaren
HAP	Händlerabgabepreis
i. e. S.	im engeren Sinne
i. d. R.	in der Regel
IfH	Institut für Handelsforschung, Universität Köln
Inv. Diff.	Inventurdifferenz(en)
Kalk.	Kalkulation bzw. kalkulatorisch (Gegenstück zu eff. Kosten)
KER	Kurzfristige Erfolgsrechnung
LUG	Lagerumschlagsgeschwindigkeit

MW	Multiplikationswert (bei Berechnungen zur Mischkalkulation)
MwSt.	Mehrwertsteuer(-satz)
ÖZ	Öffnungszeit
OG	Obergeschoss
PÄ	Preisänderungen
Pers. Ges.	Personengesellschaft (Rechtsform, z. B. Einzelfirma, KG, ...)
POS	Point of Sale (Verkaufspunkt/-stelle)
SGE	Strategische Geschäftseinheit (z. B. Abteilung, Zielgruppe)
TEH	Textileinzelhandel
TW	Textil-Wirtschaft (Fachzeitschrift)
UG	Untergeschoss
VK	Verkaufspreis, -wert
VKP	Verkaufspreis
VR	Verkaufsraum
VW	Verkaufswert
WE	Wareneingang
WEK	Wareneinkaufs-Konto der GuV
WGR	Warengruppe
WL	Warenlager (i. d. R. der durchschnittliche Warenlagerbestand zum VW)

I

Einleitung

(Grundbegriffe, Basiswissen, Übungen)

1 Wichtige Begriffe aus dem Rechnungswesen

Endverbraucherpreis (EVP) – oft „VK" genannt
POS-Preis, Verkaufspreis aus Sicht des Händlers (VK), im Laden zu bezahlen, i. d. R. brutto (also inkl. MwSt.), z. B. 79,95 €.

Händlerabgabepreis (HAP) – oft „EK" genannt
Verkaufspreis = Umsatz aus Sicht des Herstellers bzw. Wholesalers, aus Sicht des Händlers der Einkaufspreis (EK), z. B. 31,50 €.

Aufschlags-Spanne (in %)
Differenz EVP – HAP = aufgeschlagener **Bruttogewinn**, dieser wird in % zum HAP gesetzt, eher Industrie-Sicht. **Beispiel:**

$$\frac{79,95\ € - 31,50\ €}{31,50\ €} = \frac{48,45\ € \text{ Bruttogewinn}}{31,50\ € \text{ HAP}} = 153,8\%$$

Abschlags-Spanne (in %)
Differenz EVP – HAP = aufgeschlagener **Bruttogewinn**, dieser wird in % zum EVP gesetzt, eher Handels-Sicht. **Beispiel:**

$$\frac{79,95\ € - 31,50\ €}{79,95\ €} = \frac{48,45\ € \text{ Bruttogewinn}}{79,95\ € \text{ EVP}} = 60,6\%$$

Umsatz brutto
Umsatz inkl. MwSt., i. d. R. im Verkaufspreis gemessen, also im POS-Preis. Wenn Händler sich über Umsätze unterhalten, abends beim „Kasse machen" ihre Umsätze feststellen oder in Fachzeitschriften Umsätze veröffentlicht werden, dann handelt es sich i. d. R. um Bruttoumsätze (häufiger Umsatzbegriff).

Umsatz netto
VK-Umsatz ohne MwSt., besser geeignet, um bei sich ändernden MwSt.-Sätzen Umsätze über Jahre hinweg zu vergleichen. Dieser Umsatz wird eher von Buchhaltern, Steuerberatern und von den Finanzbehörden verwendet (eher seltener Umsatzbegriff).

Erlöse
Gemeint sind die Umsätze bzw. Umsatzerlöse. Eher wissenschaftlicher Begriff.

Erträge
Deckungsbeitrag, nachdem vom Umsatz die Kosten für die Waren, die MwSt. sowie die Preisabschriften abgezogen sowie die Skonti-, Boni- und sonstigen Erträge addiert wurden.

Aufwendungen
Leistungsverzehr, Minderungen der Erträge, die zum Gewinn führen.

Betriebskosten
Leistungsverzehr, betriebsbedingte Minderungen der Erträge, die zum Gewinn führen. Betriebsbedingt heißt, dass die Position zu 100 % durch den Warenhandel verursacht sein muss. Diese Kostenpositionen können auch kalkulatorisch sein. Kalkulatorisch heißt, dass man einen Marktpreis für z. B. ein Unternehmen, für ein eigen genutztes Gebäude ohne Mietzahlungen, für ein Auto oder ein Warenlager einsetzt.

Deckungsbeitrag
Erträge minus Kosten (dabei unterscheidet man verschiedene Stufen von Kosten, z. B. Stufe I = Warenkosten werden abgezogen = Bruttogewinn, Stufe II = direkt zurechenbare Kosten werden abgezogen und Stufe III = nicht zurechenbare, allgemeine Kosten kommen zum Tragen).

Steuerlicher Reingewinn
Gewinn bzw. Verlust GuV; Erträge (Haben) minus alle Aufwendungen (Soll) laut GuV (meist in € angegeben).

Betriebsergebnis
Betriebliche Erträge minus alle betrieblichen Kosten (meist in % angegeben).

Umsatzrendite (in %)
Steuerlicher Reingewinn oder Betriebsergebnis in % zum Bruttoumsatz oder in % zum Nettoumsatz (also vier Möglichkeiten). Häufig z. B.:

$$\frac{65.000 \text{ € Steuerlicher Gewinn GuV}}{1.000.000 \text{ € Bruttoumsatz}} = 6,5\%$$

Kapitalrendite (in %)

Auch ROI (Return on Investment) genannt; Gewinn bzw. Rückfluss aus einer getätigten Investition in % zur investierten Kapitalsumme.

Da das Kapital oft nur einen Bruchteil des Umsatzes einer Firma ausmacht (besonders in gemieteten Räumen ohne eigenes Haus), fällt die Kapitalrendite meist viel höher aus als die Umsatzrendite. Häufig z. B.:

$$\frac{65.000 \ € \ \text{Steuerlicher Gewinn GuV}}{300.000 \ € \ \text{Bilanzsumme = Kapital}} = 21,7\%$$

Eigenkapitalquote (in %)

Eigenkapital in % zur gesamten Bilanzsumme (= Gesamtkapital)

Cashflow

Einnahmen minus Ausgaben = Cashflow (Liquiditätszufluss bzw. -abfluss). Es gibt viele verschiedene Cashflow-Ergebnisse, je nach Betrachtungsweise (z. B. ohne/mit Zinsen, ohne/mit Tilgungen, ohne/mit Abschreibungen, ohne/mit Privatentnahmen des Unternehmers).

EBIT

„Earnings before interest (Zinsen) and taxes (Steuern)"; Steuerlicher Reingewinn GuV ohne Berücksichtigung der Zinsen und der neutralen Aufwendungen und Erträge (z. B. Mieteinnahmen der Privatwohnung im 2. Stock) sowie der Personensteuer (z. B. Einkommensteuer). Dieser Gewinn ist zwischen verschieden finanzierten Unternehmen besser vergleichbar.

EBITDA

„Earnings before interest (Zinsen), taxes (Steuern), depreciation (Abschreibungen) and amortization (Amortisierung)"; EBIT, jedoch ohne Berücksichtigung der Abschreibungen.

KER

Kurzfristige Erfolgsrechnung (im Handel). Im Ursprung lediglich die Berechnung des Deckungsbeitrags durch den Warenhandel, ohne Berücksichtigung der weiteren Kosten. Dieser Deckungsbeitrag wird z. B. für jede einzelne Warengruppe (auch „Lager") oder z. B. für jeden Lieferanten einzeln berechnet (WGR-KER oder Lieferanten-KER).

Umsatz brutto	1.000.000 €	=	100 %
− Wareneinsatz	470.000 €		
= Bruttogewinn	530.000 €	=	53 % (erzielte Spanne)

Warengruppen-KER
(WES = Wareneinsatz)

WGR 11 Mäntel	Umsatz 100 T€	WES 48 T€	→ Spanne 52 %
WGR 12 Jacken	Umsatz 200 T€	WES 90 T€	→ Spanne 55 %
WGR 13 Blazer	Umsatz 100 T€	WES 51 T€	→ Spanne 49 %

...

→ Warengruppe Jacken ist am besten

Lieferanten-KER

Lieferant A	Umsatz 100 T€	WES 48 T€	→ Spanne 52 %
Lieferant B	Umsatz 200 T€	WES 90 T€	→ Spanne 55 %
Lieferant C	Umsatz 100 T€	WES 51 T€	→ Spanne 49 %

...

→ Lieferant B ist am besten

Wareneinsatz
Im betrachteten Zeitraum zur Verfügung gestandene Ware. **Beispiel:**

Anfangsbestand (Inventurbestand)		100.000
+ Wareneingang (Zeitraum) = Zugänge		500.000
− Endbestand Ende des Zeitraums		150.000
= Wareneinsatz (Zeitraum)		450.000

Durchschnittlicher Bestand
gemittelter Warenbestand aus mehreren Lagerbeständen (im EK oder im VK).
Im einfachsten Fall (Anfangsbestand + Endbestand) : 2, i. d. R. jedoch:

Inventurbestand + 12 Monats-Endbestände		Durchschnittlicher
13 (Monate)	=	Lagerbestand

Beispiel (in T€):
(100* + 110 + 90 + 90 + 90 + 110 + 100 + 110 + 110 + 90 + 100 + 90 + 110) : 13 = 100

Die Monatsbestände liest man i. d. R. aus der KER der EDV-Warenwirtschaft ab. Den ersten Inventurbestand* zählt man bei der Inventur.

Preisänderungen
Schmälerungen des ursprünglich geplanten (= kalkulierten) Umsatzes; z. B. über Preisreduzierungen / -abschriften, Kundenrabatte, Preisnachlässe, Personalrabatte etc. Die Personalrabatte sind aus steuerlichen Gründen getrennt von Kundennachlässen zu erfassen.
Preisänderungen werden (a) relativ selten generell zur Vorbereitung und zum schnelleren Abkassieren schon vorab im Computersystem erfasst, während (b) die meisten Händler die Preisnachlässe erst dann erfassen, wenn sie real anfallen, d. h., der Kunde kauft den Artikel und bezahlt. Der Kassierer tippt nun von Hand den reduzierten Betrag ein (flexibler, geringerer Aufwand, jedoch bei Schlussverkäufen teilweise blockierend).

Eingangsspanne
Bruttogewinn des Artikels, so wie er ursprünglich kalkuliert wurde:
Beispiel: EK 50, VK auf dem Etikett 119 → Eingangsspanne im Abschlag
= (119 − 50) : 119 = 69 : 119 = 57,98 %

Erzielte Spanne
Bruttogewinn des Artikels mit dem tatsächlich realisierten Verkaufspreis an der Kasse (siehe Preisänderungen):
Beispiel: EK 50, VK auf dem Etikett 119, Kunde bekommt einen reduzierten Preis von 99 → Erzielte Spanne im Abschlag
= (99 − 50) : 99 = 49 : 99 = 49,50 %

Lagerumschlag (LUG)
Zeigt auf, wie viele Male in einem Zeitraum (z. B. pro Jahr) sich ein komplettes Warenlager umschlägt („dreht"). Schnelle Lebensmittel-Discounter weisen eine LUG von bis zu 52-mal auf, deren Warenlager dreht sich also 1-mal pro Woche,

bei Lieferstopp wäre der Laden nach einer Woche also leer. Im Outfit-Bereich liegt die LUG bei ca. 1,0- bis 10,0-mal, die meisten Händler liegen jedoch zwischen 1,5- bis 3,5-mal pro Jahr.

Formel (Werte aus der KER ablesen):

$$\frac{\text{Umsatz brutto VK } 1.000.000 \text{ €}}{\text{durchschnittlicher Lagerbestand VK } 400.000 \text{ €}} = \frac{\text{Wareneinsatz EK } 480.000 \text{ €}}{\text{durchschnittlicher Lagerbestand EK } 192.000 \text{ €}} = 2,5 \text{ (Mal p. a.)}$$

Abverkaufsquote (AVQ oder AQ)

Anteil verkaufter Teile in % im Zeitraum X von den im Zeitraum eingetroffenen Wareneingängen; z. B. 75 Teile verkauft, 100 Teile eingekauft, AVQ = 75 %. Wird auch ab und zu in €-Werten angegeben.

2 Bilanz und GuV im Outfithandel – Grundstruktur

Mit der Jahresabschluss-Bilanz und der Gewinn- und Verlustrechnung (GuV) soll grundsätzlich Steuergerechtigkeit hergestellt werden. Primäres Ziel ist die genaue und wahrheitsgemäße Steuerermittlung, sonst würde der Staat die **Buchhaltung** ab einer gewissen Umsatzgröße nicht vorschreiben. Die Zwecke, die damit verfolgt werden, sind also **extern**. Die **Warenwirtschaft** dagegen ist mehr oder weniger freiwillig und verfolgt **interne Zwecke** (z. B. Optimierung des Einkaufs).

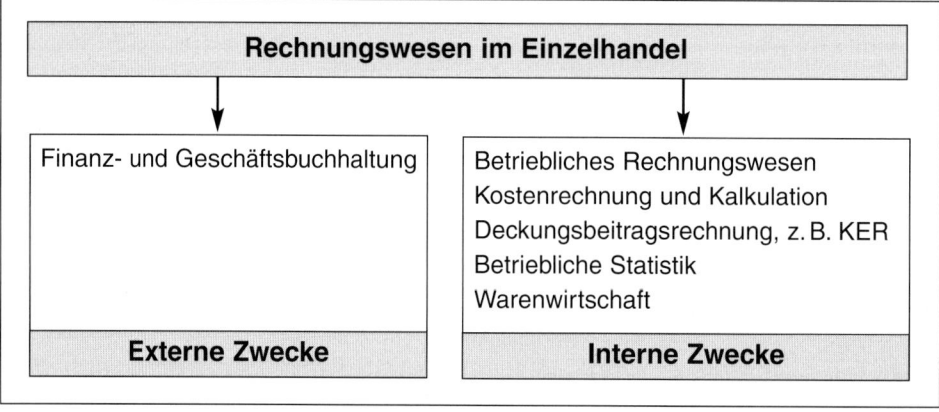

Abb.: Rechnungswesen im Einzelhandel

Deshalb wird die Buchhaltung – aus deren Jahresergebnissen die Bilanz und die GuV entstehen – häufig im Einzelhandel als „Pflichtübung" verstanden und gerade bei kleineren Betrieben ungerne erstellt; teilweise wird auch die Fertigstellung um mehr als ein Jahr hinausgezögert. Man erkennt oft nicht den **Internen Nutzen**, den auch die Buchhaltung für die Unternehmensführung bringen kann. Durch eine verspätete Fertigstellung sinkt dieser Nutzen erheblich.

Grundsätzlich besteht die Bilanz aus der Gegenüberstellung von Fremdkapital (FK) und Vermögen (Anlagevermögen AV und Umlaufvermögen UV). Die Differenz sollte positiv sein und nennt sich **Eigenkapital (EK)**. Je höher das Eigenkapital, umso stabiler sind im Allgemeinen die Finanzverhältnisse. Ist das Fremdkapital höher als das Vermögen, so ergibt sich ein negatives Eigenkapital (linke Seite).

Wir gehen im Folgenden immer von einem Geschäftsjahr (= Kalenderjahr) vom 1.1. bis zum 31.12. aus, wobei auch andere Zeiträume denkbar sind.

Beispiele für AV: Ladeneinrichtung, Pkw (Restbuchwert im Geschäftsjahr)

Beispiel für UV: Waren-Endbestand zum 31.12. (bewertet zum Marktpreis)

Beispiele für FK: Darlehen, Kontokorrent (aktueller Stand zum 31.12.)

BILANZ (Grundform)

Vermögen	*Kapital*
AV	EK
UV	FK

GUV (Grundform)

Aufwendungen	*Erträge*
WEK *(Wareneinsatz EW)*	WVK *(Umsatzerlöse VW netto ohne MwSt.)*
Aufwendungen	
Steuerlicher Reingewinn	

Die Gewinn- und Verlustrechnung (GuV) setzt sich aus Erträgen und Aufwendungen zusammen. Sind die Erträge höher als die Aufwendungen, so kommt es zu einem positiven **steuerlichen Reingewinn**, oft auch bezeichnet als Bilanzgewinn oder Jahresüberschuss. Ist dies nicht der Fall, so ergibt sich ein **Verlust**.

Der „Gewinn" ist im Einzelhandel ein vieldeutiger Begriff. Im Allgemeinen versteht man darunter Folgendes:

Gewinn	=	Steuerlicher Reingewinn (GuV) bzw. Verlust GuV
	=	Ergebnis der Gewinn- und Verlustrechnung
	=	Erträge (Haben) minus Aufwendungen (Soll)

Die zuvor dargestellte GuV sieht in der Praxis zunächst anders aus. Anstelle der T-Konten-Form liegt sie, vom Steuerberater überreicht oder über gängige Buchhaltungs-Software ausgedruckt, nur als Listenform vor. Dabei sind die Aufwendungen mit einem Minuszeichen gekennzeichnet, die Erträge nicht. Diese Listen sind häufig sehr unübersichtlich und nicht gerade einzelhändler-freundlich strukturiert. Dies ist ein Grund, warum in diesem Buch später die GuV zumeist als übersichtliches T-Konto dargestellt wird.

Beispiel einer üblichen GuV in Listenform (stark vereinfacht):

1. Umsatzerlöse – ohne MwSt.	500.000	
2. Materialaufwand*	–225.000	
3. Rohertrag	275.000	(Zwischensumme)
4. Personalaufwand	–100.000	
5. Sonstige Aufwendungen	–150.000	
6. Jahresüberschuss	25.000	

* Oft – verwirrend – als „Aufwendungen für Roh-, Hilfs- und Betriebsstoffe und für bezogene Waren" bezeichnet. Mit dieser offiziellen Bezeichnung können viele Händler nichts anfangen, da es sich um einen Terminus aus dem Industriebereich handelt. Trotzdem halten die meisten Steuerberater an diesen Begriffen fest. Verständlicher wäre der Begriff **„Warenein-satz"** (also der Wert für die bezogenen Waren, den man im Geschäftsjahr inklusive Altware eingesetzt hat, um den Umsatz zu erzielen).

Detailliertere Darstellung der Bilanz:

BILANZ (Grundform)		EIGENKAPITAL-KONTO	
nicht betriebs-bedingt { HV (Haus)	EK	Privatentnah-men/Steuern *(Abgänge)*	AB *(Anfangs-bestand)*
FV (Finanzanlagen)	langfristiges FV *(z. B. Darlehen)*		
betriebs-bedingt { bbAV (betriebsbed. Anlagevermögen) *z. B. Einrichtung, Kfz, EDV*			
Waren (UV)	mittelfristiges/ kurzfristiges FK *(z. B. Kontokorrent)*	EB *(Endbestand = EK der Bilanz)*	+ Gewinn *(laut GuV)*
restliches UV *(z. B. Kassenbestand)*			

Das **Eigenkapitalkonto** wird über die Bilanz abgeschlossen. Dabei wird i. d. R. in der Bilanz nur noch der Saldo des EK-Kontos dargestellt. Das Hausvermögen (z. B. Grundstück, Schaufensteranlagen, Logo) bzw. Finanzvermögen (z. B. Aktien, Festgeld, Disagio, Anleihen) gilt als nicht betriebsbedingt, d. h., diese Posten haben nichts mit dem Warenhandel zu tun, bzw. könnten z. T. nichts mit dem Warenhandel zu tun haben.

Ein Haus kann z. T. geschäftlich als Ladenlokal und z. T. privat als Wohnung des Unternehmers genutzt werden, wenn es sich um vermietete Fremdwohnungen, fremde Büros etc. handelt. Ein **Beispiel** (alle Daten in T€):

Schlussbilanz 31.12. (Bsp.)		EK 31.12	
Haus 100	EK 150	Privat 140	AB 40
Geschäfts-einrichtung 200	Darlehen (FK) 300	EB 150	GuV-Reingewinn 250 *(vgl. GuV unten)*
Waren 200 *(= Endbestand EW bewertet)*	Kontokorrent 50	Σ 290	Σ 290
Σ 500	Σ 500		

Eigenkapitalquote = 30 % (150 : 500)

Der GuV-Gewinn (Jahresüberschuss) betrug im Geschäftsjahr 250 T€. Er sorgte dafür, dass der anfänglich magere Eigenkapital-Anfangsbestand (AB = 40) zum Jahresende auf einen Endbestand (EB) von 150 anstieg, obwohl die privaten Geldentnahmen und Einkommensteuervorauszahlungen (Privatkonto) mit 140 nicht eben niedrig ausfielen. Das direkt warenhandelsrelevante Vermögen beträgt 400, das aufgenommene Fremdkapital 350 (langfristiges Darlehen 300, kurzfristiger Kontokorrent 50).

GuV Geschäftsjahr (Bsp.)   WEK-Konto

Wareneinsatz 725	Warenverkauf 1300 *(Umsatzerlöse o. MwSt. VW)*
betriebsbedingter Aufwand 400	
Ao. Aufwand 25	
Steuerlicher Reingewinn	Skonti / Boni 30
250	Mieterträge 70

Σ 1.400   Σ 1.400

AB 150 *(bewerteter EW)*	Saldo = Wareneinsatz 775
Zugänge = Wareneingang 775	
	EB 200 *(bewerteter EW)*

Σ 925   Σ 925

▢ = neutrale Posten/ nicht betriebs- bedingt

Der Anfangsbestand an Waren zum 01.01. betrug 150. Man kaufte im Geschäfts-jahr für 775 Waren dazu und erhielt dafür knapp 4 % Skonti (ca. 30). Der laut Inventur am 31.12. gezählte und bewertete Endbestand belief sich auf 200 – also wurde das Lager angebaut (EB 200 minus AB 150 = 50 Bestandsänderung).

Ursache könnte z. B. sein, dass im Verhältnis zum erzielbaren Umsatz zu viel eingekauft wurde (z. B. Pullis waren im Trend – entsprechender Einstieg in die Vororder – Schönwetterperiode kam – man musste Shirts nachziehen – Pullis blieben liegen).

Der so im WEK-Konto ermittelte Wareneinsatz-Saldo (725) wird in der GuV ab-geschlossen. Synonyme Begriffe für den Wareneinsatz sind also:

• Materialaufwand
• Aufwendungen für Roh-, Hilfs- und Betriebsstoffe sowie für bezogene Waren

Die Umsatzerlöse laut GuV (1.300) kommen von der Kassenrolle bzw. vom Kassenbuch und sind immer netto (ohne MwSt.) angegeben, obwohl an der Kasse direkt die Umsätze i. d. R. immer brutto angezeigt werden. **Beispiel:**

	Kassenumsatz am Tag 10.10.	5.950 €	
	abzgl. MwSt. 19 %	950 €	
=	Kassenumsatz netto	5.000 €	= Umsatzerlöse für die GuV

Sie zusammen mit den anderen Erträgen (= 1.400), minus dem Wareneinsatz (725) und anderen Aufwendungen (425), ergeben den steuerlichen Reingewinn (= Jahresüberschuss GuV) in Höhe von 250 oder auch einmal einen Verlust, wenn der Umsatz zu klein gewesen ist. In letztgenanntem Fall würden die vom Warenhandelsbetrieb unabhängigen Posten den Gewinn vergrößern (Außerordentliche Aufwendungen 25, dafür aber Mieterträge Privatwohnungen / Büros 70 = Überschuss + 45). Der Gewinn (250) muss bei Personengesellschaften noch in Form der Einkommensteuer versteuert werden. Er wird über das EK-Konto in der Bilanz abgeschlossen (siehe oben).

Zugehörige Rechnungen:

Umsatz GuV brutto (inkl. MwSt.) : $1.300 \times 1,19 = 1.300 + 19\,\% = 1.547$

Der Bruttoumsatz ist **immer** die 100 %-Basis für alle Prozentzahlen
im Einzelhandel.

Vorsicht: Die BWA-Statistik der DATEV bzw. der Steuerberater weist, im Gegensatz zum vorliegenden Buch und zu den meisten anderen Darstellungen in Literatur und Praxis, diese Prozentzahlen **in % zum Netto-Umsatz GuV ohne MwSt.** aus. Die Händler und die Konsumenten, wenn sie vom Umsatz reden, meinen jedoch i. d. R. den Bruttoumsatz inkl. MwSt. Wenn ein Einzelhändler bspw. abends einem Kollegen seinen Tagesumsatz durchgibt, wird er immer vom **Bruttoumsatz** sprechen.

So wird im obigen Beispiel der Gewinn in % wie folgt ausgedrückt:

Gewinn GuV 250 = x %   Umsatz brutto 1.547 = 100 %
$\rightarrow$ Gewinn GuV = 16,2 % vom Umsatz

---

3 Wareneinkaufskonto in der GuV (WEK)

Anknüpfend an obiges Beispiel werden nun die wichtigsten Kennzahlen des WEK dargestellt:

WEK

AB 150 *(bewerteter EW)*	Saldo = Wareneinsatz 725
Zugänge = Wareneingang 775	
	EB 200 *(bewerteter EW)*

Σ 925   Σ 925

AB	=	Anfangsbestand, z. B. zum 01.01.
Zugänge	=	Wareneingang im Geschäftsjahr (Summe aller Warenrechnungen, häufig dort Skonti-Erträge schon abgezogen)
EB	=	Endbestand z. B. zum 31.12.
Saldo	=	Wareneinsatz (AB + Zugänge – EB), zeigt auf, wie viel Ware in € tatsächlich in diesem Jahr zur Erzielung des Umsatzes zur Verfügung stand. Der Anfangsbestand stand zur Verfügung ab dem 01.01. (davon viel Ware für den Winterschlussverkauf), die Zugänge auch, jedoch der Endbestand zum 31.12. ist der Betrag, der nicht zur Verfügung stand und übrigblieb, deshalb wird er abgezogen).

Daraus ergeben sich die folgenden für den Händler wichtigen Zahlen:

Rohertrag GuV netto	=	Bruttogewinn GuV ohne MwSt.
	=	Netto-Umsatz GuV – Wareneinsatz GuV
	=	1.300 – 725 = 575 (= 37,2 % von 1.547)
Rohertrag GuV brutto	=	Bruttogewinn GuV mit MwSt.
	=	Brutto-Umsatz GuV – Wareneinsatz
	=	1.547 – 725 = 822 (= 53,2 % von 1.547, also erzielte Spanne 53,2 % (entspricht etwa Textil)

Weitere Beispielfälle:

Fall 1:

WEK		GUV	
AB 100 (bewerteter EW)	WES (Wareneinsatz) 400	WES 400	Umsatz (netto) 700
WE (Wareneingang) 500			
	EB 200	Aufwand 350	
			Verlust 50
Σ 600	Σ 600	Σ 750	Σ 750

Lageranbau + 100, evtl. zuviel eingekauft!
Problem: Umsatz evtl. durch zu großen Lagerdruck „erkauft"!

Fall 2:

WEK		GUV	
AB 100	WES (Wareneinsatz) 500	WES 500	Umsatz (netto) 900
WE (Wareneingang) 450			
	EB 50	Aufwand 350	
		Gewinn 50	
Σ 550	Σ 550	Σ 900	Σ 900

Lagerabbau – 50, Altware (aus AB) wurde mitverkauft!
Problem: Kann durch Abbau des Altwarenlagers mehr Umsatz erzielt werden, oder ist diese Ware so unattraktiv, dass sie liegenbleibt? Bei gleichem Umsatz wie im Fall 1 ergäbe sich ein Verlust von –150!

Rechnungen zu Fall 1 und Fall 2:

Bruttoumsatz Fall 1	$700 \times 1,19$	=	833*	
Wareneinsatz		=	400	= 48,0 %
Bruttogewinn ohne MwSt.	$700 - 400$	=	300	= 36,0 %
Bruttogewinn mit MwSt.	$833 - 400$	=	433	= 52,0 %
Bruttoumsatz Fall 2	$900 \times 1,19$	=	1.071*	
Wareneinsatz		=	500	= 44,7 %
Bruttogewinn ohne MwSt.	$900 - 500$	=	400	= 37,4 %
Bruttogewinn mit MwSt.	$1.071 - 500$	=	571	= 53,3 %

* (100 %-Basis)

Fall 3:

Bruttoumsatz GuV	= 1.000
Nettoumsatz GuV	= 1.000 : 119 % = 840 (ohne MwSt.)
Wareneinsatz	= 50 % = 500
Skonti: immer 1. Zahlungsziel	→ 4 % vom Wareneingang
Steuerlicher Gewinn	= Durchschnitt im TEH mit 3 %, wir rechnen jedoch mit einem günstigeren Wert 5 % = 50

(Wareneingang = 500, AB = EB = 100)

GuV Geschäftsjahr

WES 500	Umsatz netto 840
Aufwand 310	
Steuerlicher Gewinn 50	Skonti 20
Σ 860	Σ 860

→ Skonti mit 20 T€ machen schon allein **40 % des Gewinns** aus!
(Typischer Fall für den mittelständischen Outfithandel!)

Fall 4:

a) Durchschnittliche bzw. reale Teilwertabschläge (TWA)
   auf den Endbestand laut Inventur (100)

WEK (Umsatz GuV netto = 900)

AB 100 *(Inventur Vorjahr)*	WES 500 *(WEK-Saldo)*
WE 500 *(Zugänge im Jahr)*	
	EB 100 *(Inventur)*
Σ 600	Σ 600

Der Regelfall bzw. der **legale** Fall ist der, dass die Endbestände zu realistischen Marktpreisen bewertet werden (also so, wie sie auch im Folgejahr vermutlich verkauft werden können bzw. in der Höhe, die ein Erwerber / Übernehmer der Firma für das Lager bezahlen würde).

a1) überhöhte TWAs bzw.
„nicht aufgenommene Läger" (↓ EB)

WEK Geschäftsjahr

AB 100	WES 520 ↑
WE 500	
	EB 80 (unreal!)

Bruttogewinn = Umsatz − WES = 380
→ Gewinn GuV ↓
   Steuerbelastung ↓

a2) zu niedrige TWAs bzw. Auflösung
von „Schwarzlägern" (↑ EB)

WEK Geschäftsjahr

AB 100	WES 480 ↓
WE 500	
	EB 120 (unreal!)

Bruttogewinn = U − WES = 420
→ Gewinn GuV ↑
   Steuerbelastung ↑

Der **nicht reguläre bzw. illegale Fall** ist der, dass der Endbestand nicht real angegeben wird. Dies kann in der Einzelhandelspraxis z. B. geschehen durch unreale Teilwertabschläge (zu hoch oder zu niedrig) oder durch illegale, sogenannte „Schwarzläger". Das sind Waren, die bei der Inventur einfach weggelassen werden (ignoriert bzw. nicht aufgenommen werden), um einen niedrigeren Bestand zu bekommen (illegale Verhaltensweise, die einen Straftatbestand darstellt, jedoch im Handel manchmal zu beobachten ist). Werden diese nicht aufgenommenen „Schwarzläger" im Folgejahr z. B. wieder aufgenommen (also aufgelöst), dann kommt es im Folgejahr zu einem überhöhten Bestand, und es kommt zum gegenteiligen Effekt.

Bei zu niedrigem Endbestand kommt es somit zu einem unrealistisch niedrigen Gewinn und es werden zuwenig Steuern abgeführt. Umgekehrtes geschieht bei zu hoch angegebenem Bestand.

Man sieht am Fall 4 bereits, dass **nicht alle Jahresabschlüsse und Bilanzen die Wahrheit** enthalten müssen. Das wissen Steuerberater, Kreditsachbearbeiter der Banken, Finanzbeamte und Unternehmensberater schon längst und gehen deshalb besonders kritisch mit diesen Zahlenwerken um. Wie man verfälschte Analysedaten aufdeckt und real umrechnet, wird in einem späteren Kapitel verdeutlicht.

Das Wesentliche der Abschnitte 1 und 2 noch einmal in Kurzform:

(1)	AB + Zugänge Wareneingang – EB = Wareneinsatz (GuV oder KER)
(2a)	Umsatz brutto – Wareneinsatz = Bruttogewinn inkl. MwSt.
(2b)	Umsatz netto – Wareneinsatz = Bruttogewinn o. MwSt. (Rohertrag)
(3)	Rohertrag – Aufwendungen = Steuerlicher Reingewinn GuV
(4)	Reingewinn über das Bilanzkonto EK abschließen

4 Erfolgspotenzial, Erfolgs- und Liquiditätsbegriff

Zunächst sollte man sich die Frage stellen, wodurch kommt überhaupt ein positiver Erfolg (und damit ja auch positive Liquidität) zustande?
Antwort: durch neue oder schon bestehende **Erfolgspotenziale**.

Erfolgspotenziale (z. B. Personalstruktur, Einsatzfaktor Ware, Sortimentskonzept, Standortkonzept, Ladeneinrichtung, Image am Markt etc.) schaffen die **Voraussetzungen** für den Erfolg. Ein jetzt negatives Erfolgspotenzial bedingt spätere Misserfolge und damit wiederum spätere negative Liquidität („miese Kontostände"), auch wenn man momentan ein „dickes Konto" und ein positives Betriebsergebnis hat.

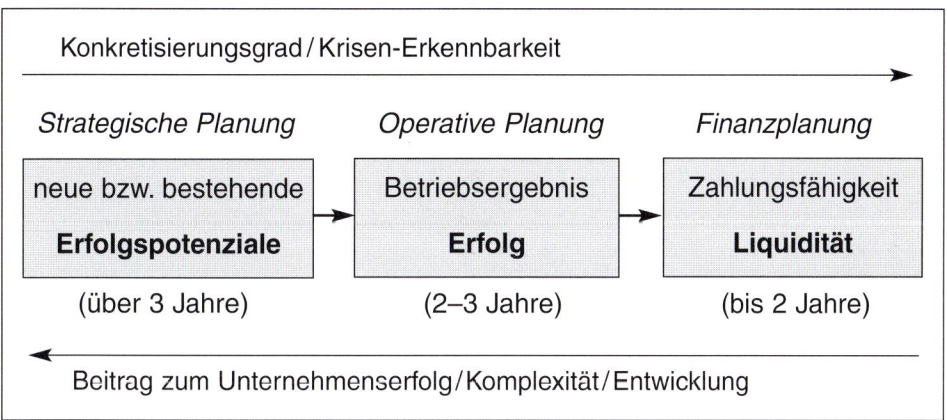

Abb.: Objekte der strategischen, operativen und finanziellen Planung im Outfit-Einzelhandel

Erfolgspotenziale: z. B. Standortsituation, Lage, Zielgruppenausrichtung, Markenschwerpunkte, Personalqualifikation

Erfolg: z. B. Erzielte Spanne, Betriebliche Kosten, LUG, Umsatz/ m², Renditen, ...

Liquidität: z. B. Kontostand Bank, Cashflow, Eigenkapitalsituation, Sicherheiten, ...

Beispiel 1: Jungunternehmer, momentan angespannte Liquidität (kein Geld!), jedoch positives Betriebsergebnis, da modernes Sortimentskonzept → Liquidität wird in den nächsten Jahren steigen.

Beispiel 2: Älterer, ländlicher Vollsortimenter, seit 15 Jahren nichts mehr investiert, alte Ladeneinrichtung, momentan noch hohe Liquidität durch jahrelanges Sparen, jedoch negatives Betriebsergebnis → also die nächsten Jahre fallende Liquidität.

Die Beispiele gehen davon aus, dass keine betriebsfremden Erträge wie vermietete Immobilien etc. eine Rolle spielen.

Die Kontrolle von Erfolgspotenzial, Erfolg und Liquidität kann durch statische oder dynamische Informationen erfolgen. Einige seien im Folgenden beispielhaft erwähnt:

Erfolgspotenzialkontrolle   Erfolgskontrolle   Liquiditätskontrolle

statisch	*dynamisch*	*statisch*	*dynamisch*	*statisch*	*dynamisch*
Marktanteil Image- analyse Standort- analyse	Änderung von – Marktanteil – Umsatz – Image – Eigenkapital	Betriebs- ergebnis 2006	Betriebs- ergebnis BE 2002 BE 2005 BE 2008	Flüssige Mittel Cashflow Steuerlicher Gewinn 2006 Kontostand	Änderung, z. B.: Steuerlicher Gewinn G 2002 G 2005 G 2008

Erfolgsrechnung   Liquiditätsrechnung

bezogen auf	bezogen auf	bezogen auf	bezogen auf	bezogen auf
das Gesamt- unternehmen (z. B. BE)	Abteilungen, Filialen, Warenbereiche = SGEs (z. B. Deckungsbeiträge)	Waren- gruppen (z. B. KER)	das Gesamt- unternehmen (z. B. Cash Flow)	SGEs (selten)

Abb.: Räumliche und zeitliche Unterscheidungskriterien von Kontrollrechnungen

Die Erfolgs- und Liquiditätsrechnung muss nicht wie bei der betrieblichen Bilanz- und Kostenanalyse auf den Gesamtbetrieb bezogen sein, sondern kann sich auch auf einzelne SGEs (**Strategische Geschäftseinheiten**, z. B. Warenbereiche, Abteilungen, Filialen etc.) erstrecken. Bei der Erfolgszurechnung treten im Einzelhandel allerdings auf Abteilungsebene und noch mehr auf der Warengruppenebene Zurechnungsschwierigkeiten auf. Wie will man z. B. die Kosten eines HAKA-Verkäufers direkt der Warengruppe Herrenhosen zurechnen oder die Kosten des Parkplatzes X vor dem Laden der Warengruppe Herren-Socken?

Liquidität (von lat.: „liquidus" = flüssig) ist der Oberbegriff für Zahlungsmittel im weiteren Sinne, die **de facto** im Betrieb vorhanden sind. Die Liquidität entspricht der Fähigkeit eines Unternehmens, seine Zahlungsverpflichtungen zu jedem Zeitpunkt zu erfüllen und ist abhängig vom Grad der Abstimmung zwischen Zahlungspotenzial und Zahlungsverpflichtung.[1]

---

[1] Vgl. Männel, W.: Bilanzanalyse, S. 180.

Man ist also dann liquide, wenn zu einem bestimmten Zeitpunkt die Zahlungs-bereitschaft sichergestellt ist – also wenn man Verfügungsmacht über Geld und/oder geldlich realisierbare Sachgüter zur rechtzeitigen Erfüllung der Zah-lungsverpflichtungen hat.[1a]

Man unterscheidet folgende Liquiditätsformen[2]:

* zeitlich   zwischen   • langfristiger Liquidität
                                            • mittelfristiger Liquidität
                                            • kurzfristiger Liquidität

* sachlich-absolut   zwischen   • natürlicher Liquidität („Cash")
                                            • künstlicher Liquidität
                                              („erst etwas veräußern")

* sachlich-relativ   zwischen   • statischer Liquidität
                                            • bilanzieller Liquidität (Bilanz muss nicht
                                                unbedingt der Realität entsprechen!)
                                            • dynamischer Liquidität
                                                (Zahlungsbereitschaft)

Die natürliche Liquidität (Liquidität 1. Ordnung; flüssige Mittel) beinhaltet:

* Bargeld (Kasse)
* Post- und Bankguthaben
* diskontfähige Wechsel

Die künstliche Liquidität (Liquidität 2. Ordnung) dagegen umfasst:

* Forderungen
* Warenbestände, die veräußerbar sind

Liquidität kann gemessen werden z. B. an den **Indikatoren** Kontostand des Giro-kontos, Kassenbestand, Eigenkapitalquote (indirekt) oder am Cashflow.

Liquiditätsziele sind natürlich am einfachsten nachzuvollziehen und zu kon-trollieren – etwa durch tägliches Anschauen des Kontostands oder durch den Blick in die Kasse. Deshalb wird das Erfolgsziel im Handel trotz der dortigen

---

[1a] Vgl. Gabler-Verlag (Hrsg.): Wirtschaftslexikon, Sp. 122–124.
[2] Vgl. Beyer, H.-T.: Finanzwirtschaft, S. 24.

Ausbildungsfortschritte immer noch vernachlässigt, was sicherlich mit folgenden Faktoren zusammenhängt:

- mangelndes betriebswirtschaftliches Know-how (z. B. ältere Generation, die die heutigen Ausbildungsmöglichkeiten nicht wahrnahm; junge „ahnungslose Idealisten", die in Toplagen kurzlebige Boutiquen ohne Warenwirtschaft eröffnen und sich nach einem halben Jahr wundern, warum der Kontostand so schlecht ist)

- traditionelle Orientierung als Grundeinstellung („das war schon immer so, deshalb machen wir das nicht anders", Bequemlichkeit, Angst vor Neuerungen, Angst vor der Technik/EDV)

- der Erfolg ist nicht „sichtbar", mit den Sinnen wahrnehmbar, man muss z. B. Betriebsergebnisse abstrakt und indirekt errechnen

- gute Kontostände vermitteln ein kurzfristiges sichtbares „Erfolgserlebnis" (vgl. das Problem: man steht als Chef lieber im Verkauf – wegen der „Streicheleinheiten" –, statt sich um die Limitplanung zu kümmern)

Der **betriebliche Erfolg** in der TEH-Branche bezeichnet die Wirtschaftlichkeit, Effizienz, Produktivität bzw. die Rentabilität des Betriebs mit Warenhandel. Wenn es gelingt, mit relativ wenig Aufwand (= Input) möglichst viel Ertrag (= Output) herauszuholen, wird ein Betrieb erfolgreich sein. Es sind in der Praxis viele TEH-Betriebe zu beobachten, die zwar mit geringem Erfolg arbeiten (schlechte LUG, schwacher Ertrag aus Warenhandel etc.), diese missliche Situation aber wieder durch andere (betriebsneutrale) Geschäfte ausgleichen, z. B. Finanzanlagen und Immobiliengeschäfte (z. B. Vermietung des Obergeschosses an Ärzte, Büros etc.). Diese neutralen Geschäfte sollen nicht Gegenstand der folgenden Betrachtungen sein.

> Erfolg mit Warenhandel ↑, wenn Output > Input
> *Output entspricht „Geld rausholen", Input entspricht „Geld reinstecken"*

Erfolgsbereiche:	**Messinstrumente/Kennzahlen (z. B.):**

Ware

- KER / Warenwirtschaft
- LUG, Spannen, Preisänderungen

Input-Zahl   = Wareneinsatz
Output-Zahl = Umsatz

Personal

- Personaleinsatzplanung, Lohnabrechnung
- Verkäuferstatistik
- Kostenrechnung

Input-Zahl   = Durchschnittsgehalt je Mitarbeiter
Output-Zahl = Umsatz je Mitarbeiter

Raum

- Buchhaltung
- Kostenrechnung
- KER (Umsätze nach Abteilungen/WGR)

Input-Zahl   = Raumkosten
Output-Zahl = Umsatz je m^2

Gesamtbetrieb

z. B. Betriebskapitalrendite, Umsatzentwicklung
wichtigste Kennzahl: **Betriebsergebnis**

Wenn also z. B. der Faktor Personal effektiv genutzt werden soll, so muss man den Mitarbeitern vergleichsweise wenig bezahlen und möglichst viel Leistung von ihnen bekommen (z. B. möglich bei einem Kleinpreisfilialisten). Eine andere effiziente Strategie wäre z. B., etwas mehr zu bezahlen, und die Mitarbeiter bringen erheblich mehr Leistung als üblich (z. B. möglich bei einem Fachgeschäft).[3]

Dies war die streng betriebswirtschaftliche Sicht der Dinge. Schwer zu berechnende Faktoren – wie z. B. die Motivation – sind nicht aufgeführt. Die obige Darstellung der Kennzahlen und Meßinstrumente orientiert sich vor allem an konkret messbaren Daten, die die Wirkung der betrieblichen Aktivitäten ausdrücken.

Wenn man nun die **Krisenebenen** eines Unternehmens abschließend betrachtet, ergibt sich folgendes Bild:

---

[3] Vergleichszahlen nach Textilbranchen findet man z. B. im BTE-Taschenbuch oder beim IfH Köln.

- für die Gesamtunternehmung
- für Warenbereiche / Warengruppen
- für das Personal
- für das Image / einzelne Imagefaktoren oder für Anderes

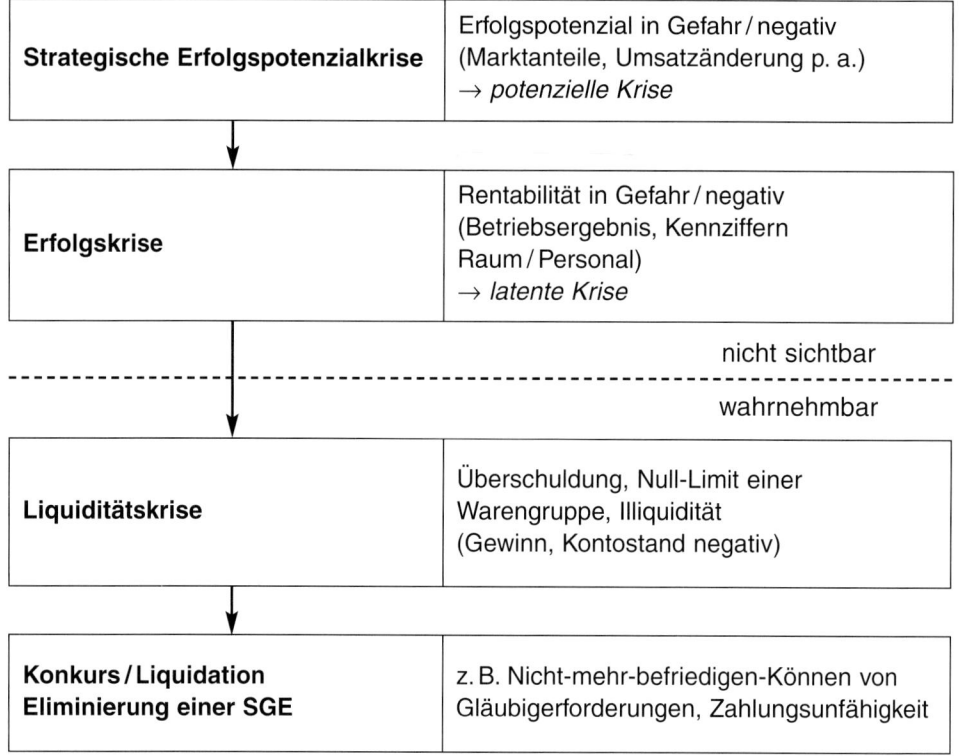

Strategische Erfolgspotenzialkrise	Erfolgspotenzial in Gefahr / negativ (Marktanteile, Umsatzänderung p. a.) → *potenzielle Krise*
Erfolgskrise	Rentabilität in Gefahr / negativ (Betriebsergebnis, Kennziffern Raum / Personal) → *latente Krise*

nicht sichtbar

wahrnehmbar

Liquiditätskrise	Überschuldung, Null-Limit einer Warengruppe, Illiquidität (Gewinn, Kontostand negativ)
Konkurs / Liquidation Eliminierung einer SGE	z. B. Nicht-mehr-befriedigen-Können von Gläubigerforderungen, Zahlungsunfähigkeit

Abb.: Krisenprozess

Nach Studien des Autors befassen sich im Outfithandel viele Händler mit dem permanenten Controlling der jeweiligen Krisenphasen:

Controlling einer möglichen **strategischen Krise**	< 10 %
Controlling einer möglichen **Erfolgskrise**	etwa 1/3
Controlling einer möglichen **Liquiditätskrise**	nahezu 100 %

Das Ergebnis spiegelt u. a. das vorhandene Know-how im Handel wider.

5 Gewinn- und Renditesituation im Outfithandel – Bruttogewinn, Reingewinn und Betriebsergebnis

Üblicherweise setzt sich der Gewinn etwa wie folgt zusammen:
(Beispiel einer Personengesellschaft mit Durchschnittszahlen bei Bekleidung):

	Brutto-Umsatz laut Kassenbuch	1.000.000	100 %
	Umsatzerlöse GuV (ohne MwSt.)	840.336	84 %[4]
−	Wareneinsatz (WEK-Konto inkl. Skonti)[5]	500.000	50 %
−	Personalkosten (ohne Unternehmer)	150.000	15 %
−	Raumkosten (inkl. Zinsen / AfA)	78.267	8 %
−	Werbung / Deko-Kosten	30.000	3 %
	Sonstige Kosten	32.069	3 %
=	Steuerlicher Reingewinn GuV	50.000	5 %

5 % vom Bruttoumsatz entsprechen etwa dem Mittelwert der letzten 20 Jahre im Textilhandel. Dieser Prozentwert ist allerdings sehr stark vom Sortiment, von der Rechtsform, von der allgemeinen wirtschaftlichen Lage und von der Betriebsgröße abhängig.

TEH-Unternehmen 2004 nach Textil-Branchen[6]	Steuerlicher Gewinn in %**	bei 1 Mio. € Umsatz = ... €
TEH gesamt	6,9	69.000
DOB	6,5	65.000
HAKA	9,8	98.000
Wäsche / Miederware	8,9	89.000*
Bettwaren	8,5	85.000
Teppiche / Gardinen	11,2	112.000*
Gemischtes Sortiment	4,9	49.000

* oft kleinere Betriebe, bei denen der Unternehmer die Mehrheit des Personals darstellt, somit in € zumeist geringerer Gewinn

** ohne Unternehmerlohn

---

[4] Vorsicht: Die BWA-Statistik der DATEV weist, im Gegensatz zum vorliegenden Buch und zu den meisten anderen Darstellungen in Literatur und Praxis, diese Prozentzahlen **in % zum Nettoumsatz GuV ohne MwSt.** aus.

[5] Der Wareneinsatz wird öfter auch als Materialaufwand oder als „Aufwendungen für Roh-, Hilfs- und Betriebsstoffe sowie für bezogene Waren" bezeichnet. Häufig sind Skonti- und Boni-Erträge bereits in dieser GuV-Position verrechnet worden und tauchen nicht mehr explizit in der GuV auf.

[6] BTE (Hrsg.): BTE-Taschenbuch 2006, S.124 ff.; Originalquelle: FfH Berlin, Universität Berlin. Vorsicht: im Vergleich zu den früheren Zahlen des IfH Köln nehmen dort eher gute Firmen teil. Die Zahlen spiegeln also nicht die gesamte Wirklichkeit wider, sondern überdurchschnittlich starke Unternehmen. Die hier und im Folgenden angegebenen Quellen finden sich vollständig im Literaturverzeichnis am Ende des Buchs.

Demnach findet sich die beste Gewinnsituation bei den Branchen Raumausstatter, HAKA- und Wäsche-Fachgeschäfte und bei den Bettenfachgeschäften.
In den letzten Jahren deutete sich an, dass besonders bei den Vollsortimen-
tern, den KIKO-Fachgeschäften und bei den Schuhhändlern schwache Gewinne zu verzeichnen waren.

Nach den Boomjahren 1990 und 1991 ging vor allem durch rückläufige Umsätze und die angespannte Kostensituation der Gewinn kontinuierlich nach
unten – und zwar in allen Teilbranchen. Ein weiterer Konsumabschwung führte im Jahr 2001 (Terroranschlag) und im Jahr 2002 (Euroeinführung) nachweislich zu schlechteren Renditen im Outfithandel. Erstmals im Jahre 2005
zeigten sich wieder deutlich bessere Werte.

Abhängigkeit des Gewinns von der Betriebsgröße

Beispiels-Firmen	Üblicher Gewinn (intakte Firma, Personengesellschaft)		
250.000 Umsatz = 100 %	10 –15 % =	25.000 –	37.500 €
500.000 Umsatz = 100 %	7 –12 % =	35.000 –	60.000 €
1.000.000 Umsatz = 100 %	5 –10 % =	50.000 –	100.000 €
5.000.000 Umsatz = 100 %	2 – 5 % =	100.000 –	250.000 €

Tendenziell kann gesagt werden:

Je größer ein TEH-Unternehmen, umso größer ist das Gewinnpotenzial in €
(absolut).

Je kleiner ein Unternehmen, umso schwieriger ist es, potentiell auf das sogenannte Existenzminimum zu kommen, das bei 25.000 € Gewinn liegt.

Wenn man davon ausgeht, dass etwa 85 % aller rund 35.000 deutschen Out-fit-Handelsbetriebe **unter 0,5 Mio. Jahresumsatz** (brutto) erzielen, kann folgende Modellrechnung die Grenzen der Gewinnmöglichkeiten vieler Betriebe sehr gut verständlich machen:

Modell: Firma mit 500.000 € Jahresumsatz (inkl. MwSt.)

→ bei 5 % Durchschnittsgewinn ergäben sich

25.000 € Steuerlicher Reingewinn
− 8.000 € Einkommensteuer*
_____

= 17.000 € „zum Leben" und für Neuinvestitionen
: 12 Monate = 1.417 €
  − 417 € *(Kranken-/Altersversorgung)**
_____

1.000 € „Netto-Gehalt"

* (je nach Situation, hier relativ niedrig angesetzt!)

Wenn man den Annahmen folgt, ergibt sich also bei 0,5 Mio. € Umsatz lediglich ein Monatsbetrag von 1.000 €, von dem der Unternehmer leben muss. Dabei sind nicht einmal Reserven übrig für die Aufstockung des Eigenkapitalkontos.[7] Aufgrund der dargestellten Berechnungen bezeichnet man (bei Personengesellschaften) einen steuerlichen Reingewinn von 25.000 auch als Mindestwert:

Der Gewinn GuV soll über 25.000 € **(= Existenzminimum)** liegen.

---

[7] Das Eigenkapital ist im Einzelhandel mit nur etwa 5 % der Bilanzsumme vertreten (Quelle: BAG (Hrsg.): Vademecum 2004). Der Mindestwert sollte jedoch bei mindestens 25 % liegen!

Ermittlung des Betriebsergebnisses
(= wichtigste Erfolgszahl und Grundlage für die Kalkulation):

Berechnung	Beispiel
Umsatz laut KER[8]	1.000.000 (= 100%)
− Wareneinsatz *(ohne Skonti/Boni)*[9]	480.000
= Bruttogewinn	**520.000 (= 52%)**
− Mehrwertsteuer	159.700 (= 15,97%)[10]
− Inventurdifferenz/Diebstahl	5.000 (= 0,5%)
(pauschaler, durchschnittlicher, anerkannter Wert zum EK)	
+ Skonti/Boni[11]	20.000 (= 2%)
= Netto-Ertrag	**375.300**
− Betriebliche Kosten	350.000
• *Effektive betriebliche Aufwendungen GuV*	
• *Kalkulatorische Kosten*[12]	
* *Kalkulatorischer Unternehmerlohn*	
* *Kalkulatorische Miete (bei Eigenräumen)*	
* *Kalkulatorische Zinsen Einrichtung, Kfz, ...*	
* *Kalkulatorische Zinsen durchschnittliches Warenlager im EK*	
= Betriebsergebnis	**+25.300 (= +2,53%)**

---

[8] Ist keine Warenwirtschaft mit KER vorhanden, so kann man auch den Umsatz GuV zzgl. MwSt. verwenden, vorausgesetzt, es handelt sich um einen realistischen Umsatz. (In der Praxis wird der Umsatz in der GuV manchmal – wodurch auch immer – nicht in realistischer Höhe wiedergegeben. Außerdem kommt es hin und wieder zu Umsatzdifferenzen zwischen KER und GuV.)

[9] Auch hier gilt: Realistischer Wareneinsatz. Dieser weicht in der Praxis hin und wieder vom realen Wert ab, da z. B. Teilwertabschläge zum Jahresende viel zu hoch bzw. zu niedrig angesetzt werden. Diese beeinflussen dann das Wareneingangs-Konto in der GuV und somit den Wareneinsatz. Also empfiehlt es sich, falls vorhanden, immer den Wareneinsatz aus der KER zu nehmen.

[10] Bei 19% MwSt.-Aufschlag ergibt sich ein Abschlag von 19% : 119% = 15,97%, vgl. dazu Abschnitt 2.2.

[11] Wie bereits erwähnt, können Skonti/Boni bereits im Wareneinsatz verrechnet worden sein, tauchen also in der GuV gar nicht mehr auf. Eine Skontiausnutzung durch stetes Bezahlen im 1. Zahlungsziel bedeutet im Aufschlag 4%, im Abschlag etwa 2% – Skonti sind oben als Abschlag angegeben!

[12] Kalkulatorische Kosten sind anzusetzen, wenn man Kapital bzw. Arbeitsleistung hätte auch alternativ einsetzen können; man muss sich also die Frage stellen, wie viel Geld einem entgangen ist. Zum Beispiel hätte der Unternehmer das Kapital auch woanders (nicht in das Warenlager) investieren können; oder es stellt sich die Frage, wie viel Geld ein Geschäftsführer bekäme, der den Unternehmer z. B. wegen Krankheit ersetzen muss. Vergleichswerte siehe BTE-Taschenbuch, Makler etc. Zu kalkulatorische Kosten: siehe auch Abschnitt 2.3.

Ermittlung des Betriebsergebnisses

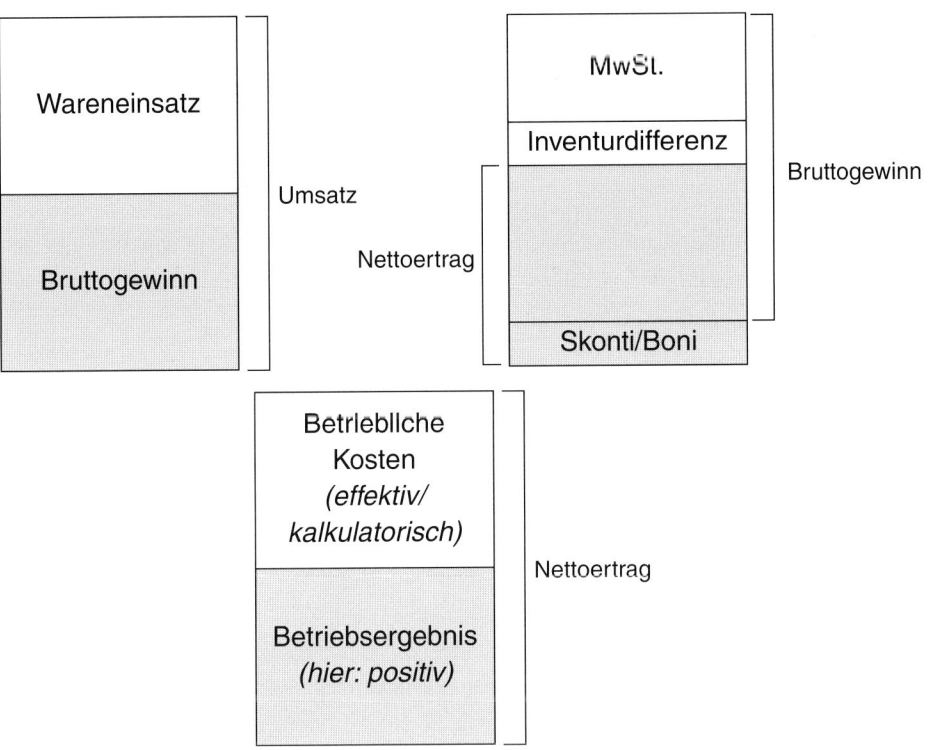

In der folgenden Tabelle sollen die üblichen Daten, Idealwerte und Veränderungsmöglichkeiten zu den besprochenen Bereichen Gewinn und Betriebsergebnis gezeigt werden:[13]

	TEH Durchschnitt 2004	TEH Durchschnitt langfristiger Durchschnitt 1990–2004	Idealwert „Benchmark"	Veränderungsmöglichkeit binnen einem Jahr
Steuerlicher Gewinn	+6,9 %	3 bis 6 %	mind. 25.000 €	maximal 50.000 € pro Umsatzmillion
Betriebsergebnis	+0,8 %	−2 bis +1 %	mind. +2 bis 3 %	maximal +1/2 − 1 % *(bei normalem Geschäftsverlauf)*

---

[13] Idealwerte: 25.000 € wurde bereits als Existenzminimum erklärt, 2–3 % Betriebsergebnis deckt die Substanzerhaltung ab. Veränderungswerte basieren auf Langzeitstudien aufgrund von Beratungen und ERFA-Gruppen sowie auf Erfahrungswerten des Autors (unter der Voraussetzung des normalen Geschäftsverlaufs, d. h., kein Umbau, Filialisierung etc.).

In der folgenden Abbildung werden die drei Schlüsselfaktoren für das Betriebsergebnis deutlich:

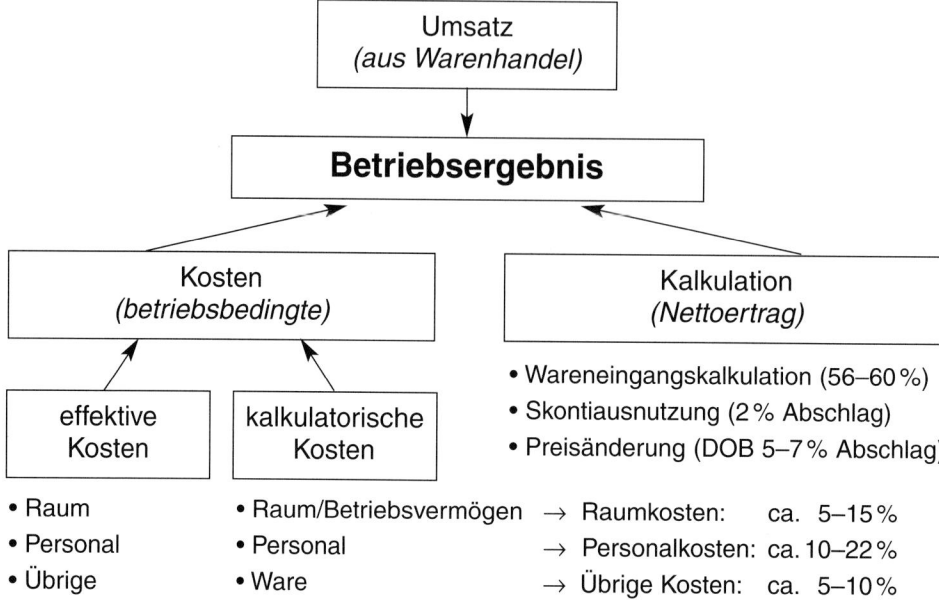

Das Schema zeigt, dass die Kosten gesenkt werden müssen, wenn z. B. der
Umsatz zurückgeht, oder dass die Kalkulation erhöht werden muss, um das
Betriebsergebnis zu halten. Die Situation scheint in den letzten Jahren verfahren zu sein, denn alle drei aufgezeigten Einflussfaktoren sind stark eingeschränkt:

- **Ertrag** begrenzter Kalkulationsspielraum und steigende Preisabschriften
  durch harten Wettbewerb, zudem noch Mehrwertsteuererhöhung
- **Kosten** angespannt, da bzgl. Arbeitszeiterhöhungen, Personalausdünnung
  und Gehaltssenkungen (bei Neueinstellungen) die Grenzen oft erreicht sind
- **Umsatz** Modeprodukte sind besonders von der Rezession betroffen, da
  hier selten Innovationsschübe stattfinden; man bietet häufig nur
  Zusatznutzen-Variationen von bereits bekannten Farben, Formen,
  Materialien und Zutaten an – hier wird also eher gespart als z. B.
  bei Körperpflege, Auto, Elektronik, Reisen, ...

Auswirkungen bei einer Modell-Firma mit 1.000.000 € Umsatz könnten wie folgt aussehen:

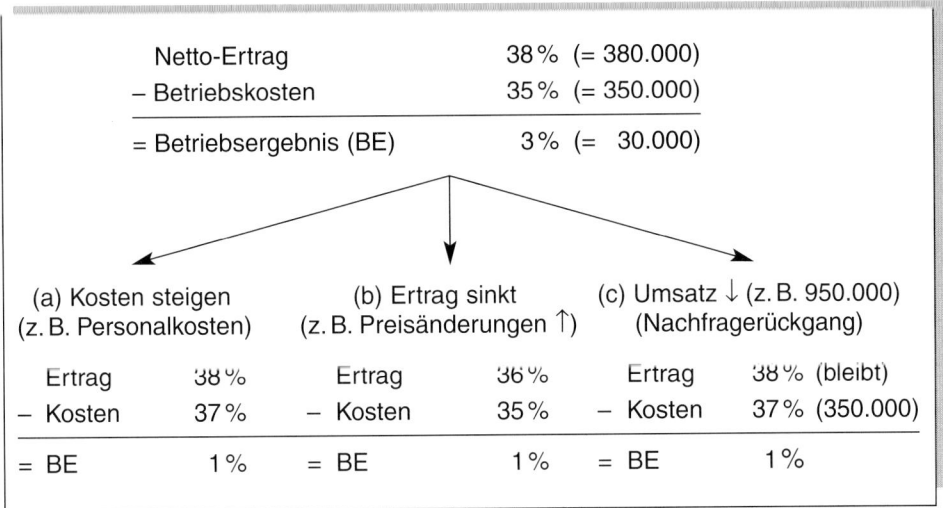

Das Betriebsergebnis fällt im nächsten Jahr jeweils um 2 %.

Beim Umsatzrückgang (Fall c) wurden die Kosten in € gleich belassen, die prozentuale Belastung steigt trotzdem um 2 % (von 35 % auf 37 %).

6 Erträge und Spannen – Auf- und Abschlag – Kalkulation

(dargestellt an einem konkreten Geschäftsvorfall)

Warenrechnung		Fa. Windsurfing Mummelsee	
Artikel	1 St.	Art. Nr. 3003 – Jacke	100 €
plus 19 % MwSt.			19 €
Endbetrag			119 €
(4 % Skonto nach 10 Tagen)			

Mode Müller		Verkaufs-Etikett
Art.# 3003		*(ohne Ident-Nummer)*
120 037 22	*220*	
Gr. 38	~~240~~	

(Jacke Artikel 3003, Lieferant Nr. 22: Windsurfing Mummelsee, Warengruppe 120, Wareneingangs-Datum 03/2007, Größe 38, Alter VK-Preis 240 €, Reduzierter VKP = Rotpreis = 220 €)

Verkaufsbeleg Mode Müller			
St.	Artikel/ID-Nr.	VKP	Erzielter VK-Preis
1	Pulli 120/037/22	240	220

Kassenzettel MODE MÜLLER		
1	1	220
TOTAL		220
03/08/2007		
VIELEN DANK!		

Dieser eben vorgestellte Geschäftsvorfall (Ein- und Verkauf eines Pullis) dient als Grundlage für alle folgenden Berechnungen. Anhand dieses **Beispiels** sollen die wichtigsten Kennzahlen zur Kalkulation erläutert werden.

Der für 100 € (EKP netto) eingekaufte Pulli wurde für 220 € an den Kunden verkauft, obwohl er ursprünglich für 240 € (Listenpreis) ausgezeichnet war. Ursache für die Reduzierung könnte z. B. ein Fleck sein oder ein übriggebliebenes Einzelteil. Die mittlere „1" beim Kassenstreifen bedeutet einen Mehrwertsteuersatz von 19 % (= 35,13 € in 220 € enthalten).[14]

---

[14] Im TEH wird natürlich kaum ein glatter VK in Höhe von 240 bzw. 220 € vorkommen, sondern z. B. 239,95/219,95 €. Wegen der einfacheren Darstellung und Nachvollziehbarkeit wurden diese Beträge gewählt.

Die gezeigten Belege werden folgendermaßen verwendet:

- Warenrechnung → KER, FiBu (Wareneingangsbuch, Konto WEK)
- Etikett → für Inventur zum Erfassen, für Verkauf zum Kassiervorgang
- Verkaufsbeleg (Zettel links) → KER/Warenwirtschaft
- Kassenzettel (Kassenstreifen) → FiBu (Kassenbuch, Konto WVK)

Der Geschäftsvorgang (Pulli Nr. 3003 eingekauft und wieder verkauft) sei im Folgenden noch einmal rechnerisch zerlegt, um die verschiedenen Rechenweisen aufzuzeigen:

	Ursprünglicher VKP (Auszeichnungspreis)	240	→ Differenz zum Einstandspreis 140 (= kalkulierter Aufschlag)
−	Preisänderungen	20	
=	reduzierter (erzielter) VKP	220	= erzielter Umsatz inkl. MwSt. (VW)
−	Bruttogewinn	120	
=	Einstandspreis EW (ohne MwSt.)	100	→ Wareneingang vom Lieferanten

$$\text{Bruttoumsatz (erzielter)} = \quad 220 = 119\,\% \text{ (inkl. MwSt.)}$$

$$X = 100\,\% \text{ (ohne MwSt.)}$$

$$\text{Nettoumsatz} = \frac{220 \times 100\,\%}{119\,\%} = \frac{220}{1,19} = 184,87\ \text{€}$$

Der Bruttoumsatz erscheint auf dem Kassenjournal und wird in das Kassenbuch eingetragen. Der Nettoumsatz erscheint in der GuV auf der Ertragsseite (rechts) bzw. als Ertragsposten.

Die Differenz zwischen ursprünglichem VKP und dem EKP war 140 €
Der ursprüngliche VKP betrug 240 €, der Einstandspreis 100 €:

Eingangsspanne im Abschlag *(ursprüngliche Auszeichnungsspanne)*	$= \dfrac{140\ €}{240\ €} = 0{,}5833 = \mathbf{58{,}33\,\%}$[15]

Eingangsspanne im Aufschlag *(ursprüngliche Auszeichnungsspanne)*	$= \dfrac{140\ €}{100\ €} = 1{,}4 \quad = \mathbf{140\,\%}$

Pauschaler Aufschlagsfaktor   =   100 % + 140 % = 240 %
für die Auszeichnung   =   **2,4** (EKP × 2,4)

VKP = 100 %-Basis für Abschlag

EKP = 100 %-Basis für Aufschlag

Abschlag:

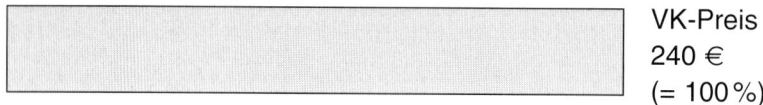

VK-Preis
240 €
(= 100 %)

Aufschlag:

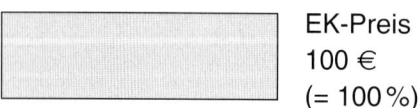

EK-Preis
100 €
(= 100 %)

Üblicherweise wird mit den **Abschlagszahlen** gerechnet. Früher dagegen kalkulierte man z. B. mit Kalkulationsscheiben und Rechenschiebern – hierbei stand der Aufschlag im Vordergrund.

Vorteil der Abschlagsrechnung ist eine **vereinheitlichte Darstellung** aller Kennzahlen in der Betriebswirtschaft des Textileinzelhandels. Die Abschlagskalkulation passt zu allen übrigen Kennzahlen wie Kosten, Gewinn und Spannenverluste, die ja zumeist in Prozent vom Bruttoumsatz (also im Abschlag)

---

[15] % bedeutet 1 : 100, also entspricht 0,5833 = 0,5833 × 100 (in %) = 58,33 %.

dargestellt oder veröffentlicht werden. Man kann die Zahlen viel einfacher, nämlich direkt, miteinander verrechnen. Dass in vielen Warenwirtschaftssystemen Spannen im Abschlag und Preisänderungen im Aufschlag angegeben sind, verwirrt die EDV-Anwender nur unnötig.

Andererseits kann der **Aufschlag** beim Einkauf hilfreich sein, um in Endverbraucherpreisen zu denken und einfacher vom EK in den VK umzurechnen.

Weitere Unklarheiten bestehen im Ausweis der Zahlen einmal im Einkaufswert (EW), zum anderen im Verkaufswert (VW). Einfacher wäre doch z. B. **eine konsequente Denkweise im VW**, d. h., dass alle Zahlen in der Warenwirtschaft nur noch zu Verkaufspreisen angegeben sind. So wird die einfache Verrechnung bzw. der Vergleich von Bestellungen, Wareneingängen, Beständen, Umsätzen, Preisänderungen, Bruttogewinn- und Limitdaten ermöglicht. Einige Unternehmen haben dies schon längst erkannt.

Deswegen könnte man zur Vereinfachung folgendes System vorschlagen:

- die Analyse- und Planungszahlen im Bereich Warenwirtschaft und Einkauf generell **im Verkaufswert** angeben

- alle Prozentzahlen sind **im Abschlag**; 100 %-Basis von Kosten- und Gewinnzahlen ist der Bruttoumsatz (KER)

- Einkäufer können bei der Order zusätzlich mit **Aufschlagssätzen** oder -faktoren arbeiten, die sie aus den vorliegenden Abschlagszahlen berechnet haben; ansonsten stehen diese nicht im Mittelpunkt

Doch kehren wir zum Zahlenbeispiel der vorletzten Seite zurück.

Weitere wichtige Berechnungen:

Der erzielte VKP war 220 € (also 20 € weniger als kalkuliert). Somit bleibt ein Bruttogewinn von 120 € übrig:

Erzielte Spanne im Abschlag
(tatsächliche Spanne)
$$= \frac{120\ €}{220\ €} = 0{,}5455 \quad = \mathbf{54{,}55\,\%}$$

Erzielte Spanne im Aufschlag
(tatsächliche Spanne)
$$= \frac{120\ €}{100\ €} = 1{,}2 \quad\quad = \mathbf{120\,\%}$$

Preisänderungen im Abschlag
(EW in %)
$$= 58{,}33\,\% - 54{,}55\,\% = \mathbf{3{,}78\,\%}$$

Preisänderungen EW in €
(zum Einkaufspreis)
$= 3{,}78\,\%$ von 220 € erzielter Umsatz
$= \mathbf{8{,}32\ €}$ *(PÄ VW = 20 €)*

Preisänderungen im Aufschlag
(VW in %)
$$= \frac{20\ €}{220\ €} = 0{,}0909 \quad = \mathbf{9{,}09\,\%}$$

Rückrechnungen:

Preisänderungen im Abschlag
(im EW)
$= 9{,}09\,\% \times (100\,\% - 58{,}33\,\%)$
$= 9{,}09\,\% \times 41{,}67\,\%$ *(Komplementärzahl)*
$= \mathbf{3{,}78\,\%}$

Preisänderungen im Aufschlag
(VW in %)
$$= \frac{3{,}78\,\%}{100\,\% - 58{,}33\,\%} = \frac{3{,}78\,\%}{41{,}67\,\%}$$
$= \mathbf{9{,}09\,\%}$

Die wichtigsten Ergebnisse im Überblick *(alle Zahlen im Abschlag)*:

Eingangsspanne	58,33 %
− Preisänderungen	3,78 %
= Erzielte Spanne	**54,55 %**

Was sagen uns diese Zahlen? Die **Eingangsspanne** zeigt, wie hoch kalkuliert wurde – 58,33 % ist eine vergleichsweise hohe Zahl. Die **Erzielte Spanne** 54,55 % von 220 € erzieltem VK bedeutet einen ordentlichen **Bruttogewinn** (inkl. MwSt.) von 120 €. Dieser Bruttogewinn sollte ausreichen, um die Mehrwertsteuer und die Kosten zu bezahlen sowie noch einen Gewinnüberschuss zu erwirtschaften. Die **Preisabschriften** in Höhe von 3,78 % lassen auf eine verhaltene Abschriftenpolitik schließen.

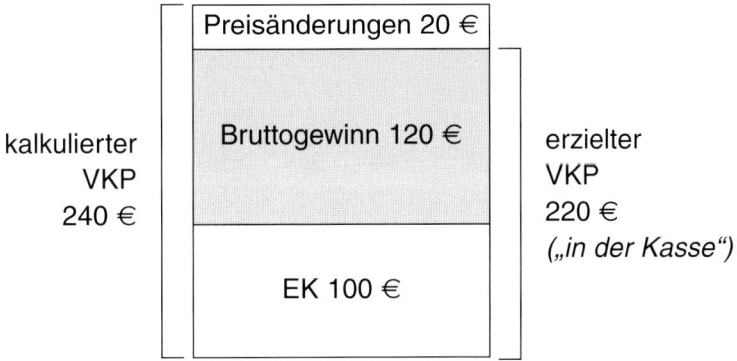

kalkulierter VKP 240 € — Preisänderungen 20 € — Bruttogewinn 120 € — EK 100 € — erzielter VKP 220 € („in der Kasse")

Grafische Darstellung von Abschlag und Aufschlag

(ausgehend vom vorigen Beispiel, ursprünglich kalkulierter VKP = 240 €)

(**EKP** = 100 %-Basis für Aufschlag, **VKP** = 100 %-Basis für Abschlag)

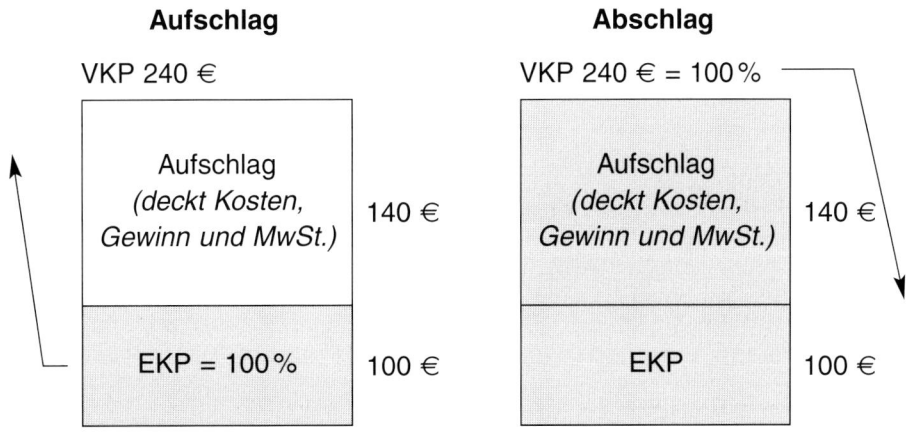

Aufschlag — VKP 240 € — Aufschlag (deckt Kosten, Gewinn und MwSt.) 140 € — EKP = 100 % — 100 €

Abschlag — VKP 240 € = 100 % — Aufschlag (deckt Kosten, Gewinn und MwSt.) 140 € — EKP 100 €

Aufschlag-Berechnung:

EK 100 €   = 100 %
Differenz
VK-EK (140 €)   =   ? %

$$? = \frac{140\ € \times 100}{100\ €\ EK} = \mathbf{140\,\%}$$

Abschlag-Berechnung:

VK 240 €   =   100 %
Differenz
VK-EK (140 €)   =   ? %

$$? = \frac{140\ € \times 100}{240\ €\ VK} = \mathbf{58{,}33\,\%}$$

MwSt.-Aufschlag

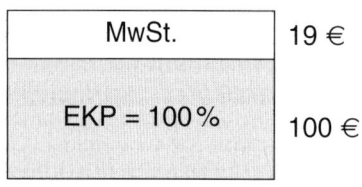

MwSt.   19 €

EKP = 100 %   100 €

MwSt.-Abschlag

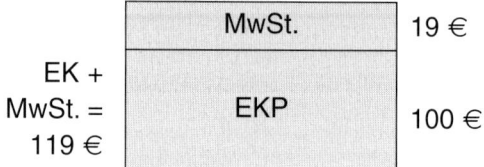

MwSt.   19 €

EK +
MwSt. =   EKP   100 €
119 €

Aufschlag-Berechnung:

EK 100 €   = 100 %
MwSt. 19 €   =   ? %

$$? = \frac{19\ € \times 100}{100\ €\ EK} = \mathbf{19\,\%}$$

Abschlag-Berechnung:

EK inkl. MwSt. 119 €   =   100 %
MwSt. 19 €   =   ? %

$$? = \frac{19\ € \times 100}{119\ €\ EK + MwSt.} = \mathbf{15{,}97\%}$$

Die Grundformeln der Kalkulation:

$$\frac{(VKP - EKP) \times 100}{VKP} = \text{Kalkulations-Abschlag in \%}$$

$$\frac{(VKP - EKP) \times 100}{EKP} = \text{Kalkulations-Aufschlag in \%}$$

$$\frac{\text{Aufschlag \% + 100\,\%}}{100\,\%} = \frac{VKP}{EKP} = \text{Aufschlagsfaktor \textit{(Kalkulationsfaktor)}}$$

Der Aufschlag wird immer seltener verwendet, z. B. bei Umrechnungen im Einkauf oder bei älteren EDV-Warenwirtschaftssystemen. Beim Einkauf hilft er, z. B. bei einem Einkaufspreis von 45 € mit dem Umrechnungsfaktor (z. B. 150 % entspricht 2,5) den Verkaufspreis zu überschlagen – in diesem Fall also 45 € × 2,5 = 112,50 €. Ansonsten wird i. d. R. der Abschlag verwendet, vor allem bei Analysen, aber auch immer häufiger bei Planungsrechnungen.

Größere Betriebe arbeiten mit sogenannte **Entwertungen** (generelle Herabzeichnungen, die auch im Voraus in der KER verbucht werden). Diese senken die Eingangskalkulation zur sogenannten Nettokalkulation. Werden diese Entwertungen (im Verkauf) realisiert, sind sie mit den o. g. Preisänderungen vergleichbar. Formeln dazu:

$$\text{Netto-kalkulation} = \frac{(\text{Alter VKP} - \text{Entwertungen in } \text{€} - \text{EKP}) \times 100}{\text{Neuer herabgesetzter VKP}}$$

$$\text{Geplante Eingangskalkulation} = \frac{\text{Nettokalkulation \% + Entwertungen in \%}}{100 \% + \text{Entwertungen in \%}}$$

Umrechnung Aufschlag ↔ Abschlag

$$\frac{\text{Abschlag in \% } \times 100}{100 - \text{Abschlag in \%}} = \text{Kalkulations-Aufschlag in \%}$$

$$\frac{\text{Aufschlag in \% } \times 100}{\text{Aufschlag in \% } + 100} = \text{Kalkulations-Abschlag in \%}$$

Kalkulationstabellen

Kalkulation (Aufschlag)	Spanne (Abschlag)	Spanne (Abschlag)	Kalkulation (Aufschlag)	Faktor*
85 %	45,9 %	45 %	81,8 %	1,82
90 %	47,4 %	46 %	85,2 %	1,85
95 %	48,7 %	47 %	88,7 %	1,89
100 %	50,0 %	48 %	92,3 %	1,92
105 %	51,2 %	49 %	96,1 %	1,96
110 %	52,4 %	50 %	100,0 %	2,00
115 %	53,5 %	51 %	104,1 %	2,04
120 %	54,5 %	52 %	108,3 %	2,08
125 %	55,5 %	53 %	112,8 %	2,13
130 %	56,5 %	54 %	117,4 %	2,17
135 %	57,5 %	55 %	122,2 %	2,22
140 %	58,3 %	56 %	127,3 %	2,27
145 %	59,2 %	57 %	132,6 %	2,33
150 %	60,0 %	58 %	138,1 %	2,38
155 %	60,8 %	59 %	143,9 %	2,44
160 %	61,5 %	60 %	150,0 %	2,50
165 %	62,3 %	61 %	156,4 %	2,56
170 %	63,0 %	62 %	163,2 %	2,63
180 %	64,3 %	63 %	170,3 %	2,70
185 %	64,9 %	64 %	177,8 %	2,78
190 %	65,5 %	65 %	185,7 %	2,86
195 %	66,1 %	66 %	194,1 %	2,94

* Aufschlagsfaktor *(= Kalkulationsfaktor)*
  z. B. bei geplanter Spanne 57 % den EK (im Durchschnitt) mit 2,33 multiplizieren

Die folgenden Daten sind entnommen aus dem BTE-Taschenbuch (= **FfH**) bzw. Durchschnittswerte aus internen Betriebsvergleichen von zumeist mittleren bis gehobenen Fachgeschäften (kurz: **FG**). Die Preisänderungen der BTE-Daten wurden vom Verfasser geschätzt.

Branche	Auf- schlag in %	Eingangs- Spanne* in %	Preis- Änderungen in %	Erzielte Spanne* in %
DOB (FfH)	135–145	57,5–59	5–7	52,4
DOB (FG)	140–147	58,5–59,5	5,5–6,5	53,0
He-Ausstatter (FfH)	153–163	60,5–62	ca. 4–5	56,5
He-Ausstatter (FG)	138–147	58–59,5	4–5,5	54,0
KIKO (FG)	127–133	56–57	4–5	52,0
Wäsche (FfH)	130–138	56,5–58	ca. 2–3,5	54,8
Bettwaren (FfH)	160–163	61,5–62	ca. 2–2,5	59,7
Teppiche/Gardinen** (FG)	150–155	60–61	ca. 1–2	59,0
Sportartikel (FG)	120–130	55–56	ca. 4–5	51,0
Lederwaren (FfH)	150–160	60–61,5	ca. 4–5	56,2
Vollsortiment (FfH)	135–147	57,5–59,5	ca. 4,5–6,5	53,1
Vollsortiment (FG)	130–145	57–59	ca. 4,5–6,5	52,5

* im Abschlag
** inkl. Werkstattleistungen, z. B. abhängig von Objektgeschäften

Am höchsten kalkulieren offensichtlich die Branchen Raumausstattung und Lederwaren, am geringsten ist der Aufschlag bei KIKO und Sport. Besonders die Sporthändler konnten durch Ausbau der Sportkleidung zulasten der Sport-Hartware ihre Kalkulation in den letzten Jahren deutlich steigern. Tendenziell kann man feststellen: Je höherwertiger das Sortiment (Durchschnittspreis), umso höher ist in der Regel der Aufschlag.

Für die KIKO-Fachgeschäfte, die nur eine erzielte Spanne von 52 % erreichen, heißt das, dass sie sich bei ihren Kosten (neben den Sportgeschäften) am meisten einschränken müssen. Deshalb ist auch das Durchschnittsgehalt in der KIKO-Branche mit Abstand am niedrigsten.

Grundsätzlich lassen sich fünf Einflussbereiche aufsplitten, die die Kalkulation eines Artikels beeinträchtigen oder fördern können:

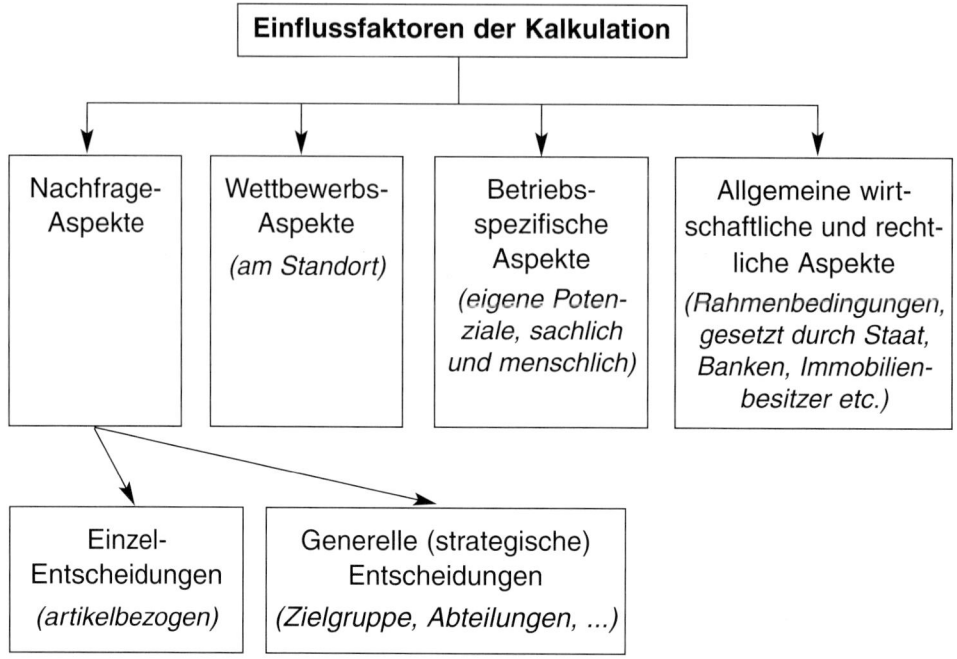

Grundsätzliche Arbeitsschritte zur Kalkulation:

(1) EK des Artikels raussuchen
(abzgl. gewährter Lieferantenrabatte[16], die ja den EK vermindern)

(2) EK × Pauschaler Aufschlagsfaktor
(z. B. 2,4 oder bei Heimtex z. B. 2,5) = vorläufig kalkulierter VK

(3) Glättung des VK (z. B. auf 129,90 / 9,90 / 98 € oder 359 €)
= (endgültig kalkulierter) ausgezeichneter VK

---

[16] Nur Rabatte, keine Skonti!

7 Kosten – Aufwendungen in der GuV – betriebliche Kosten – kalkulatorische Kosten

Betriebliche Aufwendungen dienen als Grundlage zur Kalkulation, denn diese sollten durch den erzielten Bruttogewinn (abzgl. MwSt.) mindestens gedeckt werden. Zusätzlich sollte man auch **kalkulatorische Kosten** berücksichtigen, denn die Arbeitsleistung des Unternehmers (bei Personengesellschaften) darf nicht unter den Tisch gekehrt werden.

Diese eben genannten Positionen werden i. d. R. in Prozent vom Bruttoumsatz, ausgehend vom erzielten Endverbraucherpreis, im Abschlag dargestellt. Nachfolgend ist ein Beispiel für betriebsbedingte Aufwendungen aufgeführt (Daten in T€):

Bilanz zum 31.12.

	Hausvermögen 100	Eigen-kapital	
b	Geschäfts-Einrichtung 200	300	
	Finanzanlagen 50	Fremd-kapital	
b	Beteiligung Einkaufsverbund 50	450	
b	Kfz 50		
b	EDV 50		
b	Ware 200		
b	Flüssige Mittel 50		

GUV Geschäftsjahr

b	Wareneinsatz 500	b	Umsatz 900
b	AfA Einrichtung / Kfz 30		
b	betriebsbedingte Aufwendungen 220		
	Zinsen 30		
	Haus-Aufwand/-AfA 30		
	Finanzaufwand (Anlage) 10		
	Außerordentlicher Aufwand 30	b	Skonti / Boni 20
(b)	Steuerlicher Gewinn 150		Mieterträge 30
			Außerordentliche Zinserträge 50

b = betriebsbedingt / durch Warenhandel verursacht bzw. dafür benötigt

☐ = nicht betriebsbedingt, Posten entstünden auch ohne den Warenhandel

Bei der obigen GuV hatten wir effektive (= mit Beleg verbuchte) betriebliche Aufwendungen in Höhe von 750.000 €. Um einen rein aus Warenhandel entstandenen (betriebsbedingten) Gewinn (= **Betriebsergebnis**) zu berechnen, müssen als Ersatz für die anderen „unklaren" bzw. nicht betrieblichen Aufwendungen kalkulatorische Kosten addiert werden, denn die Zinsen könnten z. B. Hauszinsen beinhalten, und das Haus könnte (z.T.) privat genutzt sein.

Man will bzw. sollte private Nutzungen wie z. B. private Finanzanlagen oder die Privatwohnung im ersten Stock nicht in den Warenhandel mit einkalkulieren. Dies wäre nicht nur unzweckmäßig, sondern es besteht auch die Gefahr des Herauskalkulierens aus dem Markt (Ware wird zu teuer, weil sie betriebsfremde Leistungen mittragen muss).

Unklare bzw. nicht betriebsbedingte Posten (unklare haben meist einen betrieblichen Anteil)	**Ersatzposten** (rein betriebsbedingt, Posten links wird dafür entfernt, entsprechen dem jeweiligen **Marktwert**)
• Zinsen GuV	• Kalkulatorische Zinsen für betriebsbedingtes Kapital (Warenhandel)
• Hausaufwendungen, Haus-AfA und Hauszinsen	• Kalkulatorische Miete für das Haus
• „noch nicht bezahlter" Unternehmer (bei Personengesellschaft)	• Kalkulatorischer Unternehmerlohn
• eigene Räume bzw. nicht oder unter dem Marktpreis bezahlte Miete	• Kalkulatorische Miete (s. o.)

Kalkulatorische Posten sind also nach dem „**Was-wäre-wenn-Prinzip**" anzusetzen. Wenn man also wirklich wissen will, welches Ergebnis (= Betriebsergebnis) unterm Strich bei allen Warenhandels-Aktivitäten herauskommt, darf man sich nicht „in die Tasche lügen" und muss auch folgende (fiktive, gedachte) Aufwendungen bei dem Verdienst und bei der Kalkulation berücksichtigen:

* Unternehmer wäre krank → wie viel würde ein Ersatz-Geschäftsführer bekommen (Marktwert, Unternehmerlohn)
* unterbezahlter, mithelfender Familienangehöriger wäre krank → siehe Unternehmer
* bei einer GmbH ist der Unternehmerlohn bereits als Geschäftsführer-Gehalt im Lohnaufwand GuV enthalten (also kein kalkulatorischer Unternehmerlohn notwendig)
* Haus wäre vermietet → Was würde man monatlich an Miete einnehmen können (Grundlage z. B. örtlicher Mietwert vom Makler)

- Kapital wäre nicht für Warenhandel eingesetzt worden → wie viel Prozent hätte man bei einer guten Bankanlage bekommen (kalkulatorische Zinsen für das Warenlager)
- Kapital wäre statt für eine Einrichtung, eine EDV-Anlage etc. für etwas anderes eingesetzt worden (z. B. Anleihen etc.); hier sind nur die betrieblichen Teile relevant, die ohne Warenhandel gar nicht da wären (kalkulatorische Zinsen für das Betriebsvermögen)

Übliche Werte für Kalkulatorische Kosten:

Umsatz bis ... (€)	Kalkulatorischer Unternehmerlohn in €[17]	Umsatz bis ... (€)	Kalkulatorischer Unternehmerlohn in €
0,25 Mio.	20.000	2,5 Mio.	70.000
0,5 Mio.	30.000	5 Mio.	80.000
1 Mio.	40.000	10 Mio.	90.000
1,25 Mio.	50.000	25 Mio.	100.000–120.000
1,5 Mio.	60.000	über 25 Mio.	120.000–150.000

Kalkulatorische Miete:

- zwischen 3 und 12 %, je nach Standort und Lage (je größer der Ort, je kleiner das Ladenlokal und je besser die Lage, umso höher die Miete/m²)
- Bundesdurchschnitt liegt bei ca. 120–250 €/m² p. a. (ca. bei 10–20 €/m² im Monat), dabei werden Spitzenwerte von bis zu 200–300 €/m² pro Monat (z. B. in Köln, München) erreicht. Diese Quadratmeter-Preise können auch bei örtlichen Maklern erfragt werden und als Grundlage für die Kalkulation Verwendung finden.

Kalkulatorische Zinsen:

(a) Kalkulatorische Zinsen für Betriebsvermögen (= Einrichtung etc.):

- zumeist zwischen 0,5 und 1,5 %, je nach Alter der Einrichtung, des Kfz, der EDV etc.

---

[17] Tabellenwerte beruhen auf ERFA-Gruppen des Verfassers; ähnliche Werte wurden auch als durchschnittliche Gesamtvergütungen veröffentlicht, vgl. dazu BBE (Hrsg.): Cheftelegramm Nr. 318 vom 08.06.1995, S. 11/352; vgl. auch Michels, R.: Erfolgreich rechnen und analysieren im TEH, S. 51.

Betriebsvermögen ohne Warenlager laut Bilanz (BV)
(= Bilanzsumme − Warenbestand − Hausvermögen − Finanzanlagen − Damnum/Disagio)

Kalkulatorische Zinsen BV = BV verzinst mit 10 % kalkulatorischem Zinsfuß

Beispiel: Einrichtung + EDV + Kfz + Forderungen + Einlage Einkaufsverband + Flüssige Mittel = 450.000 €

$\rightarrow$ Kalkulatorische Zinsen BV = 450.000 × 10 % = **45.000 €**

(b) Kalkulatorische Zinsen für Warenlager (WL)

- Ausgangswert ist das Durchschnitts-Warenlager zum Einstandspreis, denn dieses muss schließlich auch finanziert werden. Das Durchschnitts-Lager ist dem Bilanzbestand vorzuziehen, weil es nicht mit Teilwertabschlägen bewertet ist und dadurch realistischer ist. Der Bilanzbestand ist ein zum Beispiel auf den 31.12. eines Jahres bezogener Wert und spiegelt nicht die reale Höhe des Lagers als Jahres-Gesamteindruck wider, denn im Dezember wird in vielen Textilbranchen mehr verkauft als eingekauft.

- zumeist zwischen 1,5 und 4 %, je nach Lagersituation

I   Durchschnittlicher Lager-VW $= \dfrac{\text{Umsatz (brutto)}}{\text{LUG}}$

II   Durchschnittlicher Lager-EW   = Durchschnittlicher Lager-VW −
                                               Eingangsspanne

III   Kalkulatorisches Zinsen-WL   = Durchschnittlicher Lager-EW ×
                                               10 % Kalkulatorischem Zinsfuß

Beispiel:

I   Durchschnittlicher Lager-VW $= \dfrac{1.000.000}{2,5} = 400.000$

II   Durchschnittlicher Lager-EW $= 400.000 \times (100\% - 55\%)$
                                   $= 400.000 \times 0,45$
                                   $= 180.000$

III Kalkulatorisches Zinsen-WL $= 180.000 \times 10\% = $ **18.000 €**

Statt also Geld (180.000 €) in das Warenlager hineinzustecken, hätte man per Bankanlage im günstigen Fall 18.000 € Zinsen („ohne Arbeit") pro Jahr verdient. Diese 18.000 € müssen in der Kalkulation mit berücksichtigt werden – sie sind einem ja quasi entgangen.

Alternative:

Statt der Kalkulatorischen Zinsen WL und BV werden häufig die Zinsen anders angesetzt, z. B. vom IfH in Köln.
Hier werden die tatsächlichen (effektiven) Zinsen der GuV verwendet, und die Kalkulatorischen Zinsen in Höhe von 10 % vom bilanzierten Eigenkapital hinzugerechnet. Diese Methode ist natürlich einfacher.

Zu kritisieren ist dabei allerdings, dass sowohl in den Zinsen GuV als auch im verzinsten Eigenkapital Vermögensteile enthalten sein können, die mit dem Warenhandel nichts zu tun haben, z. B. Hauszinsen bei privater Nutzung, Hauszinsen bei Fremdvermietung eigener Räume, Zinsen für Finanzgeschäfte außerhalb des Textilhandels etc.

Außerdem werden Hauszinsen sowieso durch die kalkulatorische Miete abgegolten. Hier sind bereits Haus-AfA und Hauszinsen mitberücksichtigt. Auch ist eine Verzinsung der Aktivseite der Bilanz klarer und besser in Bezug auf das Handling, denn hier kann das real zu finanzierende Betriebskapital genauer definiert werden.[18]

---

[18] Vgl. die Kritik von Obermann, W.: Rationelle Betriebsführung

Zusammenfassung:

Die betrieblichen Kosten bilden die Ausgangsbasis für das später zu behandelnde Schema zur Kostenanalyse. Die Struktur sieht so aus:

Betriebliche Kosten

• Effektive betriebliche Aufwendungen GuV

• Kalkulatorische Kosten

    – Kalkulatorischer Unternehmerlohn (bei Personangesellschaften)
    – Kalkulatorische Miete (bei Eigenräumen)
    – Kalkulatorische Zinsen BV (Einrichtung, Kfz, ...)
    – Kalkulatorische Zinsen Durchschnittlicher Warenlager-EW

---

8 Leistungskennziffern im Outfit-Einzelhandel

8.1 Faktor Ware

• Arten der Lagerumschlagsgeschwindigkeit (LUG)

a) **Monats-LUG**

	Umsatz VK	WE VK	Bestand VK	Rechnung	Durch-schnitts-lager	Rechnung	**LUG**
1.1. Inventur			50				
31. Jan.	100	200	150	$\dfrac{\text{AB } 50 + \text{EB } 150}{2}$	100	Umsatz 100 / Lager 100	**1,0**
28. Feb.	70	150	230	$\dfrac{(\text{AB } 150 + 230)}{2}$	190	Umsatz 70 / Lager 190	**0,4**
31. Mrz.	200	80	110	$\dfrac{(\text{AB } 230 + 110)}{2}$	170	Umsatz 200 / Lager 170	**1,2**
...							

Bei der monatlichen LUG wird der Bestand zu Anfang des Monats mit dem Endbestand des Monats addiert und durch 2 geteilt. So erhält man den durchschnittlichen Monatsbestand. Die jeweilige Monats-LUG errechnet sich dann nach der Formel:

$$\text{LUG} = \frac{\text{Monats-Umsatz}}{\text{Durchschnittslager des Monats } [(AB + EB) : 2]}$$

Nachteil dieser Methode ist, dass die Werte stark schwanken und keine längerfristige Aussage über die Lagersituation ermöglichen. Die Vergleichbarkeit zu anderen Unternehmen und zu veröffentlichte LUG-Zahlen ist stark eingeschränkt.

b) **Aufgelaufene (kumulierte) LUG**

	Umsatz VK kum	WE VK	Be-stand VK	Rechnung	Durch-schnitts-lager	Rechnung	**LUG**
1.1. Inventur			50				
31. Jan.	100	200	150	$\dfrac{AB\ 50 + EB\ 150}{2}$	100	$\dfrac{\text{Umsatz }100}{\text{Lager }100}$	**1,0**
28. Feb.	170	150	230	$\dfrac{(AB\ 50 + 150 + 230)}{3}$	143	$\dfrac{\text{Umsatz }170}{\text{Lager }143}$	**1,2**
31. Mrz.	370	80	110	$\dfrac{(50 + 150 + 230 + 110)}{4}$	135	$\dfrac{\text{Umsatz }370}{\text{Lager }135}$	**2,7**
...							

c) **Hochgerechnete LUG** p. a. (per 31.3.) = 2,7 × 12 Monate : 3 = **10,8**

Formeln zu b) + c):

$$\text{LUG} = \frac{\text{kumulierte Monats-Umsätze}}{\text{Durchschnittslager aller Monate } [\Sigma \text{ Bestände* : (Anzahl Monate} + 1)]}$$

* inkl. Jahres-Anfangsbestand = Inventurbestand

$$\text{Hochgerechnete LUG} \atop \textit{(einfache Form)} = \frac{\text{kumulierte LUG} \times 12 \text{ Monate}}{\text{Anzahl bislang betrachteter Monate}}$$

Die kumulierte LUG wird von Monat zu Monat besser, da der Nenner bei normalem Wareneingang etwa konstant bleibt, der Zähler jedoch aufgrund der Addition der Monatsumsätze immer höher wird. Manche Händler, die KER-Listen lesen, wundern sich, warum sie in den ersten Monaten eine so schlechte LUG haben. In diesen Fällen ist oft das EDV-Warenwirtschaftssystem auf die kumulierte LUG eingestellt (kann man in den Grundeinstellungen auf „hochgerechnete LUG" ändern).

Um beste Vergleichbarkeit und höchste Aussagekraft zu erzielen, muss die kumulierte LUG auf das ganze Jahr hochgerechnet werden. So kann man z. B. im Juni das erste Halbjahresergebnis hochrechnen (z. B. Juni-LUG wäre 2,0 – die Hochrechnung lautete dann 4,0, also das Doppelte).

Manche rechnen differenziert hoch, da z. B. in der HAKA die Hauptumsätze erst im Herbst/Winter, besonders im Dezember, erzielt werden. So ergeben sich genauere Hochrechnungswerte:

	Textil	DOB	HAKA	Sport	Wäsche	H/Heimtex	Schuhe
Jan	13,2	13,7	13,3	15,2	11,5	10,9	14,7
Feb	7,4	7,5	7,7	7,8	6,6	6,5	8,0
Mrz	4,6	4,5	4,9	4,9	4,5	4,5	4,8
Apr	3,3	3,2	3,4	3,4	3,4	3,5	3,3
Mai	2,6	2,5	2,7	2,5	2,7	2,9	2,4
Jun	2,2	2,1	2,2	1,9	2,2	2,4	2,0
Jul	1,9	1,9	1,9	1,5	1,8	2,0	1,7
Aug	1,6	1,6	1,7	1,4	1,6	1,7	1,5
Sep	1,4	1,4	1,5	1,2	1,5	1,6	1,3
Okt	1,3	1,2	1,3	1,2	1,3	1,4	1,2
Nov	1,1	1,1	1,2	1,1	1,2	1,2	1,1
Dez	1,0	1,0	1,0	1,0	1,0	1,0	1,0

Abb.: Hochrechnungs-Faktoren für die LUG
(in Anlehnung an veröffentlichte Umsatzstatistiken der Einkaufsverbände, TW, BTE und BDSE)

Beispiel:

kumulierte LUG eines HAKA-Hauses Monat Mai = 1,0
→ Faktor bei Monat Mai bei Spalte HAKA ablesen (2,7)
→ hochgerechnete LUG = 1,0 × Faktor 2,7 = **2,7** (pro Jahr)

kumulierte LUG einer Wäsche-Abteilung Monat September = 2,3
→ Faktor bei Monat September bei Spalte Wäsche ablesen (1,5)
→ hochgerechnete LUG = 2,3 × Faktor 1,5 = **3,45** (pro Jahr)

Kritisch anzumerken bleibt, dass in den einzelnen Warengruppen wiederum unterschiedliche Faktoren anzusetzen wären. Die besten Monate bei Blusen sind i. d. R. April, Mai, Juni, während bei Da-Strick im Oktober, November, Dezember am besten abschneiden. Außerdem ist zu berücksichtigen, dass Feiertage und Brückentage (insbesondere Ostern) sowie verkaufsoffene Sonntage das Bild merklich verzerren können. Liegt z. B. Ostern im März, wird der März stärker sein als der April und umgekehrt. Allerdings kommt dann noch der Faktor Wetter dazu. Der Oster-Sondereffekt kann hingegen durch einen langen Winter wieder gedämpft werden.

In den letzten Jahren sind aufgrund von Klimaänderungen (längere Winter bis in den März / April hinein, längere Sommer bis in den Oktober hinein, teilweise schlechtes Wetter im August) und aufgrund höherer Prioritäten für Schnäppchen (manche Händler erziehen die Kunden regelrecht zum Abwarten bis zur Reduzierung) einige Umsatzverschiebungen besonders in der DOB zu beobachten. So werden die Monate Januar und August immer wichtiger.

c) **Revolvierende LUG**

	Umsatz VK kumuliert	WE VK	Be-stand VK	Rechnung Bestand	Durch-schnitts-lager	Rechnung LUG	**LUG**
1.4. Vorjahr			180				
...							
bis 31. Mrz. dieses Jahr	1.600	1.800	110	(alle 13 Monate) ──────── 13	200	Umsatz 1.600 ──────── Lager 200	**8,0**

Bei der revolvierenden LUG werden alle Anfangsbestände der vergangenen 12 Monate sowie der Endbestand des aktuellen Monats addiert und durch 13 geteilt. So ermittelt sich der durchschnittliche Lagerbestand der letzten 12 Monate. Dementsprechend werden auch die Umsätze der letzten 12 Monate addiert und so die LUG errechnet.

$$\text{LUG} \ = \ \frac{\text{kumulierte Monats-Umsätze (der letzten 12 Monate)}}{\text{Durchschnittslager der letzten 12 Monate [}\Sigma\text{ Bestände* : 13]}}$$

* inkl. Jahres-Anfangsbestand = Inventurbestand

- **Abverkaufsquote (AVQ oder AQ)**

Idealerweise sollte diese zum 30.6. und zum 31.12. ermittelt werden, da zu diesen Zeitpunkten die große Masse des Warenlagers noch nicht massiven (realisierten) Preisreduzierungen unterliegt. Somit erhält man ein recht klares und realistisches Bild, welche Artikel bzw. Warengruppen besser und welche schlechter abverkauft wurden.

$$\text{Abverkauf (Stück) in \%} \ = \ \frac{\text{Umsatz Stück (Zeitraum X)}}{\text{Wareneingang Stück (Zeitraum X)}}$$

$$\text{Abverkauf (€-Wert) in \%} \ = \ \frac{\text{Umsatz in € (Zeitraum X)}}{\text{Wareneingang in € (Zeitraum X)}}$$

Bei der Abverkaufsquote gibt es viele verschiedene Sichtweisen.
So gibt es bei Umsatz und Wareneingang folgende Optionen:

a) nur Saisonware, ohne Reduzierung
b) nur Saisonware, mit Reduzierung
c) alle verkaufte Ware (alt + neu), mit Reduzierung

Selbstverständlich könnte man auch für den Wareneingang einen anderen Zeitraum wählen als für den Umsatz; z.B. wenn man im Juni bereits massiv Ware bekommt, die für den Verkauf im August/September gedacht ist, könnte man die Umsätze Januar bis Juni betrachten, den Wareneingang jedoch nur von Januar bis Mai.

Ebenfalls problematisch kann die Betrachtung des Abverkaufs für NOS-Ware sein (nachbestellte Ware). Dort werden die Quoten häufig niedriger ausfallen als bei modischer Vororder-Ware, denn das Hauptziel von NOS-Ware ist die Verfügbarkeit und nicht der Abverkauf zum Saisonende auf null.

- **Warendichte**

$$\text{Warendichte } (\text{€}) \ = \ \frac{\text{Durchschnittlicher Warenlager-VK } (= \text{Umsatz}/\text{LUG})}{\text{m}^2 \text{ Verkaufsraum}}$$

Diese Zahl kann sich durchaus auch auf den Gesamtraum beziehen, da sich ja nicht immer alle Ware im Verkaufsraum befindet.

Beispiel: *Bei 1 Mio. Umsatz; 2,5-mal LUG; 200 m² ergibt sich eine Warendichte von 2.000 €/m² bei einem Quadratmeter-Umsatz von 5.000 €/m² .*

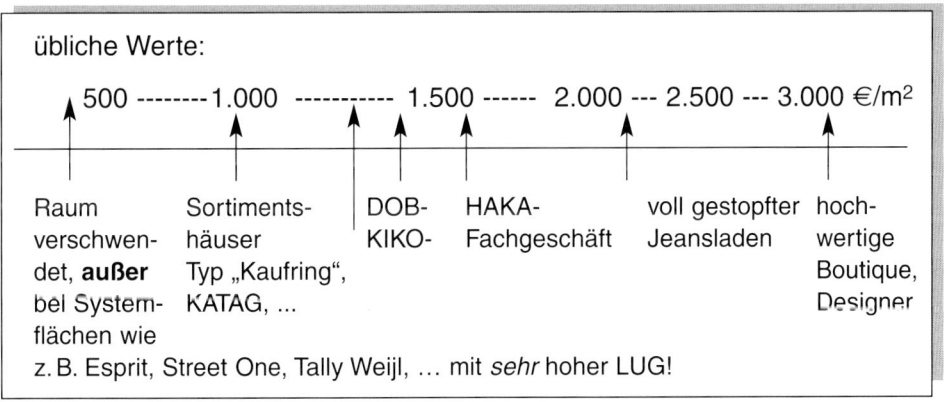

übliche Werte:

500 -------- 1.000 ----------- 1.500 ------ 2.000 --- 2.500 --- 3.000 €/m²

Raum verschwendet, **außer** bei Systemflächen wie z. B. Esprit, Street One, Tally Weijl, … mit *sehr* hoher LUG!

Sortimentshäuser Typ „Kaufring", KATAG, …

DOB-KIKO-

HAKA-Fachgeschäft

voll gestopfter Jeansladen

hochwertige Boutique, Designer

Die €-Warendichte ist neben der Bestückung pro m² auch vom Genre abhängig. Bei mittlerem Genre entspricht der Wert **1.000 €/m²** etwa einer einreihigen Rückwandabhängung, **2.000 €/m²** etwa einer zweireihigen (ausgehend von seitlich abgehängten Teilen).

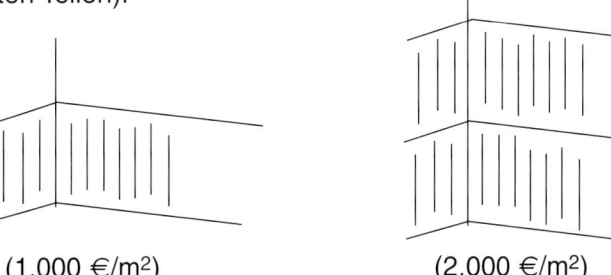

Warendichte: (1.000 €/m²)   (2.000 €/m²)

Mit der €-Warendichte arbeiten häufig die Ladenbau-Planer, während die Visual Merchandiser eher mit der Stück-Warendichte umgehen.

Warendichte (Stück) = Durchschnittlicher Warenlager-VW in Stück :
m² VK-Raum

$$= \frac{\text{Warendichte (€)}}{\text{Durchschnittspreis (VK)}}$$

Beispiel: *Bei Konfektion arbeitet ein bekannter DOB-Markenhersteller mit Sollwerten von 15–20 Teilen pro m².*
(z. B. 16 Teile/m² × 75 € Durchschnitts-VKP pro Teil = 1.200 €/m² Warendichte)

Perspektive: Grundsätzlich ist es aus betriebswirtschaftlicher Sicht optimal, wenn man eine

- möglichst hohe Warendichte **und zugleich**
- kaum Altware / eine hohe LUG hat

weil man dann den Faktor Raum stärker ausnutzt.

So ist bei folgendem Bild-Beispiel davon auszugehen, dass mit einer schwierigen Rendite zu rechnen ist, wenn

- nur eine normale LUG erreicht wird (unter 3)
- nur ein normaler Quadratmeter-Umsatz erreicht wird (unter 4 T€/m²)
- kein Hochgenre verkauft wird, also normaler Durchschnittsbon (unter 200 € pro Kunde)

8.2 Faktor Raum

Um den Faktor Raum zu untersuchen, verwendet man im Wesentlichen:

INPUT-Zahl – Raumkosten (Miete, Raumnebenkosten, AfA
Einrichtung / Ladenbau, Zinsen für die Einrichtung)

OUTPUT-Zahl – Umsatz pro m² (Verkaufsraum oder Gesamtraum)

Zum **Geschäftsraum** eines EH-Betriebs gehören alle Räume, die dem Geschäft zur Verfügung stehen, auch wenn sie vorübergehend nicht genutzt werden. Zum **Verkaufsraum** zählen nur Räume, die für den Verkauf zur Verfügung stehen (inkl. dem Kunden zugängliche Schaufensteranlage) – zu den Nebenräumen dann die restlichen Räume, z. B.: Büro, Lagerräume, Dekorationslager, Aufenthaltsräume, Atelier, Auszeichnung, Schaukästen, WC, ungenutze, jedoch Miete verursachende Keller / Speicher ... Gerechnet wird i. d. R. mit der **Bruttofläche**, also inkl. Laufwege und Treppen, jedoch ohne Hohlräume. Hersteller bzw. Wholesaler rechnen dagegen häufig mit Nettoflächen (also z. B. Shop ohne Laufweg-, Treppen- und Kassenanteil).

Ein **Beispiel**, ausgehend von einem Betrieb, der 800.000 € Jahresumsatz (brutto laut KER) erzielt (Vergleichsfirmen z. B. ERFA-Gruppe):

Raum	Firma	Durchschnitt der Vergleichsbetriebe	Index
OUTPUT: **Umsatz je m² Geschäftsraum**	**1.600 €**	**2.000 €**	**80 %**
Umsatz je m² Verkaufsraum	2.286 €	3.300 €	69 %
Gesamtraum GR in m²	500	425	
Verkaufsraum VR in m²	350	258	
Nebenraum NR in m²	150	167	
Verkaufsraum in %	**70 %**	**61 %**	**Norm: 80 %***
Warendichte pro m² VR	1.270 €/m²	1.650 €/m²	
INPUT: Raumkosten	**7,13 %**	**6,34 %**	**112 %**

* 80 % üblich bei Bekledung; bei Schuhen, Sport und Heimtex etwa 70 bis 75 %.

→ der Raum ist uneffektiv genutzt, da

- zu viel Input geleistet wird; die Raumkosten sind zu hoch:

Raumkosten der Firma	7,13%	= x%	
Raumkosten vergleichbarer Firmen	6,34%	= 100%	x = 112%

- zu wenig Output erzielt wird; die m^2-Umsätze sind zu niedrig:

m^2-Umsatz der Firma	1.600 €/m^2	= x%	
m^2-Umsatz vergleichbarer Firmen	2.000 €/m^2	= 100%	x = 80%

Der Faktor Raum ist also unwirtschaftlich genutzt, da er bei 12% mehr Input sogar nur 20% weniger Output erwirtschaftet. Die Firma legt ein wenig „mehr Wert" auf den Raum, da sie dort mehr Input hat (die Miete je m^2 ist allerdings normal), die Gesamtfläche um 75 m^2 größer ist und der Verkaufsraum im Vergleich (um 23%) „leerer" ist als beim durchschnittlichen KBV (um 23% niedrigere Warendichte in €). Das Verhältnis Verkaufsraum zu Nebenraum der Firma deutet darauf hin, dass zum einen der VK-Raum überdimensioniert ist und zum anderen die Vergleichsfirmen sich eher auf dem Lande bzw. in b/c-Lagen liegen müssen (in diesem Beispiel niedrige Miete = 90 €/m^2 p. a. entspricht 7,50 €/m^2 pro Monat).

Der durchschnittliche m^2-Umsatz VR im TEH allgemein lag im Jahr 2000 bei 3.300 €/m^2.

Trend 1990–2005:
Raumleistungen   – Abnahme um ca. −10 bis −20% (mehr Fläche)
Personalleistungen – Zunahme um ca. +10 bis +20% (weniger Personal)

Momentan ist kein weiterer Abfall der Raumleistungen zu verzeichnen. Die 1990er Jahre standen wohl im Zeichen der Flächenexpansion, ohne gleichzeitige Umsatzerhöhung.

Der Benchmark für Bekleidungs-Fachhändler liegt bei mindestens 80% Verkaufsfläche (maximal 20% Nebenflächen). 75% Verkaufsraum gilt für Bekleidungshäuser / Schuhgeschäfte sowie 70% für Sport und Heim- / Haustextil. Die Möglichkeit, mit wenig Nebenfläche auszukommen, hängt von vielen Faktoren ab: Architektur, bauliche Möglichkeiten und Auflagen, Mietdruck (z. B. hohe Miete im Shoppingcenter lässt kaum Lagerfläche zu), Standort, Verkaufsphilosophie (Herrenausstatter, der seine Hemden hinter dem Tresen „versteckt" oder die klassische Sichtweise eines Schuhhändlers, noch einpaarig zu verkaufen und somit Bedarf an viel Nebenraum – gleichzeitig höhere Personalkosten).

Folgende Zahlen stellen Benchmarks (= Idealwerte überdurchschnittlich guter Unternehmen) dar und dienen zur Orientierung, welche Leistungen man erreichen könnte.

Abteilung	Ist-Werte SH* Umsatz/m² VK-Raum (€)	Ist-Werte FH Umsatz/m² VK-Raum (€)	Idealwerte* Umsatz/m² VK-Raum (€)	Ideal- werte* LUG (mal p. a.)	Warendichte Ø Lager/m²* (T€/m²)
DOB 1	3.000	3.300	3.300	2,3	1,4
DOB 2	3.800	3.850	4.200	2,8	1,5
DA-Artikel	4.350	4.350	4.600	3,0	1,5
Junge DOB	4.100	4.600	4.600	3,3	1,4
DOB	**3.500**	**4.200**	**4.100**	**2,8**	**1,5**
HAKA 1 + 2	3.100	3.600	4.100	2,3	1,8
HE-Artikel	4.100	5.100	5.100	3,0	1,7
HAKA	**3.500**	**4.700**	**4.600**	**2,65**	**1,7**
KIKO	2.300	2.600	3.100	3,2	1,0
Wäsche Da	3.850	5.600	4.850	3,1	1,6
Wäsche He	4.100	5.900	5.400	3,1	1,7
Strümpfe	4.850	6.150	5.400	3,6	1,5
		5.900			
Gesamt (nur Bekleidung)	**3.500**	**4.000**	**4.350**	**2,95**	**1,5**
Schuhe	3.200	3.665	FH 4.900	FH 2,3**	2,2

*   Sortimentshäuser, Bekleidungshäuser; also alle Werte, außer die der 3. Spalte, beziehen sich auf größere Sortimentshäuser (500–10.000 m²)

** Durchschnitt des Schuhhandels 1,7

SH = Sortimentshäuser, Bekleidungshäuser

FH = spezialisierter Fachhandel (z.B. nur DOB)

Daten gewonnen aus ERFA-Pool („gute" Firmen!)

Der Fachhandel schneidet dabei gut ab, weil er ja meist kleinere Flächen hat. Auf kleineren Flächen entsteht oft höherer Mietkostendruck, da dort pro Quadratmeter mehr Miete bezahlt werden muss als auf größeren Flächen.

Besonders gut schneiden die Wäsche-Fachhändler ab, da sie auf kleiner Fläche oft eine sehr hohe Warendichte haben (in Stück, nicht in €) und dabei durch Nachbestellungen eine hohe LUG erreichen können.

Auch die Junge Mode schneidet gut ab, da dort auf gleicher Fläche mehr Ware verkauft werden kann, weil der Umschlag am höchsten ist. Dieser Lagerumschlag überkompensiert den dort vorhandenen geringeren Durchschnittsbon in der Kasse.

Bei Shopsystemen und Monostores / Franchisestores, insbesondere mit den Voraussetzungen:

- 12 Kollektionen pro Jahr
- eher jüngere oder sportivere Mode oder Mode-Meinungsführer
- EDI-Anbindung
- gute NOS-Möglichkeiten (nicht nur vier Artikel!)
- keine zu hohen Preislagen, attraktive Anfangspreislagen
- Tischware, Aktionsware besonders am Eingang

kommt es häufig zu noch deutlich besseren Werten, die im Durchschnitt im Bereich

m^2-Umsatz	3.000–5.000 €/m^2
LUG	4,0–10,0
Warendichte	500–1.000 €/m^2

liegen, ausgehend von mittelgroßen Städten.

Analyse nach Stockwerken (Sortimentshäuser im Durchschnitt):

EG	100 %	
1. OG	80–85 %	→ oft besserer Wäscheumsatz als im EG
UG	75 %	→ oft Belebung durch Junge Mode
2. OG	60–65 %	→ oft Besetzung mit ohnehin schwachen
3. OG	50–60 %	Bereichen wie Heimtex und KIKO

Es handelt sich jedoch nur um Durchschnittswerte, die je nach Situation (Warengruppen, Zuschnitt, Helligkeit, Marken, etc. ...) variieren können.

8.3 Faktor Personal

Um den Faktor Personal zu untersuchen, verwendet man u. a.:

INPUT-Zahlen	– Durchschnittsgehalt pro Mitarbeiter
	– Personalkosten
	– Personaldichte (m^2 Verkauf pro Verkäufer)
OUTPUT-Zahlen	– Umsatz pro Mitarbeiter bzw. pro Verkäufer p. a.
	– Umsatz pro (anwesender) Stunde
	– Durchschnittsbon pro Kunde in €
	– Verkaufte Teile pro Kunde
	– Erzielte Spanne pro Verkäufer
	– Ausgezeichnete Ware (Etiketten pro Stunde)

Als **Beschäftigte Personen** zählen alle, die für ein EH-Unternehmen arbeiten (eine Leistung erbringen) – auch wenn sie dafür nicht bezahlt werden. Der Ansatz erfolgt nicht etwa nach dem Gehaltsumfang, sondern nach der anteiligen **Arbeitszeit**. Lehrlinge generell sowie Teilzeitkräfte, die die Hälfte der Regel-Monatsarbeitszeit anwesend sind, zählen als 1/2 Person. Eine Aushilfe, die z. B. 9 €/Std. bekommt und 400 € im Monat, arbeitet also rund 44 Stunden (400 : 9). Bei einer Regelarbeitszeit von 173 Stunden pro Monat (= 40-Stunden-Woche) ergibt sich 44 : 173 = ca. 1/4 Person. Der Unternehmer zählt i. d. R. ebenfalls als 1/1 beschäftigte Person, selbst wenn er 70 Stunden pro Monat arbeitet. Unterbezahlte oder nicht bezahlte mithelfende Angehörige sind entsprechend ihrer realen Arbeitszeit anzusetzen!!!

Als **Verkaufskräfte** werden nur diejenigen Personen erfasst, die tatsächlich mit dem Verkauf der Ware zu tun haben. Wenn ein(e) Angestellte(r) sowohl in der Organisation als auch im Verkauf arbeitet (z. B. bei Job Enrichment oder Chef selbst), müssen die Zeit-Anteile beim Verkauf entsprechend berücksichtigt werden.

Zu den **Organisationskräften** zählen alle, die nicht im Verkauf tätig sind, z. B. Büro und Atelierkräfte, Dekorateure, Auszeichner etc. Auch der Bereich Einkauf muss hier eingeordnet werden. Der/die Unternehmer(in) muss entscheiden, inwieweit seine (ihre) Tätigkeit aufgeteilt wird zwischen Verkauf und Organisation.[19] Üblich ist ein Benchmark von maximal 20 % Organisationskräften im Fachhandel. Bei mehr als 30 % kann man von einem **„Wasserkopf"** mit hohen Fixkosten sprechen.

Wiederum ein **Beispiel**, ausgehend von einem Betrieb, der 800.000 € Jahresumsatz (brutto laut KER) erzielt (Durchschnitt der Vergleichsfirmen 850.000 €):

Lfd Nr.	Personal	Firma	Durchschnitt der Vergleichs-firmen	Index Firma/ Benchmark
01	**OUTPUT: Umsatz je beschäftigter Person**	100.000 €	110.000 €	91 %
02	Umsatz je Verkaufskraft	125.000 €	135.000 €	93 %
03	Beschäftigte Person BP	8,00	7,73	
04	Verkaufskräfte VK (Vz.)	6,40	6,30	
05	Organisationsperson OP	1,60	1,43	
06	**Verkaufskräfte in %**	**80 %**	**81 %**	**80 %**
07	Umsatz je Kunde	42,50 €	37,50 €	18.824 Kunden
08	Artikel je Verkaufsvorgang	1,77		> 2,0
09	Umsatz / Arbeitsstunden Verkauf	79,58 €		24,02 € durch-schnittlicher VK
10	**INPUT: Durchschnittsgehalt je beschäftigter Person**	**19.063 €**	**24.200 €**	**79 %**
11	Personalkosten	19,06 %	22,00 %	
12	Personalbesatz m²/Verkauf	55	41	→ Vollbedienung
13	Personaldichte effektiv	82	74	ÖZ / AZ 1,5
14	Ausgezeichnete Teile p. a./ p. Person	38.101		
15	Ausgezeichnete Artikel / effektive Stunden	46	Benchmark: > 100 Stck. p.h.	

---

[19] HERBERT N. CASSON (amerikanischer Buchautor „More Net Profit" aus dem Jahr 1928) MEINT DAZU: „Ein Kaufmann verbringt seine halbe Zeit im Bureau, weil er sich dort mehr dünkt als hinter dem Verkaufspult. Er hockt an seinem Schreibtisch, macht sich mit Briefen wichtig und lässt sein Geschäft gehen, wie es will. – Ein paar Jahre später hat er kein Geschäft mehr. Seine Vornehmtuerei hat ihn um sein Vermögen gebracht."

→ das Personal ist effektiv genutzt, da

- sehr wenig Input eingesetzt wird, die Gehälter sind sehr niedrig:

Durchschnittsgehalt der Firma   19.063 € =   x %
Durchschnittsgehalt vergleichbarer Firmen   24.200 € = 100 %   x = 79 %

Obwohl zu wenig Output erzielt wird, reicht das niedrige Gehalt aus, um dies zu kompensieren:

Umsatz pro Mitarbeiter Firma   100 T€ =   x %
Umsatz pro Mitarbeiter vergleichbarer Firmen 110 T€ = 100 %   x = 91 %

Das Personal arbeitet effizient, denn der Output (Minderleistung) ist zwar um 9 % geringer, wird aber um die wesentlich schlechtere Bezahlung je BP (Input) von −21 % mehr als kompensiert. Die Firma legt vergleichsweise „weniger Wert" auf das Personal, denn sie hat hier weniger Kosten (−13%) und weniger Gehalt (also vermutlich unqualifizierteres Personal, mehr Azubis, untertarifäre Bezahlung, mehr Aushilfen etc.). Und das, obwohl sie den Raum recht intensiv mit Personal besetzt (m^2 je Verkäufer: 55) → Tendenz zur Vollbedienung (Vergleichsfirmen noch höher besetzt). Die Verkäufer könnten mehr Zusatzverkäufe machen, denn der Benchmark von über zwei verkauften Teilen pro Kunde wird nicht erreicht (IST nur 1,8). Trotzdem liegt man besser als der Durchschnitt mit einem Durchschnittsbon von 42,50 € (Durchschnitt nur 37,50 €) und einer schwachen Stundenleistung von nur 79,58 € (gute Verkäufer erreichen je nach Branche / Standort 130–180 €/Std., teilweise sogar > 400 €!)

Die Firma hat nicht zu wenig Organisationspersonal und auch nicht zuviel, da das Verhältnis Verkäufer zu Organisationspersonal genau dem Benchmark 80:20 entspricht. Jedoch ist das Personal, das die Ware auszeichnet, sehr langsam (nur 38.101 ausgezeichnete Teile pro Jahr pro Person Vollzeit und nur 46 Teile pro Stunde). Also müssen die sonstigen Bürokräfte besonders effizient sein. Da die Firma jedoch nur 1,6 Beschäftigte im Organisationsbereich hat (= 50 % des Unternehmers – in der Restzeit steht er im Verkauf – plus 0,5 Teilzeitkraft plus 2 × 0,3 Aushilfen = je 49 Stundenkräfte je Monat gerechnet), hat entweder der Unternehmer oder die anderen beiden beim Auszeichnen Schwächen.

Zu Position 01/02 (Umsatz je Mitarbeiter)

Der durchschnittliche Verkäufer-Pro-Kopf-Umsatz im TEH lag 1998 bei etwa 340 T€. Die Pro-Kopf-Umsätze sind zwischen 1993 und 2003 um etwa 20 % gestiegen und steigen momentan „munter" weiter. Die 1990er Jahre standen nicht nur im Zeichen der Flächenexpansion, sondern gleichzeitig war auch Personalausdünnung angesagt (weniger Verkäufer pro m², Etagenleiter statt Abteilungsleiter, Rationalisierung der Verwaltung).

Umsatz je Verkäufer – übliche Werte, ausgehend vom durchschnittlichen Standort 20.000 Einwohner – in T€ je Mitarbeiter:

- HAKA   > 200 T€
  DOB / Wäsche / Schuhe > 150 T€
  Sport   > 170 T€
  KIKO   > 160 T€

- Vollsortimenter   > 140 T€
  Heim- / Haustex   > 150 T€

- Benchmarks:
  HAKA   > 250 T€
  DOB / Schuhe   > 220 T€
  Vollsortimenter   > 180 T€

Zu Position 03-06 (Beschäftigte)

Herleitung bei der Beispiels-Firma aus der Lohnabrechnung
(170-Stunden pro Monat = 39,2-Stunden-Woche):

Person	Stunden pro Monat = Vollzeit-Anteil	Vollzeit-Anteil Verkauf	Vollzeit-Anteil Organisation
Inhaberin	170 = 1,0	0,5	0,5
Vollzeit-Verkäuferin A + B	170 = 1,0	2,0	–
Halbtagskräfte Verkauf (6) / Lager (1)	je 85 = 0,5	3,0	0,5
1 Azubi	85 = 0,5*	0,5	–
2 Aushilfen samstags (8–9 h/Woche)	34 = 0,2	0,4	–
2 Aushilfen (2–3 Nachmittage / Woche)	51 = 0,3	–	0,6
Summe	**1.326 = 8,0**	**6,4**	**1,6**

* von etwa 130 Stunden exkl. Schule werden effektiv nur rund 85 Stunden angerechnet.

Zu Position 07/08 (Umsatz je Kunde und Artikel je Verkaufsvorgang)

Der Umsatz je Kunde gibt an, welchen Durchschnittsbon man pro Kunde erzielt hat.

Bei der Beispielsfirma:

$$\frac{\text{Umsatz brutto Gesamtjahr}}{\text{Anzahl der Kunden p. a.}} = \frac{800.000\ €}{18.824} = \frac{\textbf{42,50 €/Kunde}}{\text{(Durchschnittsbon)}}$$

Umgekehrt lässt der Umsatz je Kunde von 42,50 € darauf schließen, dass die Firma im Geschäftsjahr 18.824 Kassenposten (zahlende Kunden) hatte (800.000 : 42,5) – die Vergleichsbetriebe hatten dagegen 22.667 Kunden. Der Umsatz je Kunde müsste etwa dem des KBV entsprechen, wenn man sich homogen vergleicht, d. h., wenn Sortimentsstruktur und -genre, Standortgröße und Umsatzgröße in etwa übereinstimmen.

Der Umsatz je Kunde kann betriebsintern starke Differenzen aufweisen – z. B. kann in der (meist unrentablen) Kurzwaren-/Handarbeitsabteilung der Umsatz/Kunde 8 €, in der DOB-Abteilung der Umsatz/Kunde 100 € betragen. Diese markt- und warenbedingte „Ungerechtigkeit" aus der Sicht der jeweiligen Verkäufer ist zu beachten, wenn man Umsatzleistungen von Verkäufern vergleicht bzw. als Beurteilungsmaßstab heranzieht – auch Nebentätigkeiten (Lagerpflege, Deko etc.) oder z. B. Einsatz nur an Samstagen in der HAKA.

In der Regel lässt sich die Kundenanzahl auf dem Kassenstreifen am Tages-, Monats- und Jahresende ablesen (lfd. Nummer). Bei niedrigem Genre oder vielen Kleinartikeln liegt der Durchschnittsbon unter 50 €, bei Großkonfektion oder Designerware nicht selten über 150 €. Aktuelle ERFA-Durchschnittswerte (2006): DOB 78 €; HAKA 105 €; Junge Mode 45 €; Wäsche 61 €; Wäsche/Strümpfe 31 €; Vollsortiment 56 €; Schuhe 61 €.

Die Anzahl der Artikel je Verkaufsvorgang gibt an, wie viele Teile man pro Kunden verkauft hat. Dieser Wert steigt, wenn die Verkäufer gerne Zusatzverkäufe tätigen, also zum Beispiel verschiedenfarbige Shirts zum Blazer anbieten, wenn eine Lieferantenkonzentration vorhanden ist und die Warenbündelung bei der Präsentation stimmt. Benchmark: 2,0 Teile; Topfirmen erreichen weit über 2,5 Teile.

Firma 1:

$$\text{durchschnittlich erzielter VK-Preis} = \frac{\text{Umsatz KER brutto}}{\text{Anzahl verkaufter Teile (KER)}} = \frac{800.000 \text{ €}}{33.300}$$

= **24,02 €** durchschnittlicher VK-Preis

$$\frac{\text{Umsatz je Kunde } 42,50 \text{ €}}{\text{durchschnittlicher Verkaufspreis } 24,02 \text{ €}} - 1,769 = \textbf{1,77 Teile} \text{ je Verkaufsvorgang}$$

oder:

$$\frac{\text{verkaufte Teile p. a.}}{\text{Kunden p. a.}} = \frac{33.300}{18.824} = \textbf{1,77 Teile pro Kunde}$$

Zu Position 09 (Umsatz pro Stunde)

$$\text{Umsatz pro effektive Stunde (Verkäufer)} = \frac{\text{Umsatz pro Verkäufer (Position 2)}}{\text{Monatsstunden} \times 12 \text{ Monate} \times 0,77} =$$

$$\frac{125.000 \text{ €}}{170 \times 12 \times 0,77} = \textbf{79,58 € Stundenumsatz}$$

Von den 2040 Brutto-Jahres-Arbeitsstunden bei der Beispielsfirma arbeiten die Verkäufer effektiv etwa 23 % weniger (allgemeiner Erfahrungswert, liegt zwischen 20–25 % Abzug), also nur noch 1.571 Stunden (aufgrund von Urlaub, Feiertagen, Krankheit, Fehlzeiten etc.).

80 € Umsatz pro Stunde ist nicht wirklich viel. Bei einem durchschnittlichen Preis von 24 € und Durchschnittsbon von 42,50 € bedeutet das, dass fünf Teile pro Stunde verkauft bzw. 1,9 Kunden pro Stunde bedient werden. In mittelständischen Firmen mit Bedienung erreichen gute Verkäufer Stundenumsätze von 130–180 €. Bei einigen Großfilialisten liegen die Soll-Stundenumsätze für Teilzeitkräfte bei über 400 €/Std. Nun können mit dieser Zahl z. B.

alle Mitarbeiter in einer Abteilung miteinander verglichen werden („Renner-Penner-Liste" für Verkäufer).

Zu Position 10 (Durchschnittsgehalt je beschäftigter Person BP)

Das Durchschnittsgehalt je beschäftigter Person BP bei der Beispielsfirma errechnet sich wie folgt:

$$\frac{\text{Personalkosten Gesamt € (inkl. Unternehmer)}}{\text{Beschäftigte Personen (Vollzeit inkl. Unternehmer)}} = \frac{152.500 \text{ €}}{8,00} = \textbf{19.063 €}$$

Das Durchschnittsgehalt im Textil-/Schuhhandel beträgt ca. 22–30 T€. Sowohl bei der Ermittlung des durchschnittlichen Gehalts als auch bei der Ermittlung der beschäftigten Personen muss der Unternehmer mitberücksichtigt werden. Berechnung des Durchschnittsgehalts der Vergleichsfirmen:

$$\text{(Umsatz} \times \text{Personalkosten in \%) : (Umsatz : Umsatz je beschäftigter Person)}$$
$$\rightarrow (850.000 \times 22\,\%) : (850.000 : 110.000) = 187.000 : 7,727 = \textbf{24.200 €}$$

Zu Position 12/13 (Personalbesatz, Personaldichte)

$$\text{Personalbesatz} = \frac{\text{Fläche Verkaufsraum 350 m}^2}{\text{Anzahl Verkäufer Vollzeit 6,4}} = 54,7 \text{ m}^2 = \textbf{55 m}^2$$

Durchschnitt vergleichbarer Firmen = 41 m² pro Person

Die Firma liegt mit einem Personalbesatz von 55 m² Verkaufsraum je Verkäufer weit unter dem Durchschnitt von 70–75 m². Die Vergleichsfirmen tendieren mit 41 m²/Verkäufer sehr stark zur Vollbedienung.

Für die Abgrenzung der Bedienungsform gilt die Grundformel: auf 70–75 m² Verkaufsraum kommen 1/1 Verkaufskräfte. Bei mehr als 75 m² liegt eine Tendenz zur Vorwahl vor, ab 120–150 m² etwa bereits Selbstbedienung.

Weil der Personalbesatz eine abstrakte Zahl ist, rechnet man ihn häufig auch um in den effektiven Personalbesatz = Personaldichte = m² VK-Raum je im Durchschnitt anwesendem Verkäufer. Dabei hängt die Umrechnung von der betrieblichen Arbeitszeit und der Ladenöffnungszeit ab:

$$\frac{\text{Öffnungszeit Beispielsfirma}}{\text{Effektive Arbeitszeit Verkäufer (siehe Position 9)}} = \frac{2.353 \text{ Std.}}{1.571 \text{ Std.}} = 1,5$$

Öffnungszeit Beispielsfirma: Mo–Fr 9.00–12.30, 14.00–18.00, Do bis 20.00, Fr bis 18.30, Sa 9.00–16.00, Adventssamstage 9.00–18.00h.

Personaldichte = Personalbesatz 54,7 m² × Faktor 1,5 = **82 m²**

(also durchschnittlich 82 m² je anwesendem Verkäufer)

Zu Position 14/15 (Check-up der Auszeichnung)

Dort wird die Effizienz der Organisationskräfte bei der Auszeichnung überprüft. Auszeichnung beinhaltet Auspacken der Ware, Abstreichen des Orderauftrags, Eingeben des Lieferscheins in die EDV, Erstellen/Drucken sowie Anschießen der Etiketten. Laut BBE ist ein Benchmark von 120 Etiketten bzw. Teilen pro Stunde zu schaffen. In den ERFA-Gruppen des Autors wurde jedoch von den besten Firmen eher ein Wert von 100 erreicht, der somit als Benchmark angesetzt wird. Dabei erweisen sich besonders kleinere Fachgeschäfte als wenig effizient (oft unter 50 Teile pro Stunde), größere Bekleidungshäuser mit Filialen und mehr Durchlauf oder mit EDI-Auszeichnung dagegen als effizienter (100 Etiketten pro Stunde). Beispielfirma:

Ausgezeichnete Teile p. a. laut KER (Wareneingang) = **38.101 Teile**

$$\text{Ausgezeichnete Teile} = \frac{38.101 \text{ Teile}}{(\text{OP } 1,6 \times 1.571 \text{ Std.} \times \text{A } 33\%)} = \frac{38.101}{830 \text{ Std.}}$$

= etwa **46 Teile pro Stunde** (je effektive Stunde)

A 33 %   = Anteil der Auszeichnungskräfte bei den Organisationskräften,
            also 0,33 von den 1,60 Personen → also 0,53 Personen
            → also hier etwa 90 Std. pro Monat, oft natürlich nur geschätzt!
OP   = Organisationspersonal (1,6 Personen, siehe Position 3-6)
1.571 Std. = Netto-Arbeitsstunden (siehe Position 9) : 170 Std./Monat × 12 Mo-
            nate × 0,77 (Urlaub) = 1.571 effektive Stunden

Da innerhalb der Betriebskosten das Personal den entscheidenden Faktor darstellt (bis zu zwei Drittel der Kosten), müssen zur Effizienzsteigerung folgende
Wege (alternativ oder gleichzeitig) eingeschlagen werden:

- Personalreduzierung/Flexibilisierung z. B. mit Teilzeitkräften, sodass in Stoß-
  zeiten trotzdem voll bedient werden kann
- Steigerung der Personalleistung durch Motivation[20], Delegation und Steigerung des Verantwortungsgrades (Richtwert: Fluktuation und Absenz < 5–10 %,
  Leistung > 250.000 € p. a.) – gleichzeitig aber eine Qualitätssteigerung des
  Personals durch verstärkte Ausbildung (Fach- und Allgemeinwissen)[21]
- ständige strategische und operative Personalkontrolle (z. B. Leistungsbeur-
  teilungen samt Gespräche, Testkäufe, Imageanalysen)

Die im TEH anfallenden Dienstleistungen – vor allem Beratung und Service – sind
aufgrund hoher zeitlicher Bedarfsschwankungen und damit verbundenen Leer-
zeiten (= Tätigkeiten des Verkaufspersonals ohne Kundenkontakt) sowie aufgrund der Dominanz von situationsbedingten Entscheidungen in diesem Bereich
zum größten Teil unvorhersehbar und unberechenbar. Eine Studie belegt, dass im
TEH je 100 Stunden Arbeitszeit nur 41,4 Stunden davon Tätigkeiten mit Kundenkontakt darstellen und von 100 Käufern nur 28 tatsächlich beraten wurden![22]

Soll von einer Personalkonzeption in Richtung Raumkonzeption gesteuert werden (Vorwahlsystem bzw. Selbstbedienung), müssen folgende Voraussetzungen gegeben sein:

---

[20] Es gibt in der Praxis zahlreiche Hinweise darauf, dass dies nicht durch Prämiensysteme erreicht
werden kann – hier können allenfalls Einsparungen von Preisänderungen erfolgen.
[21] Casson meint dazu: „Er (der Chef) muss die Alltagsdinge laufen lassen, wie sie laufen; er muss
sich von der närrischen Idee befreien, dass er für den Geschäftsgang unentbehrlich ist ... Tatsache
ist, dass ungeschultes Verkaufspersonal das Publikum zum billigen Schund erzieht. Die Leute würden bessere Waren kaufen, wenn man ihnen die Tatsache begreiflich machte, dass gute Ware vom
Standpunkt der Verwendungsdauer und der Befriedigung immer weit preiswerter ist als billiger
Ramsch.“
[22] Vgl. Conz, B.: Beratung, S. 11 und S. 58

- gute Lage des Ladengeschäfts, dadurch hohe Passantenfrequenz
- Spontanartikel/Zusatznutzenartikel im Sortiment
- viele Laufkunden und eher jüngere Zielgruppen
- ausreichende Verkaufsraumgröße (> 150 m²), möglichst zwanglose Laufzone (ab 200–300 m²)
- Geschäftseinrichtung und Warenpräsentation, die in Anordnung und Funktion auf Vorwahl/SB ausgerichtet ist; modernes Visual Merchandising nach Farbthemen mit viel Frontpräsentation zum Selbstschauen („Ware muss selbst sprechen")
- entsprechende Einstellung (!) plus entsprechende Ausbildung des Personals in Bezug auf Vorwahl

Als letzte Personal-Kennzahl soll der Gehaltsumschlag GU vorgestellt werden, der eine Kombination aus Input und Output beinhaltet:

$$\text{Gehaltsumschlag eines Verkäufers (GU)} = \frac{\text{Umsatz des Verkäufers p. a.}}{\text{alle Kosten für diesen Mitarbeiter p. a.}}$$

In den Kosten sind vor allem das Brutto-Gehalt, Arbeitgeberanteile zur Sozialversicherung, Prämien, Weiterbildung, vermögenswirksame Leistungen etc. enthalten. Übliche Werte im Outfit-Bereich:

Gehaltsumschlag   5,0   →   Durchschnittswert, nicht besonders gut

Gehaltsumschlag   7,0   →   überdurchschnittlicher Wert, gut

Gehaltsumschlag   10,0   →   Spitzenwert, Benchmark

Der GU kann auch tageweise angewendet werden.

Beispiel:

Eine Aushilfe (Minijobber) arbeitet samstags 5 Stunden à 9 € pro Stunde:

- diese kostet 9 € plus 30 % Abgabe an die Bundesknappschaft
- also 11,70 € pro Stunde mal 5 Stunden = 58,50 €
- im günstigsten Fall muss die Aushilfskraft einen GU von 58,50 € mal 10, also 585 € Umsatz, in diesen 5 Stunden erwirtschaften.

- Falls der Samstag der Hauptumsatztag mit höchster Frequenz sein sollte, dann müsste die Aushilfskraft sogar das 20-Fache erwirtschaften, also 1.170 €.

Eine gute Verkaufskraft kann im mittelpreisigen Genre in einer mittleren Stadt deutlich mehr als 1.000 € Tagesumsatz erwirtschaften, ohne dabei an ihre Grenzen zu stoßen. Beweis (Vollzeitkraft):

- Gehalt p. a.: 32 T€
- GU 7,0 bedeutet 32 T€ mal 7,0 = 224 T€ Jahresumsatz. Dies ist heutzutage ein realistischer Wert
- 224 T€ : 300 Öffnungstage p. a. = 747 € pro Tag
- die Mitarbeiter arbeiten jedoch nicht jeden Tag (Urlaub, Krankheit etc.), in diesem Beispiel etwa 245 Tage, also 224 T€ : 245 Arbeitstage = 914 € pro Tag
- man kann also bei dieser Personalbesetzung von mindestens 1.000 € erwirtschaftetem Umsatz pro Tag pro Person ausgehen. Bei 600.000 € Jahresumsatz und 300 Öffnungstagen ergäbe sich 2.000 € Umsatz pro Tag. So benötigt man also im Durchschnitt zwei Personen, die jedoch wegen geringerer Arbeitszeit nicht immer anwesend sein werden. Angenommen, eine Kraft ist etwa zu 80 % der Öffnungszeit im Laden, so muss sie am Arbeitstag 1.250 € Umsatz (1.000 € : 0,80) erzielt haben, um im Jahres-Durchschnitt auf 1.000 € pro Tag bzw. 300 T€ pro Jahr zu kommen.

Zur Einschätzung des Personals können außerdem noch die Umtauschquote pro Verkäufer, der Personalanteil Verkauf gegen Backoffice, die Absenzquote, die Fluktuationsquote und die Krankheitsquote ermittelt werden.

9 Übungsaufgaben zum Basiswissen und Dreisatzrechnen

Aufgaben

(KBV = Kölner Betriebsvergleich = Durchschnittliche Vergleichswerte für den TEH von der Uni Köln; WE = Wareneingang, WES = Wareneinsatz, alle €-Werte in T€ – falls nicht anders angegeben)

1) Berechnen Sie das **Betriebsergebnis** (= betriebsbedingter Ertrag minus betriebsbedingte Kosten) in € und % aus folgenden Daten (in T€):

   Nettoertrag KER 340, Umsatz KER 1000, alle kalkulatorischen Kosten 100, Außerordentlicher Aufwand 100, Haus-AfA 30, betriebliche AfA 30, Sonstige betriebliche Kosten 250

2) Umsatz KER 1020, Umsatz in der GuV 850, WE GuV 450, WES GuV 480, Außerordentlicher/neutraler Aufwand GuV 50, Sonder-Aufwendungen GuV 400 (Gechäftsjahr 2007)

   Berechnen Sie
   a) Bruttogewinn GuV (€/%)
   b) Steuerlicher Reingewinn GuV (€/%)
   c) Lageran- oder -abbau in € (= Bestandsänderung)

3) Geschäftsjahr 2007: alle kalkulatorischen Kosten 100, außerordentlicher Aufwand 100, Zinsen effektiv 50, Sonstige betrieblichen. Kosten 300, Umsatz laut GuV 800, WES GuV = WES KER = 420, WE GuV 430, Bruttogewinn laut KER 540, keine Boni, Firma zahlt immer im 1. Zahlungsziel

   Berechnen Sie für die genannte Firma:

   a) erzielte Spanne GuV
   b) Umsatz KER (immer brutto!)
   c) erzielte Spanne KER
   d) Umsatzdifferenz GuV/KER = sogenannter vermuteter „Schwarzumsatz" (nicht korrekt verbuchter Umsatz)
   e) Spannenverlust GuV/KER

f) Skonti in €

g) Lageranbau oder -abbau in €

h) Betriebsergebnis in %

4) Berechnen Sie den **Index** (KBV = 100 %-Norm) für folgende Leistungs-
kennziffern der Firma X, ohne Nachkommata:

	Firma	KBV (= 100 %)	Index %
a) Umsatz/m²	2.870 €	3.500 €	
b) Umsatz/Person	142.400 €	160.000 €	
c) Umsatz/m²	3.500 €	2.500 €	
d) Umsatz/Person	202.000 €	200.000 €	

Kurz-Lösungen:

1) −40 bzw. −4 %

2) a) 532 / 52,6 %
   b) −80 / −7,91 % Verlust
   c) Abbau −30

3) a) 55,88 %
   b) 960
   c) 56,25 %
   d) −8
   e) −0,37 %
   f) 17,2 = 1,79 %
   g) Anbau +10
   h) 56,25 − 0,5 − 15,97 + 1,79 − 41,67 = **−0,10 %**

4) a) 0,82 = 82/100 = 82 % = 100 % − 18 % = Index −18 % zu 100 % = −18 %
   b) 0,89 = −11 %
   c) 1,4 = +40 %
   d) 1,01 = +1 %

Detaillierte Lösungswege zu den elementaren Übungsaufgaben

1)

Nettoertrag KER (= Erzeugerspanne oder MwSt./Spannenverlust)	340
./. betriebliche AfA	30
./. Sonstige betriebliche Kosten	250
./. Kalkulatorische Kosten (= auch betrieblich)	100
= Betriebsergebnis	40*

* −40 = −4 % vom Umsatz (= 1.000); KER-Umsatz ist i. d. R. immer inkl. MwSt.
(nicht relevant für diese Aufgabe: Außerordentlicher Aufwand, Haus-AfA, da nicht
warenhandelsbedingt)

2)

a) Umsatz GuV 850   ×   1,19 (+19 % MwSt.)   =   1.012
    (= GuV-Umsatz brutto)
./. WES GuV   480

= Bruttogewinn GuV   532*

$$* \frac{532}{1.012} = 0{,}526 = 52{,}6\% \text{ vom GuV-Umsatz brutto (= 1.012)}$$

b)

GuV 2007

WES	480	Umsatz netto	850
Außerordentlicher Aufwand (neutral)	50		
Sonstiger Aufwand (betrieblicher)	400		
Steuerlicher Gewinn (= Verlust)	−80*		
Σ 850		Σ 550	

* −80 = −7,91 % vom Brutto-Umsatz 1.012

c) AB + WE − EB = WES

WE = 450, WES = 480 sind bekannt, AB/EB unbekannt

→ Annahme z. B. AB wäre 100

→ 100 + 450 − X = 480

→ 100 + 450 − 480 = X

→ X = 70 → Änderung von AB = 100 auf EB = 70 war −30

→ Lagerabbau = −30

3)

a) Umsatz GuV 800   ×   1,19 (+19 % MwSt.)   =   952

./. WES GuV   420

─ Bruttogewinn GuV   532 →

  → 532 : 952 = 0,5588 = 55,88 % vom GuV-Brutto-Umsatz = Erz. Spanne GuV 952

b) Umsatz KER   =   X   (unbekannt)

./. WES KER   =   420   (bekannt, gegeben)

= Bruttogewinn KER   =   540   (bekannt, gegeben)

  → X = 960 = Umsatz KER brutto

c) BG KER 540 : Ums. KER 960 − 0,5625 − 56,25 %

d) Differenz = 952 („unehrlich") − 960 („ehrlich") = −8

(eventueller, vermutlicher „Schwarzumsatz" von 8)

e) Erz. Spanne GuV 55,88 % ./. Erz. Spanne KER 56,25 % = −0,37 %

f) 1. Zahlungsziel → 4 %* vom Wareneingang GuV 430 sind:

430 × 0,04 = 17,2

17,2 sind 1,79 %* vom KER-Umsatz

* 1,79 % ist die Abschlagszahl, 4 % ist die Aufschlagszahl.

g) AB + WE − EB = WES
WE GuV = 430, WES GuV = 420 sind bekannt, AB/EB unbekannt
→ Annahme: AB wäre z. B. 100
→ 100 + 430 − X = 420
→ 100 + 430 − 420 = X
→ X = 110 → Änderung von AB = 100 auf EB = 110 war +10
→ Lageranbau = +10

h) Erzeugerspanne KER =	56,25 %	
(Umsatz KER = 960)		
./. MwSt. Abschlag bei 19 %	15,97 %	
./. Spannenverlust GuV/KER	0,50 %	
+ Skonti	1,79 %	
− Sonstige betriebliche Kosten	31,25 %	(300 : 960 = 0,3125)
− Kalkulatorische Kosten	10,42 %	(100 : 960 = 0,1042)
= Betriebsergebnis	−0,10 %	

4)

a) 2.870 : 3.500 = 0,82 = Index 82 %
(minus 18 % vom 100 % ausgehend)

oder

2.870 = X %

3.500* = 100 %   → X = $\dfrac{2.870 \times 100\,\%}{3.500}$ = 0,82 = 82 %

* (KBV-Durchschnitt ist immer die Basis mit 100 %)

b) 142.400 : 160.000 = 0,89 = Index 89 %
(100 % − 89 % = Differenz von −11 %)

c) und d) siehe Kurz-Lösung

II

Analyse vorhandener Daten

(mit Original-Unterlagen aus der Praxis)

1 Tipps zum Datenmanagement

Ein Handelsbetrieb bietet vielerlei Möglichkeiten, Daten für das Controlling zu produzieren. Viele Händler jedoch verwenden nur sehr wenige Zahlen zur Steuerung ihres Betriebs. Nach Studien des Verfassers kontrollieren:

- 100 % der Händler ihre Liquidität, z. B. über das morgendliche Anschauen des Bankkontoauszugs oder über das abendliche Kontrollieren des Tagesumsatzes und des Kassenbestands
- etwa nur ein Drittel der Händler regelmäßig ihre Erfolgszahlen und sind in der Lage, ein Betriebsergebnis (inkl. kalkulatorischer Kosten) zu ermitteln bzw. zu interpretieren

Wenig Priorität auf die Steuerung von Daten zu legen, gleicht dem Steuern eines Flugzeugs ohne Navigation in der vergleichsweise turbulenten Outfitbranche. Das Nicht-Nutzen vielseitig vorhandener Daten gleicht einem Satellitenanschluss, der jedoch fortwährend nur für das Betrachten des ersten Programms verwendet wird.

Ohne Zahlen und Fakten führt man ein Unternehmen im Blindflug!

Folgende Daten sollten als Voraussetzung für eine erfolgreiche Betriebsführung in jedem Handelsbetrieb vorliegen:

(1) Unabdingbar (Grundausstattung):

- Kassenbuch oder Monatstabelle (Tagesumsatzstatistik) mit Tagesumsätzen diesen Jahres – Vergleich mit dem Vorjahr
- Monats-BWA aus der Buchhaltung (oder vom Steuerberater bzw. von der DATEV) – monatlich und kumuliert, jeweils mit Vorjahresvergleich
- kurzfristige Erfolgsrechnung (KER) nach Haupt-Warengruppen (z. B. Herren-Hosen, Damen-Jeans, Damen-Strick, Herren-Shirts, Damen-Mäntel, ...) und nach Lieferanten – monatlich, halbjährlich und jährlich, manuell geführt oder über eine EDV-Warenwirtschaft mit Vorjahresvergleich
- Jahresabschluss (GuV und Bilanz) mit handelsorientierter Kostenaufsplittung (Personal-, Raum- und sonstige Kosten) und Vorjahresvergleich sowie Vergleichszahlen als Benchmark (z. B. aus ERFA-Gruppen oder von Universitäten wie Berlin / Köln)

(2) Weiterhin wichtig („Pflicht"):

- Jährlicher Finanzplan mit Abgleich Plan versus Ist
- Umsatzplan (Jahr $\rightarrow$ Monat $\rightarrow$ Tag) mit Abgleich Plan gegen Ist
- Kostenrechnung: (a) Aufstellung einer Kostenübersicht halbjährlich sowie jährlich mit Benchmarkvergleich inklusive kalkulatorischer Kosten; (b) Deckungsbeitragsrechnung halbjährlich und jährlich – getrennt nach Abteilungen oder Etagen oder Filialen
- Monats-KER, getrennt nach Abteilungen, um die Monatsanteile zu überprüfen
- Bei Shopsystemen/Monostores: Monats-KER nach Haupt-Warengruppen pro Lieferant (sollten von einem Lieferanten verschiedene Divisions geführt werden, so sind diese getrennt zu führen, z. B. Esprit-EDC oder S.Oliver Casual – Selection oder Gerry Weber – Edition).
- Bei Stammabteilungen: Monats-KER nach Lieferant pro Haupt-Warengruppe (sollte die NOS-Ware eine wichtige Rolle spielen, sollten die Lieferanten getrennt geführt werden, z. B. Mac – Mac NOS)
- Bei Shopsystemen/Monostores: Größenstatistik pro Lieferant halbjährlich und jährlich, ggf. sogar eine Formenstatistik (z. B. Längen oder Schnitte bei Jeans) mit Ausweis der Umsatzanteile in % und Bestandsanteile in % (jeweils zum 30.06. und zum 31.12.)
- Bei Stammabteilungen: (a) Größenstatistik pro Warengruppe halbjährlich und jährlich, ggf. sogar eine Formenstatistik (z. B. Längen oder Schnitte bei Jeans) mit Ausweis der Umsatzanteile in % und Bestandsanteile in % (jeweils zum 30.06. und zum 31.12.) sowie (b) Preislagenstatistik pro Warengruppe nach dem gleichen Muster (c) Lieferantenstatistik pro Warengruppe nach dem gleichen Muster
- Lieferantenstatistik über alle Warengruppen hinweg, halbjährlich jeweils zum 30.06. und zum 31.12.
- Verkaufsfläche pro Shopsystem und pro Stammabteilungsfläche in m², um für jedes Modul die Quadratmeter-Umsätze, Erfolgsziffern sowie die Warendichte berechnen zu können (halbjährlich)
- Stundenstatistik (stärkste Tageszeit) und Wochentagsstatistik
- Verkäuferstatistik – monatlich, halbjährlich und jährlich; pro Verkäufer müssen Bruttogehalt, Umsatz, effektive Verkaufs-Stunden, Stundenumsatz, Teile pro Kunde, Umsatz pro Kunde, Erzielte Spanne, Umtäusche in % vom getätigten Umsatz vorhanden sein
- Aufteilung des Hintergrund-Personals (wer benötigt für welche Tätigkeit wie viel Prozent seiner Arbeitszeit)
- Inventurauswertung (Soll gegen Ist Stückzahl) pro Abteilung, Etage oder pro Filiale

(3) Optional (abhängig vom Know-how)

- Umsatzstatistiken nach Zielgruppen
- monatliche statt halbjährliche Statistiken
- Renner-Penner-Listen (artikelgenau) für einen besseren Einkauf und fundierte Reduzierungsentscheidungen
- Kundenanalysen aus dem Kundeninformationssystem (z. B. Cross Selling oder beste VIP-Kunden mit höchsten Umsätzen)
- Kundenbeobachtungsstudien (mit Strichlisten), um auch Daten über die nicht kaufenden Kunden zu erfassen
- strategische Sortimentsdaten (Umsatzanteile gegen Pro-Kopf-Ausgaben; Marktanteile im Einzugsgebiet, differenziert nach Haupt-Warengruppen, nach Zielgruppen und nach Lieferanten; Portfolio-Analysen; ABC-Analyse nach Haupt-Warengruppen und nach Lieferanten; Lebenszyklusanalysen der Lieferanten; Mitbewerbervergleiche; Imageumfragen)

Die Möglichkeit, die genannten Daten zu gewinnen, hängt nicht nur vom Know-how im Betrieb ab, sondern auch von den technischen Rahmenbedingungen. Ist z. B. keine EDV-Warenwirtschaft vorhanden, können viele Daten nicht produziert werden. Jedoch sind heutzutage die modernen Kassen in der Regel in der Lage, differenzierte Umsatzauswertungen etwa nach Lieferanten und/oder nach Warengruppen auszudrucken. Ein EDV-System lohnt sich in seiner einfachsten Variante schon ab einem Umsatz von etwa 200.000 €; es gibt schon einfachste Software für weniger als 1.000 €, die es möglich macht, die Daten aus Stufe (1) und sogar teilweise aus Stufe (2) zu erhalten.

Empfohlen wird, sich einen **Print-Plan** anzulegen, der regelt, wann welche Liste ausgedruckt wird. Beispiele/Auszüge:

Monat Mai – „Was ist auszudrucken?"

2.5.	Ausdruck Tagesumsätze April (01.04.–30.04.)
2.5.	Abliefern der Monatsdaten und Buchhaltungs-Belege beim Steuerberater
3.5.	Ausdruck der KER-Daten für April (Haupt-WGR, Lieferanten)
4.5.	Auswertung der Personalstunden aus der Stechuhr für April
6.5.	Auswertung der Verkäufer-Monatsstatistik
10.5.	Deadline für die Monats-BWA vom Steuerberater (muss spätestens dann ausgewertet vorliegen)

In dieser Art kann man sich auch einen jährlichen Print-Plan vorstellen, der regelt, in welchem Monat welche Listen gedruckt werden müssen.

Die sogenannte „Chefinformation" oder „Unternehmerinfo" ist bei einigen Warenwirtschaftsanwendungen installiert. Bei diesen Listen sind zwecks größerer Übersicht und weniger Papierverbrauch mehrere Statistiken auf einer Seite vereint: KER, Preislagen-, Größen- und Lieferantenstatistik (z. B. bei Hiltes oder STS/ProHandel).

Da langfristig der Trend zum papierlosen Büro geht, werten einige Händler inzwischen ohne Ausdruck aus. Sie lassen sich die Statistiken am Bildschirm anzeigen, importieren diese in Excel und verarbeiten diese dort weiter. So kann man sein individuelles Controlling- und Vergleichssystem aufbauen. Schade nur, dass sich momentan bei den meisten Warenwirtschaftssystemen diese Dateien nur recht umständlich in Excel importieren lassen (es sind meistens Textdateien im ASCII-Format).

Excel bietet den Vorteil, dass der Manager zwischen den Statistiken schnell hin- und herspringen und die Daten beliebig kürzen, sortieren und ergänzen kann. Außerdem können die Daten an Mitarbeiter einfach per E-Mail versendet werden. **Beispiel:**

ARTIKEL RENNER	Umsatz Stück	Wareneingang Stück	Bestand Stück	Abverkauf Stück in %	L U G	Umsatz VW	Einzel Preis	Artikel/ Stamm-Nr.
1.10.-31.12.								
Franchisestore 1	1.673	2.637	963	64	7,6	56.091	31,98	
241645	15	20	5	75	35	189	12,95	Mulicolourschal
204350	17	17		100	33,3	999		NOS Carry dark blue
208235	45	48	3	93,7	24,5	1.347	29,95	R-Pullunder
241647	20	30	10	66,6	24	299	14,95	F-Ringelschal ES
205903	11	16	5	68,7	23,8	256	25,95	Longshirt Blockstrei
202606	8	12	4	66,6	22,5	374	49,95	Ella 22inch
205886	22	22		100	21,5	551		F-Glencheck T-shirt
205851	24	24		100	21,5	698		Polo sportiv
208324	14	17	3	82,3	21	699	49,95	Ringelhoody 2 in 1
204500	12	15	3	80	20,6	599	49,95	NOS Toronto night bl
216406	17	17		100	19,7	1.639		Daunenjacke
204440	5	5		100	18,3	274		NOS Carry brown 32 i
221200	7	7		100	16,8	349		NOS Jacky Blue
204396	7	12	5	58,3	16,1	334	49,95	Paula Mix 32 Inch
216408	12	12		100	15	1.009		Cordparka
204351	14	15	1	93,3	14,2	779	59,95	NOS Carry dark blue
209100	105	133	28	79,6	14,2	3.008	29,95	N.O.S. Lana
205990	65	81	16	80,2	13,9	966	14,95	NOS Pia
204415	6	11	5	54,5	13,9	289	49,95	Paula Mix 30 Inch
202650	48	61	13	78,6	13,1	2.877	59,95	NOS Mina Diamond 32i
239059	6	6		100	12	77		Amulett Necklace
235916	20	22	2	90,9	12	721	39,95	F-Sportive Co/Ny Wes
210900	15	19	4	78,9	11,9	594	39,95	N.O.S. Lotta - Feins
205750	70	94	24	74,4	11,7	1.396	19,95	N.O.S. Lola
205870	27	35	8	77,1	11,1	400	14,95	N.O.S. Amy
205882	12	16	4	75	11	296	24,95	Ringelrolli
217921	6	12	6	50	11	274	49,95	Longshirt
202660	21	23	2	91,3	11	1.048	49,95	NOS Jessy TNC 32inch
205869	19	24	5	79,1	10,9	474	24,95	Polo Lurexstreifen
236000	18	23	5	78,2	10,7	849	49,95	NOS Hally
210901	24	51	27	47	10,4	934	39,95	NOS Mischa
217932	13	28	15	46,4	10,4	519	39,95	F-Strukturstreifenbl

- **Warengruppenschlüssel**

Ziele: organisatorische Aufteilung, Zumessung des Verkaufsraums, warentechnische Abgrenzung für den Ein-/Verkauf, Stabilisierung der Planungs- und Controllingverhältnisse, Rationalisierung, bessere Bedarfsbündelung.

Je höher der Umsatz oder je breiter das Sortiment, umso wichtiger der WGR-Schlüssel. **Anforderungen** (nur als Orientierungshilfe):

- Umsatzanteil pro WGR mindestens 1 %, maximal 10 % (sonst lohnt sich der EDV-Ausdruck gar nicht bzw. die Aussage fehlt!)
- maximal 10–50 WGR oder zusammenfassbare Haupt-WGR zwecks Übersicht (in der Praxis häufig viel zu groß, z.T. über 200 WGR!)
- Vergleichbarkeit mit Marktdaten, Einkaufsverband, ERFA-Gruppe etc.
- Ausgewogenheit und logisch-systematischer Aufbau, Hierarchie
- freie Spielräume für neue WGR (z. B. Westen, Leggings, Sneakers)
- klare Trennung bzgl. Durchschnittspreis und Saisonalität (**nicht** Shirts und Strick oder Sandalen und Espandrillos zusammen)

2-, 3- oder 4-stellig; z. B. Bekleidungshaus X:

1	HAKA	2	DOB
11	He-Mäntel (HAKA Outdoor)	21	Da-Mäntel
12	He-Jacken (HAKA Outdoor)	22	Da-Jacken
13	He-Sakkos (HAKA Indoor)	...	
14	He-Anzüge (HAKA Indoor)		
15	He-Hosen (HAKA Indoor)	211	Da-Mäntel Popeline
16	He-Jeans (HAKA Indoor)	212	Da-Mäntel Microfaser
17	He-Strick/Wirk (HE-Artikel)	...	
18	He-Hemden (HE-Artikel)		
19	He-Accessoires (HE-Artikel)	3	KIKO
171	He Strick – Pullis	4	Wäsche
172	He Strick – Strickjacken		
173	He Strick – Pullunder	5	Strümpfe
175	He Wirk – Sweats		
176	He Wirk – Shirts	51	Da-Strumpfwaren
177	He Wirk – Polos	52	He-Strumpfwaren
...	(175–177 eigener Bereich)	53	Ki-Strumpfwaren

2 Auswertung der BWA (= Betriebswirtschaftliche Monats-Auswertung, z. B. von DATEV)

2.1 Beispiel aus der Finanzbuchhaltung – Kosten- und Ertragsvergleich

Auf der folgenden Seite findet sich eine Monatsauswertung aus der Buchhaltung eines Händlers (sogenannte BWA = Betriebswirtschaftliche Auswertung) des Monats Juni mit den Originalbezeichnungen der DATEV.

Erklärung der Spalten:

Spalte 1 (Bezeichnung)
Umsatz, Wareneingang, Kostenarten und Ergebnisse

Spalte 2 (Monatswert)
Werte Monat Juni in €

Spalte 3 (prozentuale Gesamtleistung)
Werte Monat Juni in % (100 % = Gesamtleistung = Umsatz)

Spalte 4 (prozentuale Gesamtkosten)
Werte Monat Juni in % (100 % = Gesamtkosten)

Spalte 5 (Aufschlag)
Aufschlagsspanne in % (Wareneingang = EK = 100 %, Rohertrag = x %)
Die Spanne ist jedoch nicht mit der KER-Spanne aus der Warenwirtschaft zu vergleichen, da dort diese i. d. R. aus dem Umsatz brutto (inkl. MwSt.) berechnet wird. In diesem Beispiel ohne MwSt.

Spalte 6 (kumulierter Wert)
Werte Monat Januar bis Juni in €, aufgelaufen (= aufsummiert)

Spalte 7 (prozentuale Gesamtleistung)
Werte Monat Januar bis Juni in % (100 % = Gesamtleistung = Umsatz)

Spalte 8 (prozentuale Gesamtkosten)
Werte Monat Januar bis Juni in % (100 % = Gesamtkosten)

Spalte 9 (Aufschlag)
Aufschlagsspanne in % (Wareneingang = EK = 100 %, Rohertrag = x %)

155665/3/2007 (in €)   Rechnungswesen V.5.1. – **Kurzfristige Erfolgsrechnung Juni 2007** –   07.07.2007
Mode Müller KG, Emburg   SKR 3 3WA Nr. 1 BWA-Form DATEV-BWA Wareneinsatz KG3   Blatt 1

Bezeichnung	Monatswert	% Ges.Leistung	% Ges.Kosten	Aufschlag	kumulierter Wert	% Ges.Leistung	% Ges.Kosten	Aufschlag
Umsatzerlöse	124.663	100,00	311,56		689.283	100,00	280,87	
Best. Verdg. FE/UE	0				0			
Gesamtleistung	124.663	100,00	311,56		689.283	100,00	280,87	
Mat./Wareneinkauf	54.113	43,41	135,24	100,00	384.546	55,79	156,70	100,00
Rohertrag	70.550	56,59	176,32	130,38	304.737	44,21	124,18	79,25
So. betr. Erlöse	480	0,39	1,20		960	0,14	0,39	
Betriebl. Rohertrag	71.030	56,98	177,52	131,26	305.697	44,35	124,57	79,50
Kostenarten:								
Personalkosten	21.237	17,04	53,08		131.215	19,04	53,47	
Raumkosten	10.803	8,67	27,00		69.720	10,11	28,41	
Betriebl. Steuern	0				0			
Versich./Beiträge	124	0,10	0,31		3.648	0,53	1,49	
Besondere Kosten	0				0			
Kfz-Kosten (o. St.)	235	0,19	0,59		2.136	0,31	0,87	
Werbe-/Reisekosten	3.381	2,71	8,45		16.460	2,39	6,71	
Kosten Warenabgabe	422	0,34	1,05		1.913	0,28	0,78	
Abschreibungen	0				0			
Reparatur/Instandh.	800	0,64	2,00		1.206	0,17	0,49	
Sonstige Kosten	3.011	2,42	7,53		19.108	2,77	7,79	
Gesamtkosten	40.013	32,10	100,00		245.406	35,60	100,00	
Betriebsergebnis (EBIT)	31.017	24,88			60.291	8,75		
Zinsaufwand	1.244	1,00			2.811	0,41		
Sonst. Neutr. Aufw.	45	0,04			45	0,01		
Neutraler Aufwand	1.289	1,03			2.856	0,41		
Zinserträge	28	0,02			84	0,01		
Sonst. neutr. Ertr.	0				0			
Verr. kalk. Kosten	0				0			
Neutraler Ertrag	28	0,02			84	0,01		
Konte klasse 5/6	0				0			
Ergebnis vor Steuern	29.756	23,87			57.519	8,34		
Steuern Eink. u. Ertr.	0				0			
Vorläufiges Ergebnis	29.756	23,87			57.519	8,34		

Erklärung der Zeilen:

Umsatzerlöse
Umsätze (gebucht an der Kasse plus bezahlte Kundenrechnungen), netto,
d. h., die Mehrwertsteuer wurde abgezogen

Material- / Wareneinkauf
Bisher verbuchte (also bezahlte) Wareneingänge in €

Manche Firmen lassen in diese Zeile den Wareneinsatz eintragen, also die Wareneingänge minus Anfangsbestand plus Endbestand, um so den exakten Wert
der zur Verfügung gestandenen Ware zu ermitteln und somit eine zur KER vergleichbare Spanne. Dieser Wert kann jedoch trotzdem nicht realistisch sein, da
Diebstähle nicht berücksichtigt werden können. Ansonsten müsste man jeden
Monat erneut eine Inventur machen und den gezählten Bestand in diese Rech-
nung einbringen.

Rohertrag
Netto-Rohertrag = Bruttogewinn minus Mehrwertsteuer-Betrag in €

Kostenarten
Die meisten erklären sich von selbst: „Betriebliche Steuern" meint die Gewerbesteuer, „Kosten Warenabgabe" sind z. B. Tüten; Abschreibungen werden i. d. R.
erst zum Jahresende ermittelt, wenn der Anlagenspiegel erstellt wird und die
sonstigen Kosten beinhalten, z. B. Buchhaltung, Porto, Telefon, Kreditkartenge-
bühren, Steuerberater, EDV-Zubehör, Büromaterial, Unternehmensberater etc. ...

Betriebsergebnis (EBIT)
Rohertrag minus Kosten (wichtigste Kennzahl)

Zinsaufwand (zur Gruppe neutrale Aufwendungen)
Sollzinsen für Kontokorrent-Überziehung und Darlehenszinsen

Zinserträge (zur Gruppe neutrale Erträge)
Erträge aus Geldanlagen (z. B. Aktien, Festgeld, ...)

Steuern Einkommen und Ertrag
Steuern aus Einkommen und Ertrag werden erst nach Fertigstellung des Jah-
resabschlusses ermittelt.

Ergebnis vor Steuern

Betriebsergebnis minus/plus neutrale Aufwendungen/Erträge

= steuerlicher Reingewinn GuV

Interpretation Monat Juni:

Die Firma hat 125 T€ Umsatz von aufgelaufenen 689 T€ – das sind 18%. Diese 18% sind als überdurchschnittlich zu werten, da in einem Halbjahr ein Monat im Durchschnitt auf 16,7% Umsatzanteil kommt. Der Anteil des Waren-eingangs mit 43,4% vom Umsatz ist im Juni unterdurchschnittlich, da aufgelau-fen 55,8% zu beobachten sind (üblicherweise kommt allerdings im Juni weni-ger Ware). Allgemein ist ein Warenanteil von 40–50% normal. Deutlich mehr als 50% wäre bedrohlich, da dann mit großer Wahrscheinlichkeit zu viel Ware übrigbleibt und mehr reduziert werden muss als gewöhnlich.

Die Personalkosten betragen 17% vom Umsatz (im Textil- und Schuhhandel kann man in vielen Fällen als „Schmerzgrenze" den Wert 15–20% ansetzen, bei hohen Spannen maximal 20–24%, bei Heimtexbetrieben oft bis 30%, im Sporthandel weniger – etwa 12 bis 17%). Im Monat Juni liegen die Personal-kosten mit 17% unter dem Durchschnitt. Vermutlich wurden die Minijobber in diesem Monat nicht voll eingesetzt (bis zur 400-€-Grenze) und voll bezahlt. Man könnte vermuten, dass das Urlaubsgeld erst im Juli bezahlt wird. Dies kann aber nicht die Ursache sein, da in den Monaten Januar bis Mai auch kei-ne Sonderzahlungen üblich sind. Ein weiterer Grund könnte sein, dass in den Monaten zuvor Prämien gezahlt wurden und im Juni nicht. Oder man hat eine (zu) teure Kraft im Mai entlassen.

Die Raumkosten richten sich nach Standortgröße, Attraktivität und Kaufkraft des Ortes, Größe des Einzugsgebiets und Lage des Betriebs. Als Faustformel kann man annehmen, dass bei Franchisestores und Sporthändlern die Perso-nal- und Raumkosten in der Summe nicht höher sein sollten als 20–25%, bei anderen Betrieben nicht höher als 25–30% (ist in diesem Beispiel der Fall, al-so positiv).

Die Werbekosten liegen im Allgemeinen bei etwa 2–3%. Es gibt jedoch große Un-terschiede. Betriebe in 1a-Lagen machen wegen der ohnehin vorhandenen hohen Frequenz kaum Werbung, Franchisestores wie Street One, Cecil oder Esprit benötigen aufgrund der bereits eingeführten Marke ebenfalls kaum Werbung. Derartige Betriebstypen kommen häufig mit weniger als 1% Werbekosten aus.

Betriebe in schlechten bzw. ländlichen Lagen müssen sich dagegen oft selbst Frequenzen schaffen und gehen bei der Werbung häufig bis zu 4–5 %. Im Juni hat die Firma mehr Werbung gemacht als im Durchschnitt des 1. Halbjahrs.

Die sonstigen Kosten hängen u. a. von der Effizienz der Verwaltung ab. Wird viel mit Vorauszeichnung der Ware und EDI-Systemen gearbeitet, kommt man oft mit weniger als 2,5 % Kosten aus. Bei aufgeblähtem Backoffice (sogenannter „Wasserkopf") oder übertriebenen Ausgaben im EDV- und Telefon-Bereich kommen manche Händler sogar auf mehr als 5 %.

Die Firma hat im Juni ein sensationelles Betriebsergebnis. Ein Gewinn von 24,88 % ist weit über dem, was die Spitzenreiter in der Outfitbranche zu leisten vermögen. Diesen Wert bezeichnet man auch als Umsatzrendite. Jedoch hat diese Firma im Juni recht wenig Wareneingang verzeichnet und deshalb dieses Traumergebnis.

Kumuliert ist der Wareneingang schon deutlich höher (56 % vom Nettoumsatz) und damit wohl einige Punkte zu hoch. Deshalb ergibt sich auch nur noch ein Betriebsergebnis von 8,75 %, das jedoch immer noch weit über dem Branchenschnitt liegt und im Vergleich zu anderen Geldanlagen auch deutlich über den dort möglichen Zinserträgen. Die Firma könnte also eine zweistellige Rendite erzielen, wenn sie durch professionellere Limitplanung den Wareneingang in Relation zum Umsatz niedriger halten würde.

Da die meisten Händler nicht wie die Steuerberater mit Bruttoumsätzen rechnen und in brutto „denken" und „leben", ihre Stammdaten in der Warenwirtschaft damit auch auf Bruttorechnungen eingestellt haben, sei eine Umrechnung der vorigen Daten erlaubt:

	Umsatz Januar bis Juni ohne MwSt.	689.283 €	
–	Wareneinkauf	384.546 €	
=	Rohertrag (Bruttogewinn ohne MwSt.)	304.737 €	44,21 %

	Umsatz Januar bis Juni ohne MwSt.	689.283 €	
+	MwSt. 19 %	130.964 €	
=	Umsatz brutto inkl. MwSt.	820.247 €	
–	Wareneinkauf	384.546 €	
=	Rohertrag (Bruttogewinn ohne MwSt.)	435.701 €	53,12 %

→ Mit dieser Zahl können die meisten Händler eher etwas anfangen, da diese kompatibel zur Warenwirtschaft ist. Jedoch: In der BWA wird immer der Skontoertrag bei früherer Bezahlung automatisch abgezogen. In der Warenwirtschaft werden i. d. R. keine Skontoerträge berücksichtigt, da zum Zeitpunkt der Verbuchung meist nicht klar ist, wann bezahlt wird.

Oft verzerren auch die Warenbezugskosten diese Werte und behindern die Vergleichbarkeit. Damit ist die ermittelte Spanne 53,12 % nicht mit der KER kompatibel und eigentlich niedriger. Neue Berechnung der Spanne unter der Annahme, dass der Händler immer in 1. Kondition bezahlt (Bekleidung 4 % Skonto):

```
Wareneinkauf laut BWA          384.546 €  =   96 %
Wareneinkauf ohne Skonti            x €   =  100 %

→  x = 400.569 €
   (entspricht dem Betrag der Original-Warenrechnungen)

→  Skonti = 400.569 − 384.546 = 16.023 (= 1,95 %)


   Umsatz brutto mit MwSt.               820.247 €
−  Wareneinkauf                          400.569 €
=  Rohertrag (Bruttogewinn ohne MwSt.)   419.678 €        51,17 %

   → korrigierte Spanne = 53,12 % − 1,95 % = 51,17 %
```

Diese Spanne ist nun vergleichbar mit der Warenwirtschaft bzw. KER.

2.2 Beispiel aus der Kostenrechnung

Im folgenden Beispiel wird eine kostenrechnerische Darstellung aufgezeigt. Der Unterschied zur kameralistischen Darstellung der Buchhaltung (Punkt 2.1) ist, dass auch fiktive Kosten (= kalkulatorische Kosten) mit einfließen. Zum Beispiel wird für die Leistung des Unternehmers, die schließlich i. d. R. mehr als die einer üblichen Vollzeitkraft darstellt, ein kalkulatorischer Unternehmerlohn angesetzt – er wird (fiktiv) entlohnt. Der Betrieb muss kaufmännisch so effizient arbeiten, dass der kalkulierte Verkaufspreis so hoch sein kann, um diese unternehmerische Leistung mitzuverdienen. Alles andere wäre ein „Hobbyladen". Der folgende Betrieb erwirtschaftet trotz mehrerer angesetzter kalkulatorischer Positionen mit 4,5 % ein ordentliches Betriebsergebnis.

1.000.000 € Umsatz, 250 m², übliche Ortsmiete a-Lage: 20 €/m²

Kosten-Position	Abschlag in % vom Bruttoumsatz
Personalkosten	14,0
+ Miete (20 € × 12 Monate × 250 m² = 60 T€)	6,0
+ Raumkosten Sonstige	1,5
+ Werbekosten	3,0
+ Sonstige betriebliche Aufwendungen *(Reisekosten, Büro, ...)*	4,0
= Gesamtkosten (betriebsbedingt, GuV)	28,5
+ Kalkulatorischer Unternehmerlohn *(40.000 €)*	4,0
+ Kalkulatorische Zinsen Betriebsvermögen *(Einrichtung etc. × 10 %)*	1,0
+ Kalkulatorische Zinsen Warenlager *(Durchschnittslagerbestand etwa 200.000 EW)*	2,0
= Betriebsbedingte Kosten Gesamt	35,5
Eingangsspanne KER	59,5
− MwSt.-Abschlag *(gerundet aus 15,97 %)*	16,0
− Inventurdifferenz *(Diebstahl)*	0,5
− Preisänderungen *(lt. KER)*	6,0
+ Skonti/Boni	2,0
= Nettoertrag	39,0
Nettoertrag	39,0
− Betriebsbedingte Kosten Gesamt	35,5
= Betriebsergebnis	4,5

Befände sich der Betrieb in einer eigenen Immobilie und würde keine Mietauf-
wendungen GuV aufweisen, so müsste man die ortsübliche Miete von 20 €/m²
als kalkulatorische Miete ansetzen, und der kalkulierte Verkaufspreis müsste
diesen Wert erwirtschaften können. Das Ergebnis wäre dasselbe. Also sind auf
diese Art und Weise ermittelte Gewinne perfekt zwischen verschiedenen Unternehmen vergleichbar.

3 Auswertung des Jahresabschlusses

3.1 Bilanz

J A H R E S A B S C H L U S S   2007   FA. TEXTIL BÜHLER

Anmerkung: Das Haus des Unternehmers ist bilanziert, dort befinden sich seine Privatwohnung und eine andere Wohnung, die an eine Familie vermietet ist (Miete p. m. 800 €). Kalkulatorische Miete für die Wohnung des Unternehmers: 1.000 € p. m. Die Ladenlokale dagegen sind komplett fremd gemietet mit einer effektiven Jahresmiete von 86.000 €.

BILANZ zum 31.12.2007 BILANZWERT

A K T I V A

I.   ANLAGEVERMÖGEN

A.   Sachanlagen und immaterielle Anlagewerte

1.	Grundstücke mit Bauten	50.000
3.	Betriebs- und Geschäftsausstattung	262.000
		312.000

B.   Finanzanlagen

1.	Beteiligungen	3.000
2.	Ausleihungen mit einer Laufzeit von mindestens vier Jahren (Einlage Einkaufsverband)	35.000
		38.000

II.   UMLAUFVERMÖGEN

A.   Vorräte

1.	Fertige Erzeugnisse, Waren	266.000

B.   Andere Gegenstände des Umlaufvermögens

1.	Forderungen aus Lieferungen und Leistungen	14.000
2.a	Kassenbestand	3.000
2.b	Postscheckguthaben	1.000
2.c	Guthaben bei Kreditinstituten	20.000

III.   RECHNUNGSABGRENZUNGSPOSTEN

2.	Andere Abgrenzungsposten	6.000
SUMME		660.000

P A S S I V A

I.   KAPITAL   200.000

II. RÜCKSTELLUNGEN

1. Steuerrückstellungen (USt)   20.000

**III. VERBINDLICHKEITEN MIT EINER LAUFZEIT VON
      MINDESTENS VIER JAHREN**

1. Verbindlichkeiten gegenüber Kreditinstituten   350.000
2. Sonstige Verbindlichkeiten   30.000

IV. ANDERE VERBINDLICHKEITEN

1. Verbindlichkeiten aus Lieferungen und Leistungen   30.000
2. Verbindlichkeiten gegenüber Kreditinstituten   0

V.   RECHNUNGSABGRENZUNGSPOSTEN

2. Andere Abgrenzungsposten   30.000

SUMME	660.000

Zusätzliche Angaben aus dem Anhang bzw. vom Unternehmer:

*   AfA für Grundstück/Bauten p. a.   5.000
*   BGA: Teil-Einrichtung im Januar 2007 neu
         Investitionssumme 202.500
         Nutzungsdauer neun Jahre
*   BGA: alte Einrichtung hat Restbuchwert
         von 20.000 am 31.12.2007, AfA p. a.   10.000
*   Geringwertige Wirtschaftsgüter in 2007   1.500
*   Lieferwagen Restbuchwert   32.000 ⎤
    Kassen Restbuchwert   10.000 ⎬ AfA = 23.000
    EDV-Anlagen Restbuchwert   20.000 ⎦

Die vorliegende Bilanz soll für weitere Beispiele im Buch verwendet werden (Teil II.5. Handelscontrolling) und in diesem Abschnitt zur Übung dienen.

Versuchen Sie, die vorliegende Bilanz in das nachstehende Bilanz-Analyseschema zu übertragen. Sie können Ihr Ergebnis anschließend mit der folgenden Lösung vergleichen. Bei den schwierigeren Positionen sind Erläuterungen zu finden.

Bilanz-Analyseschema
(Bitte Daten der vorigen beiden Seiten eintragen)

Aktiva		Passiva	
Geschäftshaus / Grundstücke	€	Eigenkapital / Privat	€
Geschäftseinrichtung	€	Darlehen / Kredite /	
Fuhrpark / Kfz	€	Pensionsrückstellungen	€
Maschinen, Kassen, EDV	€	Lieferantenverbindlichkeit	€
Einkaufsverband	€	Kontokorrent-Kredite	€
Beteiligungen / Finanzanlagen	€	Wechsel	€
Damnum / Disagio	€	Sonstige kurzfristige	
Warenbestand Geschäftsjahr	€	Verbindlichkeiten /	€
Forderungen	€	Rückstellungen	
Kassenbestand	€	Passive Rechnungsabgrenzung	€
Postscheck	€		
Bank (= Girokonto)	€		
Negatives Eigenkapital	€		
Aktive Rechnungsabgrenzung	€		
Bilanzsumme	€	Bilanzsumme	€

Allgemeine Tipps:

- Die Bilanzsumme muss auf beiden Seiten wiederum 660.000 € ergeben.
- Bauliche Veränderungen (z. B. Aufzug, Treppe, Fassade, Eingang, neue Zwischendecke) gehören normalerweise zur Position Geschäftshaus. Befindet man sich zur Miete in einem Ladenlokal und muss eine der Positionen übernehmen, so empfiehlt sich die Zuordnung zur Position „Geschäftseinrichtung",

da nach Ablauf des Mietvertrags (oft 3, 5 oder 10 Jahre) die Investitionen abgeschrieben sein sollten und i. d. R. Eigentum des Vermieters darstellen und beim Verlassen des Ladenlokales zurückgelassen werden müssen.

- Langfristige Vermögensteile wie strategische Geldanlagen (z. B. Investmentfonds) oder Darlehen an Mitarbeiter/Verwandte gehören zu Beteiligungen/Finanzanlagen. Dort geht es um Zeiträume mit vielen Monaten oder gar Jahren.
- Kurzfristiges Zur-Verfügung-stellen von Geldmitteln (z. B. mehrtägige oder mehrwöchige Kredite) bzw. kurzfristig fällige Geldbeträge (z. B. Kundenrechnungen, die nach zwei Wochen bezahlt werden müssen, oder Außenstände über Kreditkarten) werden auf das Konto „Forderungen" gebucht.
- Der Warenbestand entspricht dem Inventur-Endbestand, abgewertet um die Teilwertabschläge.
- Kontokorrent-Schuld: Wird in gängigen Jahresabschlüssen als „Verbindlichkeiten mit einer Laufzeit mit weniger als einem Jahr" bezeichnet.
- Sonstige kurzfristige Verbindlichkeiten/Rückstellungen: Dazu gehören z. B. ausstehende Löhne und Sozialabgaben, Kosten für den Jahresabschluss, Umsatzsteuer-Zahllast vom letzten Monat des Geschäftsjahrs.

Lösung:

Aktiva		Passiva	
Geschäftshaus/Grundstücke	50.000 €	Eigenkapital/Privat	200.000 €
Geschäftseinrichtung	200.000 €	Darlehen/Kredite/ Pensionsrückstellungen	380.000 €
Fuhrpark/Kfz	32.000 €		
Maschinen, Kassen, EDV	30.000 €	Lieferantenverbindlichkeiten	30.000 €
Einkaufsverband	35.000 €	Kontokorrent-Kredite	0 €
Beteiligungen/Finanzanlagen	3.000 €	Wechsel	0 €
Damnum/Disagio	0 €	Sonstige kurzfristige Verbindlichkeiten/Rückstellungen	20.000 €
Warenbestand Geschäftsjahr	266.000 €		
Forderungen (Lieferungen + Leistungen)	14.000 €	Passive Rechnungsabgrenzung	30.000 €
Kassenbestand	3.000 €		
Postscheck	1.000 €		
Bank (= Girokonto)	20.000 €		
Negatives Eigenkapital	0 €		
Aktive Rechnungsabgrenzung	6.000 €		
Bilanzsumme	**660.000 €**	Bilanzsumme	**660.000 €**

Die Firma hat eine verhältnismäßig hohe Eigenkapitalquote mit 30,3 %:

Eigenkapital   200.000   =   x % $\rightarrow$ x = 200 : 660 = 0,303 = 30,3 %
Bilanzsumme 660.000   = 100 %

Auch der Warenbestand ist nicht allzu hoch (40 % der Bilanzsumme) und die Betriebs- und Geschäftsausstattung dominiert nicht (unüblich bei Handelsbetrieben). Besonders positiv ist, dass zum 31.12. der Kontokorrentstand positiv ist (mit 20 T€ im Plus), was viele Händler leider nicht erreichen.

3.2 Gewinn- und Verlustrechnung

Die Aufbereitung einer Einzelhandels-GuV im Hinblick auf eine kostenrechnerische Analyse hat schon vielen Händlern, Unternehmensberatern sowie Steuerberatern großes Kopfzerbrechen bereitet.

Problematisch ist z.B., dass die meisten Steuerberater keine einzelhandelsspezifische Sprache sowie ungeeignete Strukturen verwenden. Beispielsweise heißt der im Handels-Sprachgebrauch übliche „Wareneinsatz" dort „Materialaufwand" oder „Aufwendungen für Roh-, Hilfs- und Betriebsstoffe sowie für bezogene Waren", Skontoerträge sind nicht explizit als Erträge ausgewiesen, was für den Händler jedoch wichtig ist, und die sehr wichtigen Raumkosten werden irgendwo in der letzten Sammelposition zu den sonstigen Kosten zwischen Verpackungsmaterial und Portogebühren zusammengefasst. Würden einige Steuerberater sich mehr Gedanken über die Sichtweise der Einzelhändler machen, wäre manches leichter. Andererseits versäumen es Händler häufig, dem Steuerberater in Bezug auf den Jahresabschluss eine Art „Wunschliste" aufzustellen, aus der hervorgeht, welche Struktur sie gerne hätten.

Bevor auf die Aufbereitung der GuV eingegangen wird, sollen die typischen Praxisprobleme aus der Unternehmensberatung aufgezeigt werden:

- **GuV – kein Ausweis der Skonto-Erträge (Nettosaldierung im WEK)**

Die GuV liegt ursprünglich häufig – wie links abgebildet – vor (meist ohne Kontenform, nur als Liste):

A	GuV (Original, in T€)		E
AB	300	Umsatzerlös	
+ WE	535	1.000	
– EB	350		
= WES	485		
Aufwand	515		
Σ 1.000		Σ 1.000	

$\rightarrow$

A	modifizierte GuV		E
AB	300	Umsatzerlös	
+ WE	**550**	1.000	
– EB	350	**Skonti**	
= WES	500	**15**	
Aufwand	515		
Σ 1.015		Σ 1.015	

Bei genauerem Nachfragen in der Buchhaltung (Kontenblätter) erfährt man den genauen Betrag der in der GuV enthaltenen Skonti-/Boni-Erträge (15 T€) und setzt diese in der Ertragsseite der GuV gesondert ein, um später eine differenzierte Analyse machen zu können. Als Ausgleich muss dann das WEK (Aufwandsseite) um 15 T€ nach oben korrigiert werden. Es handelt sich um eine **GuV-Verlängerung**, bei den Posten WE (Wareneingang) und WES (Wareneinsatz) kommen jeweils +15 T€ dazu.

- **Teilweise Fremdmiete, teilweise eigene Räume (ohne Miete)**

Beispiel:

Firma X setzt **1.000.000 €** brutto auf 400 m² in zwei Filialen um.

- **Filiale 1:** 200 m², 1-ab-Lage, Fremdmiete p. m. 2.500 €, Markt-Mietwert etwa 15 €/m² p. m.
- **Filiale 2:** 200 m², 1-a-Lage, in eigenem Haus, diese Miete ist also nicht in der GuV enthalten, da sie ja nicht effektiv bezahlt wird (Hausvermögen hierfür und Hauskosten sind dafür bilanziert), Markt-Mietwert etwa 15 bis 20 €/m² (von der IHK oder vom Immobilienmakler)

Es gibt nun prinzipiell vier Möglichkeiten, die Mietkosten für die Erfolgsrechnung anzusetzen:

(1) nur effektiv gezahlte Miete ansetzen (entspricht aber nicht dem kalkulatorischen Gedanken bzw. dem Opportunitätsprinzip)
(2) die Miete mit einem Durchschnittssatz (kalkulatorische Miete/m²) für die Gesamtfläche 400 m² kalkulatorisch ansetzen
(3) die Miete mit verschiedenen Sätzen pro Filiale (also mit den dem Marktpreis entsprechenden Satz) kalkulatorisch ansetzen
(4) für die Fremdräume die effektiv gezahlte Miete und für die Eigenräume mit den entsprechenden Satz einer kalkulatorischen Miete ansetzen

Möglichkeiten (3) und (4) erscheinen am sinnvollsten. Wenn man die vielen betriebsspezifischen Besonderheiten berücksichtigt und eine optimale Vergleichbarkeit gewährleisten will, muss man sich für Möglichkeit (3) entscheiden.

- **GmbH-Probleme sowie Unter-/Überbezahlung von Mitarbeitern**

Die Kapitalgesellschaften zahlen keine Einkommensteuer, sondern Körperschaftssteuer. Diese Steuer ist bei einer Erfolgsanalyse zu berücksichtigen und gesondert auszuweisen. Ebenso ist dort der Unternehmerlohn in Form des Geschäftsführergehalts in den Lohnaufwendungen der GuV enthalten. Vergleichszahlen, die als Benchmark dienen, sollten sich deshalb auch auf Kapitalgesellschaften beziehen, und die Unternehmervergütung müsste ebenfalls in den Fremdpersonalkosten enthalten sein.

Will man eine Vergleichbarkeit zwischen Personen- und Kapitalgesellschaften schaffen, so musste man das Geschäftsführergehalt aus den betrieblich bedingten Kosten herausnehmen und mit den kalkulatorischen Unternehmerlöhnen der Personengesellschaften vergleichen. Weiterhin kommt es bei GmbHs manchmal vor, dass dem Geschäftsführer zuviel bezahlt wird, um den Gewinn zu drücken.

Um festzustellen, ob dieses Gehalt zu hoch oder zu niedrig ist, muss es z. B. mit den im Teil I.7 angegebenen kalkulatorischen Unternehmerlöhnen oder mit denen des Kölner oder Berliner Betriebsvergleichs verglichen werden. Am einfachsten ist natürlich der Vergleich der Gesamt-Personalkosten ohne weitere Aufsplittung:

Personengesellschaft: Fremdpersonalkosten plus Unternehmerlohn
GmbH: nur die Fremdpersonalkosten inkl. GF

Im Folgenden ein Beispiel einer im Betrieb mitarbeitenden, unterbezahlten Familienangehörigen – der Ehefrau des Unternehmers in einer GmbH:

* GmbH, Umsatz ist 1.000.000 €, Fremdpersonalkosten 200.000 € (Fremdpersonalkosten enthalten auch Aushilfslöhne/Minijobber)
* Unternehmer 200 Stunden p. m. anwesend, Einkauf und Verkauf, Gehalt ist 3000 € p. m. brutto inkl. Nebenkosten (36 T€ p. a.)
* Ehefrau desselben, 100 Stunden anwesend, Einkauf und Verkauf, Gehalt ist 400 € p. m. (plus 30 % Abgaben → 6.240 € p. a.)

Das heißt: Die Personalkosten betragen 20 % vom Umsatz:

Realistischer Zustand:
Die Ehefrau bekommt (kalkulatorisch) 1.500 € Gehalt angerechnet, da sie 50 % der Arbeitszeit des Ehegatten arbeitet – und das in vergleichbarer Position mit gleichem Verantwortungsgrad. Insofern betragen jetzt die Personalkosten:

	Personalkosten bisher	200.000 €	
–	Minijob-Aushilfslohn Ehefrau	6.240 €	
+	Neuer kalkulatorischer Lohn	18.000 €	
=	**Personalkosten vergleichbar**	**211.760 €**	(21,2 %)

Wenn ein Familienangehöriger Aushilfslohn als (illegales) Scheinentgelt bekommt, aber im Betrieb tatsächlich gar nicht mitarbeitet, sondern z. B. studiert, dann sind diese Personalkosten aus der GuV herauszurechnen. Sonst erfährt man nicht, welchen realistischen Gewinn der Betrieb erzielt.

Beispiel (bezogen auf die Bilanz in Teil 3.1):

GEWINN- UND VERLUSTRECHNUNG vom 01.01. bis 31.12.2007

1. Umsatzerlöse

   Erlöse Stammhaus   1.070.000 €
   Erlöse Filiale 1   700.000 €

2. Gesamtleistung   1.770.000 €

3. Aufwendungen für Roh-, Hilfs- und Betriebsstoffe sowie für bezogene Waren   1.004.000 € −

4. Rohertrag   766.000 €
5. ...

6. Sonstige Erträge (aus Grundstück/Bauten)*   9.600 €

   (ERTRÄGE)   ÜBERTRAG   775.600 €

   * Es handelt sich um die Privatwohnung im aktivierten Gebäude, die vermietet wird (800 €
   im Monat). Die Vermietung hat nichts mit dem Warenhandel zu tun (neutrale Erträge)

7. Löhne und Gehälter

   Gehälter   303.000 €
   Freiwillige Soziale Aufwendungen   3.500 €
   VWL   4.500 €

       311.000 € −

8. Soziale Abgaben   42.000 € −

9. Abschreibungen auf Sachanlagen

   Abschreibungen auf Anlagevermögen   60.500 €
   Abschreibungen auf GwG   1.500 €

       63.000 € −

10. Zins-Aufwendungen   34.000 € −

11. Gewerbesteuer   10.000 € −

12. Sonstige Aufwendungen

Grundstücksaufwendungen	18.000 €
Miete Ladenlokal	86.000 €
Heizung	12.000 €
Gas, Strom, Wasser	10.000 €
Reinigung	2.500 €
Instandhaltung betriebliche Räume	1.500 €
Versicherungen (Haftpflicht)	2.000 €
Versicherungen (Gebäude)	2.000 €
Versicherungen (Feuer/... Ladenlokal)	4.000 €
Laufende Kfz-Betriebskosten Lieferwagen	30.000 €
Werbekosten	77.000 €
Geschenke unter 25 €	3.000 €
Reisekosten Modezentren/EKV-Lager	10.000 €
Warenabgabe/Verpackung	4.500 €
Porto	1.000 €
Telefon	9.500 €
Bürobedarf/EDV-Zubehör	6.000 €
Sonstige Kosten	17.000 €
	296.000 €

13. Bilanzgewinn = Steuerlicher Reingewinn GuV   20.600 €

Zusätzliche Angaben aus dem Anhang bzw. vom Unternehmer:

* AfA für Grundstück/Bauten p. a.   5.000
* BGA: Teil-Einrichtung im Januar 2007 neu
        Investitionssumme 202.500
        Nutzungsdauer neun Jahre
* BGA: alte Einrichtung hat Restbuchwert
        von 20.000 am 31.12.2007, AfA p. a.   10.000
* Geringwertige Wirtschaftsgüter in 2007   1.500
* Lieferwagen Restbuchwert   32.000
  Kassen Restbuchwert   10.000   AfA = 23.000
  EDV-Anlagen Restbuchwert   20.000

* Bestandsänderung RHB / Ware in 2007   +6.000
* Skonto-Erträge in 2007   40.000
* Boni-Erträge in 2007   10.000
* Dekolager   90 m²
  Auszeichnung   40 m²
  Büro   70 m²
  Schaufensteranlage
  (transparent, ragt in den
  Verkaufsraum hinein)   74 m²
  Verkaufsraum   840 m²
  Sonstige Räume   28 m²

* Personalstruktur
  Verkaufspersonal
      Vollzeit 1/1   9
      Teilzeit 1/2   8
      Azubis   4
      Teilzeit / Aushilfen 1/4   8
  Bürokräfte (1/4, also etwa 10 Std/Woche)   2
  Wanderdekorateur (in Werbekosten enthalten,
  dort nicht rausrechnen)   1
  Unternehmer 1/3 Verkauf, 1/3 Einkauf, 1/3 Büro   1
  (Achtung: 1/3 = 0,33!)

* Tilgungsraten p. a.   20.000
                                     (= Abzahlungsverpflichtungen)

An Schulen wird gelehrt, dass die GuV ein T-Konto ist (links die Aufwendungen, rechts die Erträge). In der Praxis ist dies nicht der Fall. Die Darstellung beschränkt sich zumeist auf eine einfache Computerliste, bei der vom Umsatz über den Rohertrag und über die Aufwendungen der Gewinn ermittelt wird. Dabei sind die Aufwendungen mit einem Minuszeichen hinter der Zahl gekennzeichnet, die Erträge dagegen nicht. Die Summen der einzelnen Positionen sind weiter nach rechts gerückt.

GuV-Analyseschema
(Bitte Daten der vorigen Seiten eintragen)

Soll		Haben	
(Anfangsbestand)	€	Umsatz (ohne MwSt.)	€
+ (Wareneingang ohne Skonto)	€	Skonto-Eerträge	€
– (Endbestand)	€	Boni-Erträge	€
= Wareneinsatz ohne Skonti	€	Sonstige Erträge	€
Lohnaufwendungen	€	Verlust	€
Mietaufwand	€		
Raumnebenkosten	€		
Gewerbesteuer	€		
Kosten für Werbung / Deko	€		
Reise / Kfz Warenbeschaffung	€		
Reise / Kfz Sonstiges ohne AfA	€		
Zinsaufwendungen, Damnum	€		
AfA Haus, Grundstücke	€		
AfA Einrichtung	€		
AfA EDV, Kfz, Sonstiges, GwG	€		
Hausaufwendungen	€		
Sonstige Kosten	€		
Außerordentliche Aufwendungen	€		
Steuerlicher Reingewinn	€		
Soll	€	Haben	€

Allgemeine Tipps:

- Beginnen Sie mit der rechten Seite (einfachste Positionen)
- Dann addieren Sie die Haben-Positionen

- Dann tragen Sie links die Aufwendungen ein – ab der Position Lohnaufwendungen. Haken Sie dabei alle bereits vergebenen Kostenpositionen ab.
- Die sonstigen Kosten entsprechen dann der Summe aller restlichen, bisher noch nicht vergebenen Positionen.
- Die genaue Aufteilung der Abschreibungen entnehmen Sie den sonstigen Angaben des Unternehmers (bzw. aus dem Anlagenspiegel).
- Dann versuchen Sie, das Wareneinkaufskonto zu rekonstruieren – Sie tragen die ersten vier Positionen der linken Seite zum Schluss ein. Orientieren Sie sich dabei am Beispiel zu Beginn dieses Kapitels (Stichwort „fehlender Skontoausweis").
- Die Summe der linken Positionen muss der Summe der rechten Seite entsprechen.

Lösung:

Soll		Haben	
(Anfangsbestand)	260.000 €	Umsatz (ohne MwSt.)	1.770.000 €
+ (Wareneingang ohne Skonto)	1.060.000 €	Skonto-Erträge	40.000 €
– (Endbestand)	266.000 €	Boni-Erträge	10.000 €
= Wareneinsatz ohne Skonti	1.054.000 €	Sonstige Erträge	9.600 €
Lohnaufwendungen	353.000 €	Verlust	0 €
Mietaufwand	86.000 €		
Raumnebenkosten	26.000 €		
Gewerbesteuer	10.000 €		
Kosten für Werbung / Deko	80.000 €		
Reise / Kfz Warenbeschaffung	30.000 €		
Reise / Kfz Sonstiges ohne AfA	10.000 €		
Zinsaufwendungen, Damnum	34.000 €		
AfA Haus, Grundstücke	5.000 €		
AfA Einrichtung	32.500 €		
AfA EDV, Kfz, Sonstiges, GwG	24.500 €		
Hausaufwendungen	20.000 €		
Sonstige Kosten	44.000 €		
Außerordentliche Aufwendungen	0 €		
Steuerlicher Reingewinn	20.600 €		
Soll	**1.829.600 €**	Haben	**1.829.600 €**

Das WEK-Konto lässt sich wie folgt rekonstruieren:

A	GuV (Original, in T€)		E
AB	260	Umsatzerlös	
+ WE	1.010*	1.170	
− EB	266		
		Sonstige	
= WES	1.004	Erträge	
		10	
Aufwand	776		
Σ 1.780		Σ 1.780	

→

A	modifizierte GuV		E
AB	260	Umsatzerlös	
+ **WE**	**1.060****	1.770	
− EB	266		
		Skonti 40	
= WES	1.054	**Boni 10**	
		Sonstige	
		Erträge 10	
Aufwand	776		
Σ 1.830		Σ 1.830	

* WES 1.004 + EB 266 − AB 260 = WE 1.010
** WE alt 1.010 + Skonti/Boni 50 = WE neu 1.060

Auf den Original-Warenrechnungen befand sich der Betrag 1.060 T€, dieser wurde rekonstruiert. Dieser Wert ist nun kompatibel zur KER.
Der Gewinn beträgt nur 20.600 € und reicht bei weitem nicht aus, um eine Familie zu ernähren (siehe Kapitel 1). In Kapitel 5 wird mit den eben ermittelten Daten weiter analysiert.

4 Auswertung von Warenwirtschaftsdaten/ Sortimentscontrolling

4.1 Umsatzstatistiken

4.1.1 Stundenauswertungen und Personaleinsatzplanung

- **Stundenauswertung generell** (über die Tagesumsatzstatistik)

Uhrzeit	Umsatz VK	Umsatzanteil
09:00–09:59	6.297	2,8 %
10:00–10:59	19.531	8,6 %
11:00–11:59	28.648	12,6 %
12:00–12:59	30.371	13,3 %

Uhrzeit	Umsatz VK	Umsatzanteil
13:00–13:59	24.280	10,6%
14:00 14.59	25.016	11,0%
15:00–15:59	28.948	12,7%
16:00–16:59	27.683	12,1%
17:00–17:59	24.355	10,7%
18:00–18:59	13.140	5,8%

→ Die Öffnungszeit dieses Ladens ist täglich von 9.00–19.00 Uhr.

→ Man kann folgende Schlüsse ziehen:

- Die stärkste Personalbesetzung braucht man zwischen 11.00–13.00 Uhr und zwischen 15.00–17.00 Uhr.
- Eine Mittags-Schließung zu erwägen, wäre ein Fehler, da dort hohe Umsatzanteile erzielt werden.
- Mittagspausen einzelner Mitarbeiter sollten nicht zu lange dauern (z. B. nur 30 Minuten) und nur innerhalb des Zeitraums 13.00–14.30 Uhr genommen werden).
- Der Abend ist wichtiger als der Morgen. Wenn Öffnungszeiten gekürzt werden sollten, dann eher morgens (z. B. Öffnung erst um 10.00 Uhr). Allerdings muss man berücksichtigen, dass die erfasste Uhrzeit sich nur auf den Kaufabschluss bezieht. Es kann also sein, dass der Kunde sich bereits eine Stunde lang hat beraten lassen. Insofern käme ein Kompromiss, wie zum Beispiel die Ladenöffnung ab 9.30 Uhr, in Betracht.
- Weitere Aufschlüsse gewinnt man, wenn man eine detailliertere Auswertung nach Halb- oder Viertelstunden ausdruckt.

- **Stundenauswertung nur an einem Wochentag** (z. B. Samstag)

Auswertung mehrerer Samstage:

Öffnungszeit	Umsatz VK	Umsatzanteil
09:00–09:59	276	0,5%
10:00–10:59	3.038	5,0%
11:00–11:59	7.576	12,4%
12:00–12:59	8.792	14,4%

Öffnungszeit	Umsatz VK	Umsatzanteil
13:00–13:59	8.369	13,7%
14:00–14:59	9.008	14,8%
15:00–15:59	6.830	11,2%
16:00–16:59	6.176	10,1%
17:00–17:59	5.317	8,7%
18:00–18:59	2.908	4,8%
19:00–19:59	2.124	3,5%

Es handelt sich um ein Beispiel einer Filiale in einem Shoppingcenter.
Die Filiale hat jeden Tag, auch samstags, von 9.30–20.00 Uhr geöffnet und kann diese auch nicht ändern (vertraglich geregelt).

Man kann folgende Schlüsse ziehen:

- Die stärkste Personalbesetzung braucht man zwischen 11.00–17.00 Uhr, insbesondere zwischen 12.00–15.00 Uhr.
- Die Samstagabend-Öffnung wird von den Kunden nicht besonders stark angenommen, jedoch ist der Morgen im Vergleich wesentlich schwächer. Oft kam bis 10.15 Uhr kein einziger Kunde in den Laden. Wenn eine Öffnungszeiten-Kürzung infrage käme, dann eher morgens (z. B. Öffnung im Center ab 10.00 Uhr statt um 9.30 Uhr).
- Interessant an diesem Beispiel ist, dass sich zwei Jahre später die Umsatzanteile samstags zwischen 17.00–19.00 Uhr deutlich verbessert haben, dafür aber der Morgen (9.30–11.00 Uhr) weiter abbricht. Hätte man voreilig den Samstagabend aufgegeben, hätte man einen Fehler gemacht. Der Autor hat beobachtet, dass in attraktiven Städten und Centern der Samstag Nachmittag immer stärker wird. Umsatzschwache Städte erkennt man auch daran, dass samstags ab der Mittagszeit nur noch eine sehr geringe Frequenz vorhanden ist.

4.1.2 Tagesauswertungen und Personaleinsatzplanung

Stamm-haus 01.07.– 31.12.	Umsatz T€	Abzüglich Sonder-effekte T€	Plus Feiertags-Ausgleich T€	Gleich T€	Umsatz-Anteile	UA gerundet
Mo	93	0	6	99	14,2%	14%
Di	93	0	4	97	13,9%	14%
Mi	104	0	2	106	15,2%	15%
Do	98	0	4	102	14,7%	15%
Fr	127	0	4	131	18,8%	19%
Sa	161	0	0	161	23,1%	23%
Summe				696	100,0%	100%

In diesem Beispiel (DOB-Geschäft) wurden die Feiertage ausgeglichen; so gab es im Berichtsjahr drei freie Montage. Dafür wurde als Ausgleich ein (fiktiver) Zusatzumsatz von 3-mal 2.000 € (durchschnittlicher Tagesumsatz) angesetzt. Auch sind Tage mit Sondereffekten (z. B. Räumungsverkauf, Eröffnung) herauszurechnen und durch einen normalen Tagesumsatz zu ersetzen.

Der stärkste Tag ist in diesem Beispiel der Samstag, da in dieser Stadt an diesem Tag auch die höchste Frequenz herrscht. Der Freitag ist der zweitstärkste Tag, was daran liegt, dass es freitags einen Wochenmarkt gibt. Ein durchschnittlicher Tag müsste 1/6, also 16,7% Umsatz erzielen.

Diese Firma erzielt also am Freitag und Samstag fast die Hälfte des Wochenumsatzes (42%) und müsste an diesen Tagen besonders viel Personal bereitstellen, benötigt dafür aber montags und dienstags weniger Mitarbeiter.

01.01.–31.12.	Filiale 1 Umsatz Anteil %	Filiale 2 Umsatz Anteil %	Filiale 3 Umsatz Anteil %	Filiale 4 Umsatz Anteil %
Mo	14	14	11	16
Di	14	15	12	17
Mi	15	14	13	13
Do	15	14	15	**19**
Fr	**19**	**21**	17	18
Sa	**23**	**23**	**32**	17
Summe	100	100	100	100

In diesem Beispiel befindet sich die Filiale 4 an einem unattraktiven, kleineren Standort – samstags ist dort nicht viel los. Dagegen ist Filiale 3 in einem sehr attraktiven Ort mit starkem Einzelhandelsbesatz angesiedelt– am Samstag wird ein Drittel des Umsatzes erzielt. In dieser Filiale braucht man eine bis zu zweimal so hohe Personalbesetzung zum Wochenschnitt (32 % gegen 17 % im Durchschnitt). An den schwachen Wochentagen kann man die Überlappungszeiten zurückfahren, also den Personalbesatz verringern (z. B. bei Filiale 1 montags und dienstags oder bei Filiale 4 am Mittwoch, an dem übrigens einige Handelshäuser nachmittags geschlossen haben).

4.1.3 Monatsauswertungen und Konsequenzen für Personal und Einkauf

• **Übersicht Plan im Vergleich zum Ist nach Monaten**

Die aus Punkt 4.1.2 gewonnenen Wochenanteile wurden in diese Tabelle integriert (Spalte 3). Daraus wurde der Faktor 121,67 gewonnen, der sich aus dem Planumsatz (51.590) geteilt durch die Summe aller Wochentagsanteile (18 + 14 + 15 + … + 21 = 424) ermittelt. Dieser Faktor wird nun mit dem Wochentagsanteil multipliziert. So errechnet sich zum Beispiel der Planumsatz für den 30. November wie folgt:
121,67 × 21 = 2.555,17 € Planumsatz.[23]

---

[23] Dieser Rechenweg wurde von A. Mayer-Rosa, Weingarten entwickelt.

Monat	Planumsatz	51590		PLAN					
November Datum	Wochentag	Faktor	Faktor 51590:424	PLAN Umsatz Tag	IST Umsatz Tag	IST Index % Tag	PLAN Umsatz aufgelaufen	IST Umsatz aufgelaufen	Index % aufgelaufen
01.	Feiertag								
02.	Donnerstag	15	121,67	1.825,12	3.175,00	174	1.825,12	3.175,00	174
03.	Freitag	20	121,67	2.433,49	3.732,00	153	4.258,61	6.907,00	162
04.	Samstag	21	121,67	2.555,17	4.000,00	157	6.813,77	10.907,00	160
05.	**Sonntag**			**6.813,77**	**10.907,00**	**160**	**6.813,77**	**10.907,00**	**160**
06.	Montag	15	121,67	1.825,12	1.890,00	104	8.638,89	12.797,00	148
07.	Dienstag	14	121,67	1.703,44	1.759,00	103	10.342,33	14.556,00	141
08.	Mittwoch	15	121,67	1.825,12	2.777,00	152	12.167,45	17.333,00	142
09.	Donnerstag	15	121,67	1.825,12	1.433,00	79	13.992,57	18.766,00	134
10.	Freitag	20	121,67	2.433,49	2.306,00	95	16.426,06	21.072,00	128
11.	Samstag	21	121,67	2.555,17	3.154,00	123	18.981,23	24.226,00	128
12.	**Sonntag**			**12.167,45**	**13.319,00**	**109**	**18.981,23**	**24.226,00**	**128**
13.	Montag	15	121,67	1.825,12	1.023,00	56	20.806,34	25.249,00	121
14.	Dienstag	14	121,67	1.703,44	2.302,00	135	22.509,79	27.551,00	122
15.	Mittwoch	15	121,67	1.825,12	2.706,00	148	24.334,91	30.257,00	124
16.	Donnerstag	15	121,67	1.825,12	2.060,00	113	26.160,02	32.317,00	124
17.	Freitag	20	121,67	2.433,49	2.141,00	88	28.593,51	34.458,00	121
18.	Samstag	21	121,67	2.555,17	3.444,00	135	31.148,68	37.902,00	122
19.	**Sonntag**			**12.167,45**	**13.676,00**	**112**	**31.148,68**	**37.902,00**	**122**
20.	Montag	15	121,67	1.825,12	1.839,00	101	32.973,80	39.741,00	121
21.	Dienstag	14	121,67	1.703,44	1.651,00	97	34.677,24	41.392,00	119
22.	Mittwoch	15	121,67	1.825,12	1.447,00	79	36.502,36	42.839,00	117
23.	Donnerstag	15	121,67	1.825,12	959,00	53	38.327,48	43.798,00	114
24.	Freitag	20	121,67	2.433,49	2.271,00	93	40.760,97	46.069,00	113
25.	Samstag	21	121,67	2.555,17	3.549,00	139	43.316,13	49.618,00	115
26.	**Sonntag**			**12.167,45**	**11.716,00**	**96**	**43.316,13**	**49.618,00**	**115**
27.	Montag	18	121,67	2.190,14	1.683,00	77	45.506,27	51.301,00	113
28.	Dienstag	14	121,67	1.703,44	1.365,00	80	47.209,72	52.666,00	112
29.	Mittwoch	15	121,67	1.825,12	1.377,00	75	49.034,83	54.043,00	110
30.	Donnerstag	21	121,67	2.555,17	2.014,00	79	51.590,00	56.057,00	109
	Summe	424		8.273,87	6.439,00	78	51.590,00	56.057,00	109

Daraufhin wurde täglich der Ist-Umsatz (graue Felder) eingetragen.
Somit kann man jederzeit überprüfen, wie sich der Umsatz zum Plan verhält.
Beispiel Dienstag 21. November:

- Umsatz Ist   1.651,00 €
  Planumsatz   1.703,44 € = Index 97 %
  – Der Umsatz liegt 3 % unter dem geplanten Wert.

- Umsatz aufgelaufen   41.392 €
  Planumsatz aufgelaufen 34.677 € = Index 119 %
  – Der Umsatz liegt 19 % über dem geplanten Wert.

Am Donnerstag 23.11. war man überbesetzt, da der Umsatz sehr gering war.
Man konnte jedoch nicht voraussehen, dass es an diesem Tag viel regnen
würde und es deshalb wenig Frequenz in der Stadt gab. Zwischen dem 02. und
dem 04.11. war das Ladengeschäft offensichtlich unterbesetzt, da an diesen
Tagen jeweils ein wesentlich höherer Umsatz erzielt wurde als geplant (zwischen +53 % bis +74 %). Dieser Mehrumsatz wäre zum Teil voraussehbar gewesen, da die Erfahrung zeigt, dass Kunden am Monatsanfang i. d. R. über
mehr Geld verfügen als am Monatsende. Außerdem waren in dieser Woche
Herbstferien, und durch den Feiertag am 01.11. war quasi ein längeres Wo-
chenende entstanden.

- **Übersicht Plan im Vergleich zum Ist über mehrere Monate**

In den Monaten Februar, März und April sowie August und September wurden
die Planumsätze nicht erreicht. Das lag vor allem daran, dass es bis in den April hinein stark schneite und hochsommerliche Temperaturen bis in den September hinein herrschten.

Dafür konnte man zu den Saisonenden punkten und Umsätze wieder gutma-
chen. Insgesamt betrachtet war es möglich, das Jahr mit +2 % Umsatzzuwachs
abzuschließen. Jedoch hat die gezeigte Verschiebung erhebliche Folgen für die
erzielte Spanne; die starken Monate fallen in eine Zeit, in der die Mitbewerber
schon Reduzierungsaktionen starten, die eigene Reduzierungen zur Folge haben. Betriebswirtschaftlich effektiver wäre es, wenn die starken Monate zu Beginn der Saison lägen. Es stellt sich die Frage, ob die Branche ihren Order-
rhythmus nicht besser auf die Klimaveränderungen abstimmen sollte, also

Monat	Umsatz % Soll	Umsatz in € Soll	Umsatz in € Ist	Umsatz % Ist	Umsatzindex Ist : Soll
Jan	5,9	39.530	40.182	5,9	102 %
Feb	6,2	41.540	36.488	5,3	88 %
Mrz	7,9	52.930	47.273	6,9	89 %
Apr	8,7	58.290	55.442	8,1	95 %
Mai	9,1	60.970	64.006	9,3	105 %
Jun	8,2	54.940	57.881	8,5	105 %
Jul	8,5	56.950	68.734	10,0	121 %
Aug	9,9	66.330	60.519	8,8	91 %
Sep	9,2	61.640	60.313	8,8	98 %
Okt	10,0	67.000	71.720	10,5	107 %
Nov	7,7	51.590	56.057	8,2	109 %
Dez	8,7	58.290	65.951	9,6	113 %
Jahr	100,0	670.000	684.566	100,0	102 %

Winterkleidung und hohe Outdoor-Wareneingänge eher in Richtung Oktober bis Dezember ordern und Wareneingänge für Sommerkleidung eher in Richtung Juni bis September verschieben. Demnach müssten sich auch die Haupt-Reduzierungswellen von Januar auf Februar/März und von Juli/August auf September verschieben. Aber das wird wahrscheinlich ein Wunschtraum bleiben.

Die Monatsanteile müssen im genannten Beispiel für das Folgejahr überarbeitet werden. Ostern ist für die meisten Outfit-Branchen ein wichtiger Termin, der sich erfahrungsgemäß spürbar positiv auf den Monatsanteil auswirkt. Liegt also Ostern im April, so sollte man diesen Monat höher gewichten als den März und umgekehrt.

Einige vertikale Anbieter, die Stores und Shopsysteme planen, berücksichtigen diese Sondereffekte i. d. R. nicht in ihrer Planung.

In der HAKA gilt nach wie vor die goldene Regel, dass im Dezember das 1,5- bis 2-Fache eines normalen Monatsumsatzes gemacht wird. Diese Monatsanteile wirken sich auch auf die Personalplanung aus. Im Dezember sollten also die Verkäufer in der HAKA möglichst keinen Urlaub nehmen, da sich in diesem Monat praktisch der Erfolg des ganzen Jahres entscheidet.

Im obigen Beispiel hätte laut Plan eine restriktive Urlaubspolitik im August und Oktober Sinn ergeben. Jedoch wäre das wiederum eine Fehlentscheidung gewesen, denn die besten Monate waren Juli und Oktober.

4.1.4 Umsatzindizes im Vergleich zum Vorjahr

Jahre	Mäntel	Sakko	Jacken	Jeans	Hemd	Strick	Shirt	Krawatten	Strümpfe	Gesamt
2004	**104%**	73%	86%	97%	84%	82%	60%	**105%**	79%	**95%**
2005	77%	80%	98%	**112%**	**114%**	**108%**	**140%**	101%	82%	**97%**
2006	76%	102%	96%	**117%**	102%	**115%**	**124%**	98%	91%	**102%**
Bewertung	-	---	---	+	=/+	+	+	+	---	

- Die Prozentzahlen drücken jeweils die Entwicklung zum Vorjahr aus. Mäntel-Umsätze sind z. B. von 2003 auf 2004 um +4% gestiegen und in den folgenden Jahren um –23% und danach um –24% gefallen.
- Den besten Trend weisen Jeans, Strick und Shirts auf; Sakkos, Jacken und Strümpfe sollten dagegen näher analysiert werden. Sollte sich in diesen Warengruppen nicht ein deutlich positiver Modetrend abzeichnen, wäre man gut beraten, das Limit dort zurückzufahren.

Die folgende Grafik zeigt eine andere Möglichkeit auf, Umsatzindizes aussagekräftiger zu vergleichen. Man kann nur dann hausgemachte Einkaufs-, Präsentations- und Verkaufsfehler entdecken, wenn man Umsatzindices im Vergleich zu einem anderen objektiven Maßstab setzt. Beispiele sinnvoller Maßstäbe:

- TW-Testclub (Zeitschrift Textil-Wirtschaft)
- Monatspanel (HML Modemarketing
- Einkaufsverbände (Monatsstatistiken)
- IfM/Schuhkurier (Schuhe)
- ERFA-Gruppe (Monatsauswertungen)

Im folgenden **Beispiel** werden die Umsatzindizes aufgelaufen für den Monat XY aufgezeigt, und zwar als Durchschnitt einer ERFA-Gruppe mit 15 teilnehmenden Firmen. Die besten Warengruppen waren Sakkos, Jacken, Baumwollhosen, Jeans und Shirts, die schlechtesten Lederkleidung, Wollhosen, Sweats und Accessoires. Nehmen wir an, dass unsere Firma folgende Zahlen aufweist:

Sakkos	−3 %	→ Trend verpasst, zu wenig Limit, falsche Marken
Jacken	+3 %	→ dito, Trend ERFA lag bei +8 %
Sweats	+1 %	→ gut, da weit über ERFA-Durchschnitt (überdurchschnittlicher Einkauf / Verkauf)
Accessoires	−15 %	→ Schnitt −8 %; Accessoires lagen nicht im Trend, es wurden außerdem zusätzliche Fehler gemacht

Umsatzentwicklung nach WGR – aufgelaufen HAKA

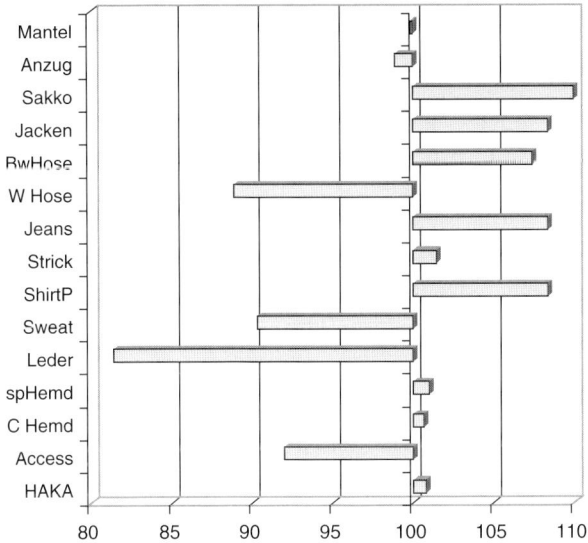

Anderes ERFA-**Beispiel** (Umsatzindizes Januar–Dezember im Vergleich zum Vorjahr):

	Firma	Durchschnitt ERFA-Gruppe	
Lieferant A	112 %	145 %	→ Trend verpasst
Lieferant B	108 %	108 %	→ genau im Trend
Lieferant C	72 %	88 %	→ noch schlechter
Lieferant D	94 %	85 %	→ besser als Durchschnitt

Bei Lieferant A haben die Kollegen wohl deutlich mehr Limit bzw. Fläche vergeben oder gar einen Shop installiert, wir hingegen nicht. Bei Lieferant C haben wir wohl das Limit zu stark zurückgefahren, auch wenn der Lieferant allgemein gesehen nicht mehr so stark abschneidet. Bei Lieferant D haben wir evtl. bessere Kollektionsteile gekauft als die Kollegen im Durchschnitt.

Beispiel eines monatlichen Umsatzvergleiches mit Wert **und** Stück

Haupt-Warengruppe Monat	Umsatz Stück		Umsatz €	
Damen-Shirts	11.458		181.348	
Vorjahr in %		104,20%		93,30%
Damen-Hosen	2.828		123.014	
Vorjahr in %		101,20%		88,80%
Damen-Jeans	1.997		116.875	
Vorjahr in %		111,40%		105,00%
Damen-Strick	2.818		107.145	
Vorjahr in %		104,20%		96,60%
Damen-Jacken	748		63.854	
Vorjahr in %		108,70%		99,50%
Damen-Accessoires	2.339		51.280	
Vorjahr in %		97,60%		108,20%
Damen-Blusen 1/1 Arm	1.405		42.346	
Vorjahr in %		108,90%		108,10%
Damen-Röcke	852		39.807	
Vorjahr in %		117,70%		116,30%
Damen-Sweats	1.294		39.380	
Vorjahr in %		113,00%		95,20%

Beispielhafte Interpretation:

- Bei vielen Warengruppen konnten zwar mehr Kunden bedient und höhere Stückzahlen verkauft werden, jedoch in günstigeren Preislagen als im Vorjahr, sodass der Umsatz zurückging (auffällig z. B. bei Shirts, Hosen, Sweats und Jacken). Bei Sweats z. B. wurden 13 % mehr verkauft, trotzdem ging der Umsatz in dieser Warengruppe um 5 % zurück!
- Bei Blusen ist das Niveau gleichgeblieben.
- Erfreulich ist die Entwicklung des Durchschnittsbons bei Accessoires; dort hat man bei 2 % weniger Stückzahl 8 % Mehrumsatz erzielt. Der Durchschnittsbon im aktuellen Jahr beträgt 51.280 € : 2.339 Stück = 21,92 €.

Langjährige Recherchen des Autors zeigen, dass bei Warengruppen, die trendy sind und auch in Modemagazinen propagiert werden, eine höhere Begehrlichkeit entsteht, die zu höheren Durchschnittspreisen führt. Bei diesen kann also ein höherer Durchschnittsbon erzielt werden. Warengruppen, die „out" sind, lassen sich oft nur mit Mühe teurer verkaufen als im Vorjahr, der Durchschnittsbon sinkt.

4.2 Chefinformation/Unternehmerinformation

Maßstäbe in der Entwicklung der sogenannten Chefinformations-Listen setzten folgende Institutionen und Personen:

- Warenwirtschafts-Software von Micro-Collection und BS Collection, verbunden mit den Softwareentwicklern Bergmann und Raffel
- Kooperationen der Warenwirtschaftsanbieter mit der LDT Nagold, u. a. mit Hugo Anklam, Hans-Peter Geil und Werner Ziegler
- aktuell und ausgereift umgesetzt z. B. bei den Systemen Hiltes und STS/Prohandel[24]

Beispiel für eine (ältere) Version der Chefinformation:

collection Chefinformationen

Vorteil dieser Übersicht ist, dass der Manager bzw. der Einkäufer alle wichtigen Informationen einer Warengruppe auf einen Blick erhält (KER Monat + aufgelaufen, Größen-/Preislagen- und Lieferanten-Statistik). Dies ist vor allem für Stammabteilungen von Bedeutung. Da Shopsysteme immer wichtiger werden und die Stammabteilungen verdrängen, haben die modernen Warenwirtschaftssysteme auf multirationale Datenbanken umgestellt, und die Abrufmöglichkeiten der Chefinfo sind sehr vielfältig. Auswertungen nach Lieferanten gewinnen immer mehr an Bedeutung – die WGR-Auswerungen dagegen treten immer mehr in den Hintergrund.

Beispiel:

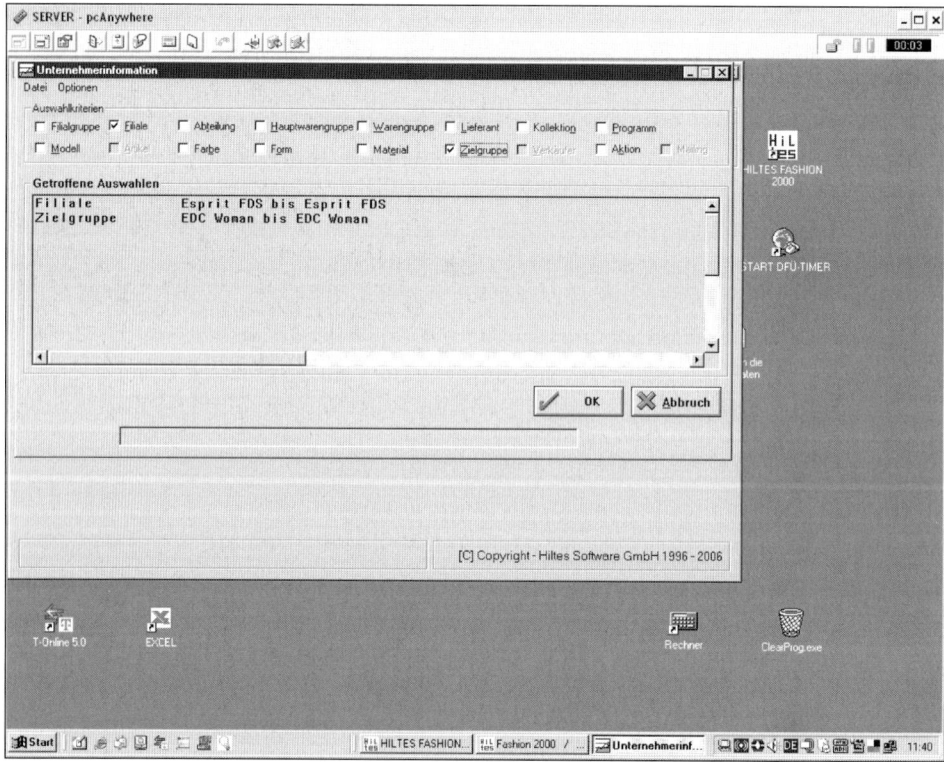

Die folgenden Statistiken werden nun nur für den Datenbereich der Filiale Esprit und dort nur für die Division/Zielgruppe EDC Woman ausgewertet.

Ein anderes **Beispiel**:

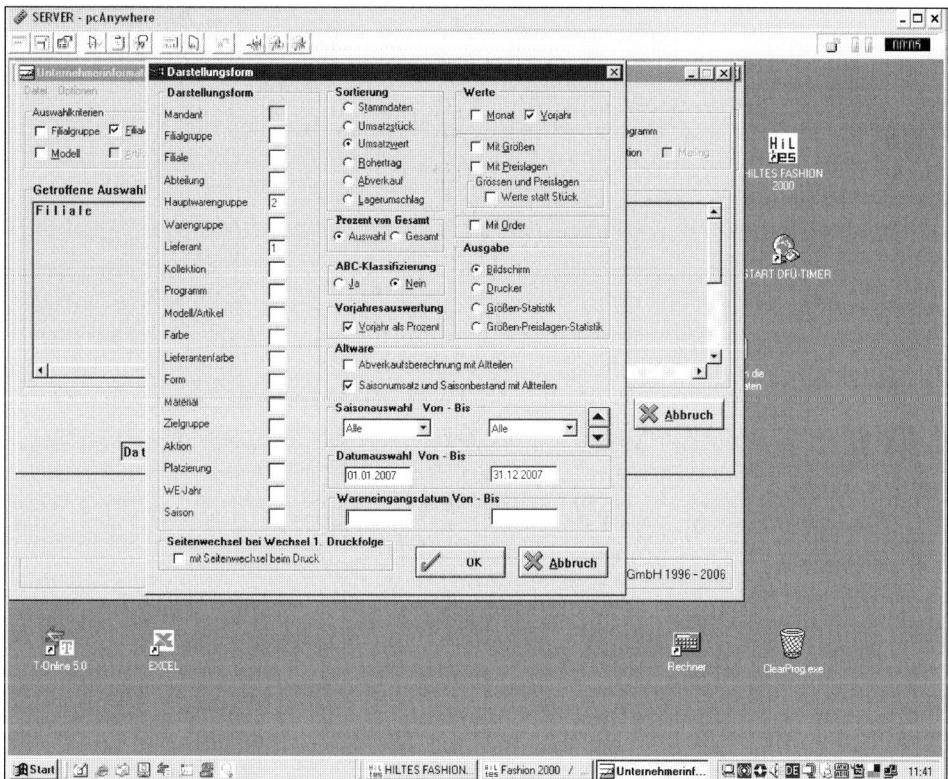

- Vorselektion: Filiale X

Die weitere Auswertungs-Selektion sieht nun zwei Ebenen vor:

- Ebene 1: Lieferanten (Daten werden nach Lieferanten sortiert, und pro Lieferant wird eine Zwischensumme gebildet)
- Ebene 2: Haupt-Warengruppen (Daten werden pro Lieferant getrennt nach Warengruppen sortiert)

Beispiel:	Ebene 1	Gerry Weber	Betty Barclay	(Lieferant)
	Ebene 2	– Blazer	– Jacken	(WGR)
		– Hosen	– Strick	
		…	…	

Die Sortierung der Ebene 2 kann wiederum vielfältig selbst bestimmt werden (nach Umsatzgröße, nach LUG etc. ...).

- Auch die freie Wahl des relevanten Verkaufs-Zeitraums und neuerdings auch des Wareneingangs-Zeitraums lässt keine Wünsche offen. Die veraltete Auswertung nach Saison-Kennziffern braucht man nun nicht mehr. Da viele Lieferanten individuell ihre eigenen Saisons bestimmen und viele verschiedene Orderrhythmen zu beobachten sind, ist die oben genannte Lösung praktikabler.

4.2.1 KER nach Warengruppen

KER 2. Halbjahr Teil – 1 –	Um-satz Stück	Umsatz VW	Durch-schnitt VKP	Ein-gangs-spanne %	Erzeu-ger-spanne %	Abver-kauf Stück %	Waren-Eingang Stück	Waren-Eingang EW	Waren-Eingang VW
Filiale 12	14.116	403.688	28,60	58,3	52,5	80,6	15.862	213.800	513.675
Damen-Shirts	6.884	111.704	16,23	58,2	52,5	87,5	7.446	57.013	136.682
Damen-Hosen	1.556	75.656	48,62	58,3	54,5	81,6	1.760	38.686	92.932
Damen-Jeans	919	45.059	49,03	58,3	53,1	81,9	966	22.369	53.752
Damen-Strick	1.108	42.022	37,93	58,4	52,9	64,3	1.457	25.945	62.473
Damen-Jacken	769	41.212	53,59	58,4	51,2	85,9	803	20.279	48.845
Damen-Blusen	926	29.377	31,72	58,4	50,6	77,4	1.086	16.864	40.542
Damen-Sweats	838	26.080	31,12	58,3	52,1	86,4	866	12.830	30.822
Damen-Röcke	371	14.065	37,91	58,3	48,9	80,1	414	7.889	18.949
Damen-Blazer	201	10.652	52,99	58,4	51,1	73,7	253	6.510	15.657
Damen-Accessoires	544	7.861	14,45	58,4	52,4	57,5	811	5.414	13.021

- Der größte Umsatz wird in der WGR Shirts und Hosen erzielt (beliebte WGR bei den Kunden, wegen dieser kommen sie hauptsächlich in den Laden).
- Accessoires, Blazer und Röcke sind Randsortimente (unwichtig).
- Der höchste Durchschnittspreis wird mit Jacken und Blazern erzielt.
- Die Eingangskalkulation ist durchgängig gleich (58,2–58,3 %)
- Die erzielte Spanne ist besonders gut bei Hosen (54,5 %), dort wurden wenig Preisreduzierungen benötigt (58,3 % − 54,5 % = 3,8 %, im Filialdurchschnitt waren es 5,8 %)
- Eine schlechte Spanne haben Röcke und Blusen (unter 51 %) bei sehr hohen Preisabschriften.
- Schlechte Abverkaufsquoten bei Strick (64 %) und bei Accessoires (58 %). Bei diesen beiden WGR hätte man viel mehr reduzieren müssen.
- Gute Abverkäufe bei Shirts, Sweats und Jacken (> 85 %).

Die Zahl Wareneingang (EK) zu Umsatz (VK) sagt aus, ob im Verhältnis zu viel Ware eingekauft bzw. das Limit überzogen wurde. Im vorigen **Beispiel** ist diese Zahl besonders schlecht bei:

Accessoires	$\dfrac{\text{Wareneingang (EK) 5.414 €}}{\text{Umsatz (VK) 7.861 €}}$	= 68,9 %
Strick	$\dfrac{\text{Wareneingang (EK) 25.945 €}}{\text{Umsatz (VK) 42.022 €}}$	= 61,7 %

Übliche Zahlen liegen bei etwa 40–50 % vom Umsatz (vgl. Abschnitt BWA, Teil II.2.1).

In diesem **Beispiel** war der hohe Wareneingang bei Accessoires gerechtfertigt, da die WGR gerade neu aufgebaut und ein sogenannter „opening stock" eingerichtet wurde. Bei Strick dagegen waren klare Kollektionsmängel, fehlender Modetrend, falsche Farben und Materialien und auch falsche Größen die Ursache für das negative Ergebnis.

KER 2. Halbjahr Teil – 2 –	Be- stand Stück	Be- stand EW	Be- stand VW	Anteil Umsatz in %	Anteil Bestand in %	Anteil Rohertrag in %	LUG
Filiale 12	**2.794**	**41.117**	**99.420**	**13,3**	**11,6**	**14,1**	**5,1**
Damen-Shirts	792	6.182	14.970	27,6	15,0	27,6	5,7
Damen-Hosen	310	6.859	16.575	18,7	16,6	19,4	6,1
Damen-Jeans	175	4.165	10.056	11,1	10,1	11,2	5,5
Damen-Strick	512	9.447	22.832	10,4	22,9	10,4	4,2
Damen-Jacken	137	3.178	7.703	10,2	7,7	9,9	5,9
Damen-Blusen	251	3.917	9.473	7,2	9,5	7	4,5
Damen-Sweats	127	1.895	4.574	6,4	4,6	6,4	4,4
Damen-Röcke	76	1.423	3.446	3,4	3,4	3,2	3,9
Damen-Blazer	69	1.733	4.197	2,6	4,2	2,5	4,3
Damen-Accessoires	345	2.317	5.594	1,9	5,6	1,9	2,8

- Analog zu den vorigen Ergebnissen entsteht nun ein viel zu hoher Bestand bei Strick (durch schlechten Abverkauf höchster Bestand). Die Zahlen sind jedoch in % pro Spalte besser vergleichbar:
- Strick hat 22,9 % Bestandsanteil bei nur 10,4 % Umsatzanteil!
- Die erfolgreiche WGR Shirts kommt bei 27,6 % Umsatzanteil mit nur 15 % Bestand aus.
- Hosen sind erfolgreich, weil durch die wenigen Reduzierungen der Rohertrags-Anteil (19,4 %) über dem Umsatzanteil (18,7 %) liegt.
- Mit Shirts und Hosen werden fast die Hälfte der Umsätze erzielt (46,3 %). Beim Einkauf sollte also die höchste Aufmerksamkeit auf diese beiden WGR gerichtet werden. Accessoires könnte man z. B. in Paketen kaufen, da der Umsatz unbedeutend ist.
- Die beste LUG weisen die Hosen auf (viel NOS-Ware), Accessoires dagegen die schlechteste mit 2,8 (zu hoher Wareneingang in Relation zum Umsatz).

4.2.2 KER nach Zielgruppen bzw. Flächenmodule

Bezeich-nung	Um-satz Stück	Umsatz VW	Durch-schnitt VKP	Ein-gangs-spanne %	Erzeu-ger-spanne %	Abver-kauf in %	WE Stück	WE EW	WE VW
Filiale 13	23.824	684.248	28,72	58,6	49,1	80,1	24.855	359.036	868.796
Shop A	11.845	390.758	32,99	59,1	48,4	81,6	11.967	201.893	494.140
Shop B	7.609	212.097	27,87	57,6	49,8	80,8	8.219	112.312	265.461
Softshop C	2.092	42.332	20,24	59,8	49,1	68,8	2.408	25.253	62.856
Lieferant C (NOS)	1.549	28.772	18,57	57,7	53,4	74,1	1.513	13.951	33.048
Lieferant D	721	10.242	14,21	57,7	46,2	76,0	710	5.451	12.891

- Der mit Abstand höchste Umsatz wird von den Lieferanten A und B erzielt. Beide bestreiten zusammen 81,8 % des Umsatzes. Zu überlegen ist, ob man die Lieferanten C und D nicht eliminiert und den Lieferanten A und B größere Flächen bzw. Shops zur Verfügung stellt. Die Lieferanten A und B weisen auch die besten Abverkäufe und die besten Durchschnittspreise auf.
- Die beste erzielte Spanne weist die NOS-Ware auf. Insofern könnte man gegebenenfalls die NOS-Ware vom Lieferanten C behalten, wenn ohne Vororder Lieferungen möglich sind.

Bezeichnung	Bestand Stück	Bestand EW	Bestand VW	Anteil Umsatz in %	Anteil Bestand in %	Anteil Rohertrag in %	LUG
Filiale 13	4.804	77.359	183.900	22,5	21,9	22,3	3,8
Shop A	1.916	40.719	96.944	57,1	52,6	56,3	3,7
Shop B	1.524	22.639	53.068	31,0	29,2	31,4	4,6
Softshop C	787	8.678	21.067	6,1	11,2	6,1	2,3
Lieferant C (NOS)	375	3.752	9.138	4,2	4,8	4,5	4,4
Lieferant D	171	1.411	3.320	1,5	1,8	1,4	3,4

- Auch die Kennzahlen Umsatz-/Bestands- und Rohertragsanteil weisen auf den Ausbau des Warensortiments der Lieferanten A und B hin.

4.2.3 Erfolgsbeitragskennziffer (EKZ)

Mögliche Erfolgskriterien des Sortiments:

- Umsatz
- Lager, LUG
- Bruttogewinn, Erzielte Spanne, Preisänderungen, Kalkulation (= Eingangs-spanne)
- Deckungsbeitrag (= Umsatz – Wareneinsatz – Kosten für die Abteilung)
- Abverkauf (Quoten pro Lieferant etc.)

Im Folgenden soll ein Kennzahlensystem für eine einfache, schnelle Sortimentsanalyse pro Saison entwickelt werden. Folgende Daten müssen für das Controlling-System vorhanden sein:

- aussagekräftiger, systematischer **Warengruppen-** oder Lagerschlüssel
- **Umsatzanteile** in € der WGR (notfalls in Stück) sowie als 100%-Basis der Gesamtumsatz
- **Bruttogewinnanteile** in € der WGR und Gesamt-Bruttogewinn = Erzielte Spanne in € umgerechnet (= 100%)
- durchschnittliche **Lageranteile** in € der WGR EW oder VW (notfalls in Stück) und Gesamt-Warenlager (notfalls sind auch jeweils die Endbestände EW laut Inventur oder KER möglich) (= 100%)

Beispiel: (Saison Herbst / Winter)

WGR-Schlüssel	Umsätze KER	Bruttogewinn KER	Durchschnittslager EW KER
111 Da-Pulli	80.000	38.000	30.000
112 Da-Sweat	30.000	15.000	10.000
113 Da-Shirt	70.000	38.000	12.000
114 Da-Polo	15.000	5.000	3.000
115 Da-Accessoires	10.000	7.000	2.000
... .	....	....	....
Gesamt-Firma	100% = 800.000	100% = 400.000	100% = 200.000

- Zunächst hat es den Anschein, dass Pulli und Shirts den besten Profit erwirtschaften (maximaler Bruttogewinn). Jedoch benötigen die Pullis überproportional viel Kapitalbindung für das Lager.
- Es geht dabei aber unter, dass Accessoires **in Relation** einen hervorragenden Bruttogewinn erzielen, weil der Umsatz so niedrig ist.

Da man an den vorgestellten, absoluten Zahlen nicht übersichtlich den Erfolgsbeitrag der einzelnen WGR erkennen kann, müssen die Daten in eine relative Form gebracht werden:

WGR-Schlüssel	Umsatzanteil UA	Bruttogewinn-Anteil GA	Lageranteil LA
111 Da-Pulli	10%	9,5%	15%
112 Da-Sweat	4%	4%	5%
113 Da-Shirt	9%	9,5%	6%
114 Da-Polo	2%	1%	1,5%
115 Da-Accessoires	1%	2%	1%
... .	....	....	....
Gesamt Firma	100% = 800.000	100% – 400.000	100% – 200.000

Ist nun der Gewinnanteil schlechter als der Umsatzanteil (z. B. WGR 111 9,5% zu 10%), so wird diese WGR zu hohe Preisabschriften und/oder eine niedrigere Eingangskalkulation haben. Ist der Lageranteil höher als der Umsatzanteil (z. B. WGR 111 15% zu 10%), so ist auch hier der **relative Erfolgsbeitrag** negativ – und umgekehrt.

Angenommen, jede WGR hätte gleiche Umsatz-, Gewinn- und Lageranteile, dann könnte man von einem ausgewogenen Sortiment sprechen. Senkt sich plötzlich beispielsweise der Gewinnanteil einer Warengruppe X, so muss sich diese Erfolgsbeitragsänderung in einer anderen bzw. in mehreren anderen WGR positiv niederschlagen. Denn die Basis, der Gesamt-Bruttogewinn, beträgt nach wie vor 100%. Somit erscheint diese Kontrolle der relativen Erfolgsbeiträge als aussagekräftig, weil immer nur die **Relation** betrachtet wird.

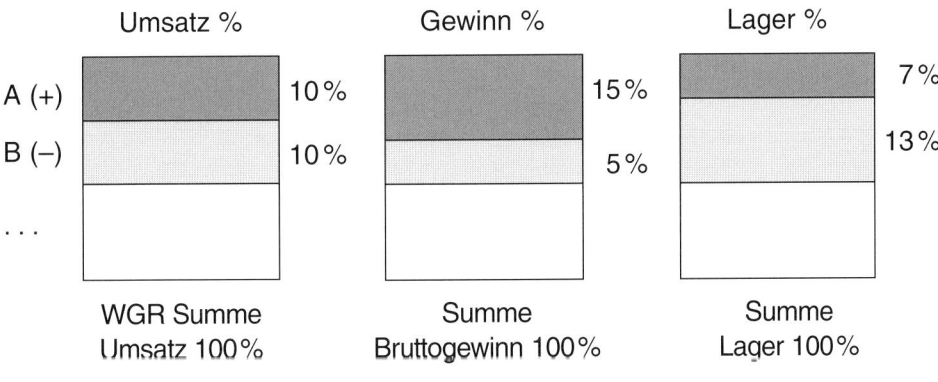

Fazit: Jedes Sortiment hat zwangsläufig relative Stärken und Schwächen bzgl. Umsatz, Gewinn und Lager.

Die Erfolgsbeitrags-Kennziffer (EKZ)

WGR-Schlüssel	Umsatz-Anteil UA	Bruttogewinn-Anteil GA	Lager-anteil LA	Erfolgsbeitrags-Kennziffer (EKZ)
111 Da-Pulli	10%	9,5%	15%	10 × (9,5 – 15) = –55
112 Da-Sweat	4%	4%	5%	–4
113 Da-Shirt	9%	9,5%	6%	+31,5
114 Da-Polo	2%	1%	1,5%	–1
115 Damen-Accessoires	1%	2%	1%	+1
... .	....	....	....	
Gesamt-Firma	100%	100%	100%	+/–0 (neutral/Durchschnitt)

Im dargestellten Beispiel hat die WGR Damen-Pullover einen viel zu hohen Lager- (15) und einen zu schwachen Gewinnanteil (9,5), also wohl eine relativ schlechte Erzielte Spanne. Verschlimmert wird das durch die große Umsatzbedeutung dieser WGR (10). Auf diese Weise kommt die überaus negative Kennzahl von **–55** zustande. Anders bei der WGR 113 Damen-Shirts, die mit wenig Lager auskommt.

Die WGR 115 hat zwar ein hervorragendes Verhältnis zwischen Gewinn und Lager (Accessoires kann man mal eben auf der CPD mitnehmen, z. T. sehr hoch kalkulieren und recht schnell abverkaufen). Aber was nützt das, wenn diese WGR nur einen Umsatzanteil von einem Prozent ausmacht. Deshalb die doch recht schwache EKZ von nur **+1%**!

Die **Erfolgsbeitragskennziffer (EKZ)** hilft nun, bei vielen Warengruppen eine Übersicht zu bekommen. Man kann daraus eine

„Hitliste" der WGR erstellen.

Die WGR mit den negativsten EKZs sollten:

- eliminiert werden
- gestrafft werden
- tiefergehend geprüft werden (Preislagen-, Größen-, Lieferantenstatistik, Einkaufsfehler, Reduzierungen)

Die EKZ gibt also Impulse für das Aufdecken von Einkaufs- und Konzeptionsfehlern und für das Einleiten von operativen Maßnahmen (= operatives Sortimentsmanagement).

Die EKZ wird wie folgt ermittelt:

$$EKZ = UA \times (GA - LA)$$

Probleme:

(1) Bei fehlerhaften und unzweckmäßigen Warengruppenschlüsseln kann die Aussagekraft der EKZ verloren gehen.
(z. B. Jeansshop: WGR Jeans UA : GA : LA = 50 : 48 : 52 → EKZ = −200 !!!)

→ *Lösung:* Der WGR-Schlüssel sollte maximal 10 bis 50 WGR umfassen, pro WGR sollte der UA > 1 % und < 10 % sein

(2) Bei ungünstigen Zeitpunkten stehen manche WGR „ungerecht schlecht" da, z. B. Mäntel im September (Wareneingang vorhanden, aber noch kaum Abverkäufe getätigt).

→ *Lösung:* Analysen vor allem zum Saisonende **vornehmen** bzw. **exklusiv** Reduzierungen anbieten (in der Regel 31.12. oder 30.06.)

(3) Verbundeffekte, Personal- und Raumkosten werden nicht berücksichtigt. Aber auch hierzu gibt es einen Lösungsansatz. Vom Autor ist ein weiterführendes Kennzahlen-System entwickelt worden, das im Teil 4.6 behandelt wird.

Konkretes **Beispiel** für eine Analyse mit der EKZ:

Bezeich-nung	Umsatz	Durch-schnitts-VK €	UA %	GA %	LA %	EKZ	Durchschnitts-VK Vgl. Firmen	
Shirts	130.839	23	21,1%	21,4%	17,0%	93,3%	27	83%
Blazer	110.629	94	17,9%	18,2%	17,3%	17,4%	116	81%
Blusen	44.419	44	7,2%	6,9%	4,6%	16,3%	54	81%
Jacken	53.085	78	8,6%	8,6%	8,2%	3,6%	122	64%
Westen	9.727	44	1,6%	1,5%	0,7%	1,2%		
Accessoires	3.538	15	0,6%	0,6%	0,4%	0,2%	21	73%
Mäntel	6.377	77	1,0%	1,1%	1,1%	0,0%	161	48%
Kleider	1.603	41	0,3%	0,3%	0,5%	−0,1%	65	64%
Röcke	6.877	47	1,1%	1,0%	1,2%	−0,2%	62	76%
Strick	104.591	49	16,9%	16,8%	21,3%	−75,2%	54	91%
Hosen	146.447	54	23,7%	23,6%	27,8v%	−98,5%	67	81%
Gesamt	**618.936**	**44**	**100,0%**	**100,0%**	**100,0%**	**0,0%**	**57**	**76%**

- Besonders gut schneiden Shirts ab – diese sind sehr erfolgreich.

- WGR, die einen überdurchschnittlichen Erfolgsbeitrag bringen, sind:

  - Shirts   +93   (haben bei dieser Firma den höchsten Marktanteil)
  - Blazer   +17   (ebenfalls hoher Marktanteil)
  - Blusen   +16
  - Jacken   +4

- WGR, die einen unterdurchschnittlichen Erfolgsbeitrag bringen, sind:

  - Hosen   −99
  - Strick   −75
  - Röcke   −0,2   (unbedeutend)

  (alle mit unterdurchschnittlichem Marktanteil! Kompetenzfrage!)

- Überall unterdurchschnittliche VK-Preise (in Bezug auf Vergleichsbetriebe), insbesondere bei Mänteln, Kleidern, Jacken. Strick ist in Relation zu teuer (deshalb geringer Erfolg?). Es fehlt offensichtlich ein am Konsum orientierter Stricklieferant.

- Erfahrungsgemäß korreliert ein hoher Marktanteil auch mit hoher Rendite (gute LUG und gute Spanne). Der Kunde honoriert es meistens, wenn eine klare Aussage und eine hohe Kompetenz vorhanden ist. Der Zusammenhang zwischen Marktkompetenz und Rendite wird auch von wissenschaftlicher Seite mit der sogenannten PIMS-Studie (Univ. München) bestätigt.[25]

- Bei WGR mit negativer EKZ muss nun bei der Analyse in die Tiefe gegangen werden. Die EKZ-Tabelle spart also viel Zeit, da man bei den positiven WGR nicht weiter nachschauen muss. Alle zur Verfügung stehenden Analysemittel müssen jetzt genutzt werden, um die kritischen WGR Hosen und Strick zu analysieren und Maßnahmen einzuleiten. Diese vertiefenden Analysen werden in den nächsten Abschnitten beschrieben (4.2.4 bis 4.2.6).

Die EKZ-Analyse kann auch auf Lieferanten angewandt werden.

Beispiel:

KER 01.07.–31.10.	UA %	BGA %	LA %	EKZ
Cecil	15,6	15,9	4,8	**173,6**
Street One	8,9	9,0	3,9	**45,2**
Gerry Weber	4,4	5,1	3,0	**9,0**
Katt	5,3	5,8	4,2	**8,6**
Tom Tailor	3,2	3,4	1,8	**5,1**
Alberto	2,8	3,0	1,8	**3,2**
… (gekürzt, 20 Lieferanten) …	…	…	…	**…**
Lieferant XY	2,3	2,4	3,8	**−3,3**
Rest-Lieferanten (42 Stück)	22,1	18,9	34,2	**−337,4**
Summe	**100,0**	**100,0**	**100,0**	**0,0**

- Lieferanten, die bei der Beispielsfirma einen überdurchschnittlichen Erfolgsbeitrag bringen, sind Cecil, Street One, Gerry Weber, Katt, Tom Tailor und Alberto.

- Man sieht deutlich, welche Auswirkung eine größere, kompetente Shopfläche auf die Rendite hat – diese Firma hat als einzige Vertragsfläche Cecil im Haus und dort deutlich bessere Leistungszahlen.

---

[25] vgl. Grimm, U.: Strategische Faktoren, S. 38 ff. ; Greipl, E.: Marktanteile, S. 101 ff.

- Untragbar ist die viel zu große Anzahl an Lieferanten. Man sieht deutlich, dass mangels Kompetenz die 42 Randlieferanten eine miserable Erfolgsbeitragskennziffer erwirtschaften. Dem betroffenen Unternehmen hat der Autor die Installation eines Shops jeweils mit den Marken Street One, Gerry Weber, Tom Tailor und Esprit (bisher nicht vorhanden) empfohlen, dafür die Eliminierung fast aller 42 Randlieferanten. Randlieferanten können am ehesten behalten werden, wenn sie Lücken abdecken, die die Hauptlieferanten nicht bedienen (z. B. Kurzgrößen).

- Nach Erfahrungen des Autors haben über 90 % der Bekleidungs-,Textil-, Sport- und Schuhhändler deutlich zu viele Lieferanten und dadurch mehr Nachteile als Vorteile (siehe nächster Abschnitt).

4.2.4 Lieferantenstatistik (statisch/dynamisch)

Bei abendlichen ERFA-Runden sind Lieferanten und deren Stärken und Schwächen das Lieblingsthema der Einzelhändler. Das zeigt, wie groß der Informationsbedarf bzw. das Informationsdefizit bei diesem Themenbereich ist.

Eine gebräuchliche Einteilung ist:

Hauptlieferanten = hoher Umsatzanteil, wenige mit viel Umsatz
Nebenlieferanten = geringer Umsatzanteil, eher viele mit wenig Umsatz

Typischer Sortimentsaufbau eines mittelständischen Fachgeschäfts mit 2 Mio. € Umsatz, das einem Einkaufsverband angeschlossen ist:

(I)   60–90 %   bekannte Hersteller-Marken
(II)   10–30 %   Einkaufsverbands-Ware / Eigenmarken / ERFA
(III)   0–10 %   No names, Marken vom Modezentrum

Vor- und Nachteile:

Vorteil: Zugkraft, Imagewert
Nachteil: „fixe" Verkaufspreise, Kalkulationsspielraum, Vergleichbarkeit /
              Austauschbarkeit

Vorteil: Kalkulationsspielraum, Exklusivität / Platzschutz (meist)
Nachteil: geringer Bekanntheitsgrad, geringe Imagekraft; bei einigen WGR
              Qualitäts- / Passformprobleme

- **Ermittlung des Lieferanten-Konzentrationsgrads**

z. B.: Warengruppe 11 Damen-Mäntel (Firma X)

Anzahl Lieferanten mit mindestens 5% Umsatzanteil an der WGR: 6
Anzahl Lieferanten mit mindestens 10% Umsatzanteil an der WGR: 3
Anzahl Lieferanten Gesamt in der WGR: 8

Lieferanten-Konzentrationsgrad L5 $= 6 : 8 = 75\%$
Durchschnittliche Auftragssumme war in diesem Beispiel $= 4.000 \, €$

z. B.: Warengruppe 18 Damen-Strick (Firma X)

Anzahl Lieferanten mit mindestens 5% Umsatzanteil an der WGR: 4
Anzahl Lieferanten Gesamt in der WGR: 18

Lieferanten-Konzentrationsgrad L5 $= 4 : 18 = 22\%$
Durchschnittliche Auftragssumme war in diesem Beispiel $= 2.000 \, €$

Übliche **Lieferantenkonzentrations-Grade** (Beispiel)

Sortimentshäuser, 2–20 Mio. Umsatz, L5 in %:

Da-Mäntel	50	He-Mäntel	70
Da-Jacken	40	He-Anzüge	60
Da-Blazer	30	He-Sakkos	50
Da-Kostüme	50	He-Hosen	30
Da-Kleider	35	He-Jacken	55
Da-Blusen	30	He-Leder	60
Da-Röcke	25	Jeans/Junge M.	60
Da-Hosen	30	He-Strick	40
Jeans/Junge M.	50	He-Hemden	40
Da-Strick	25	He-Krawatten	40
KIKO	35	Da-Nachtwäsche	40
Strümpfe	60	Miederwaren	30
Da-Tagwäsche	30	He-Tagwäsche	40
Durchschnittliche Gesamt-Bekleidung	40		

Fachgeschäfte DOB bzw. HAKA, 1–7 Mio. Umsatz, L5 in %:

Da-Mäntel	80	He-Mäntel	85
Da-Jacken	60	He-Anzüge	75
Da-Blazer	50	He-Sakkos	70
Da-Kostüme	80	He-Hosen	60
Da-Kleider	50	He-Jacken	65
Da-Blusen	40	He-Leder	75
Da-Röcke	50	Jeans/Junge M.	80
Da-Hosen	35	He-Strick	75
Jeans/Junge M.	70	He-Hemden	65
Da-Strick	60	He-Krawatten	55
Da-Shirts	50	He-Wäsche/Stru.	90

Ein anderes **Beispiel** aus der Praxis belegt, dass zu viele Lieferanten nur Ungutes bringen:

Firma	A	B	(reale Firmen, Vollsortimenter)
Umsatz	8 Mio.	8 Mio.	
Lieferanten*	1.238	270	* aktive Lieferanten in der
LUG	1,5	3,5	Warenwirtschaft
Durchschnittlicher			
Auftrag EK	1,5 T€	7 T€	

- Händler A ist in den Ordermonaten praktisch nicht ansprechbar, verliert die Übersicht, und die Elemente/die Farben der unterschiedlichen Kollektionen passen nicht zusammen. Der Laden sieht häufig wie ein Flohmarkt aus, und die Verkäufer haben Mühe, die Ware stimmig zu präsentieren. Der Store zeigt zumeist keine klare Aussage, geschweige denn Kompetenz oder Sortimentstiefe.

- Händler B steht wesentlich besser da; er ist entspannter, hat mehr Übersicht, und die Ware in den Rückwänden sieht frischer und moderner aus! Er wird von den Außendienstmitarbeitern im Showroom bevorzugt behandelt und bekommt ab und zu auch mal Sonderwünsche genehmigt. Dabei ist davon auszugehen, dass er trotz Vollsortiment mittelfristig auch mit unter 100 Lieferanten auskommen könnte.

4.2.5 Größenstatistik

- **Beispiel für eine Größenanalyse (Blusen, Stand 31.12.)**

Größe	Umsatz-Anteil %	Lager-Anteil %	Bundesdurchschnitt in % modifiziert
36	10	15	15*
38	15	20	20,5
40	27	27	24,5
42	25	20	22
44	23	18	18

$$\Sigma\ 100\%\qquad\Sigma\ 100\%\qquad\Sigma\ 100\%\qquad\Sigma\ 70,6\%$$
$$(1.000\ \text{Stück})\quad (250\ \text{Stück})\quad *\ 10,5 \times 100\% : 70,6\%$$

- In den Größen 36 und 38 ist zuviel eingekauft worden. Der Lagerbestand ist in Relation zur Nachfrage zu hoch.

- In Größe 42 bis 44 hätte man einen höheren Wareneingang vertragen können; der Lageranteil ist zu niedrig. Es ist anzunehmen, dass einige Kundinnen (mit Größe 42/44) nichts gekauft haben, weil sie in ihrer Größe nicht genügend Auswahl fanden (z. B. Farbe oder Form nicht vorrätig). Man sollte also in diesem Beispiel in Zukunft das Limit von den kleinen Größen zu den größeren Größen umschichten und evtl. sogar Größe 46 aufnehmen. Der Laden verfügt über relativ viel ältere Kundschaft.

- Der Bundesdurchschnitt wurde modifiziert und die eigenen Größenanteile auf 100 % hochgerechnet, da die geführten Größen nur 70,6 % aller Größen darstellen. Mit den Größen 36 bis 38 erzielt man 25 % Umsatz, die bundesdurchschnittliche Nachfrage läge aber bei 35,5 %. Bei den Größen 42 bis 44 setzt man überdurchschnittlich viel um (48 % in der Firma im Vergleich zu 40 % im Bundesdurchschnitt).

4.2.6 Preislagenstatistik

Genres	Beispiele (DOB/HAKA)	Marken (z. B.)
niedrig	Hose 29,95 €	Broadway, C & A (z. T.), KIK
niedrig/mittel	Hose 39,95 €	C & A, H&M, Blend, Only
mittel	Hose 59,95 €	Bianca, Wrangler, Esprit
mittel/gehoben	Hose 79,95 €	Taifun, Zerres, PierreCardin
gehoben	Hose 99 €	Brax, Cambio, Closed
exklusiv	Hose 179 €	Strenesse, Escada

Das Preislagenniveau wird manchmal auch als „Sortimentshöhe" (Dr. Rusche) oder als Sortimentsniveau bezeichnet.

„Elefant-Ameise"-Hypothese: Mitte ist am größten mit etwa 50 bis 60 % Marktanteil. Dieser „Elefant der Mitte" bleibt auch in den nächsten Jahren der Elefant. Die „Ameisen" (unterer und gehobener Markt mit je etwa 20 bis 30 % Marktanteil) bleiben die kleinsten. Die folgende Statistik ist Ergebnis einer Auswertung von mehr als zehn verschiedenen Zielgruppenauswertungen (u. a. Spiegel-Outfit-Studie) in den Jahren 1990 bis 2004 und belegt die Hypothese.

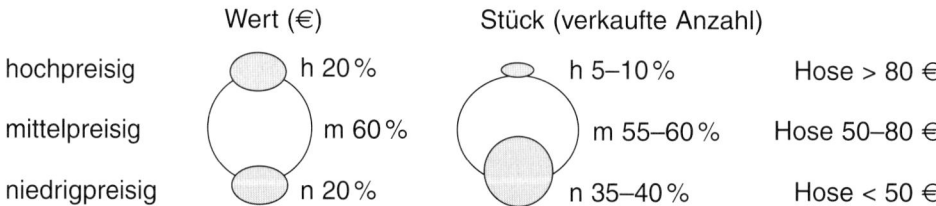

	Wert (€)	Stück (verkaufte Anzahl)	
hochpreisig	h 20 %	h 5–10 %	Hose > 80 €
mittelpreisig	m 60 %	m 55–60 %	Hose 50–80 €
niedrigpreisig	n 20 %	n 35–40 %	Hose < 50 €

Der Outfit-Facheinzelhandel bedient dabei etwa nur ein Viertel der Bevölkerung, macht aber etwa 40 % des wertmäßigen Umsatzes aus, hat also einen weit überdurchschnittlichen Bon, was für das allgemein voranschreitende „Trading-up" im Fachhandel spricht (siehe Vorreiter wie KaDeWe, Alsterhaus, Breuninger und Engelhorn).

Zu der genannten These gibt es bisher widersprüchliche Prognosen (Stärkung der Mitte gegen Polarisierung/„Amerikanisierung"). Zur Zeit zeichnet sich jedoch ein Trend zur Polarisation ab, besonders stark zum höheren Genre hin: einerseits klare Erfolge, z. B. bei D & G + Orwell + Boss/Hugo, andererseits steigt H & M zwar enorm im Marktanteil, dies könnte jedoch nur eine Umschichtung z.B. von anderen, unprofilierteren Filialisten oder vom Young-Fashion-Fachhandel sein.

Folgende Punkte kristallisieren sich jedoch heraus:

- einkommensschwache Schichten werden zunehmen und verfügen über noch weniger Mittel als bisher
- riesige Vermögenspotenziale werden bei einem größeren Bevölkerungsteil (die sogenannte Erbengeneration, also vor allem die Zielgruppe der 50- bis 65-Jährigen) zunehmend „verkonsumiert"
- qualifizierte und hochbezahlte Jobs haben keine „Rezession" in Deutschland (einkommensstarke nehmen zu)
- im Gegensatz zu anderen Konsumbereichen gibt es im Textilmarkt keine wirklichen Preissteigerungen (trotz steigender Einkommen und steigendem Konsum seitens der Kunden), sondern eine Negativinflation (fallende Preise) durch Verschiebung der Durchschnitts-Preislagen nach unten (z. B. bei Blusen, Jeans, Hosen, Jacken)
- der größte Marktanteil liegt immer noch bei der Mitte (zur Zeit verfügt ein Drittel der Kunden über ein mittleres Einkommen von 800–1400 € netto p. m.; das Mittelgenre tendiert wertmäßig zu 40–50 % Marktanteil in den nächsten fünf bis zehn Jahren; die Preiskäufer gehen zwar in Richtung > 40 %, machen aber nur ein Viertel des Umsatzes aus)

Es gibt zwar schon Polarisierungstendenzen, aber **absolut gesehen** hat die „Starke-Mitte-These" noch Bestand

---

- **Preislagenanalyse**

a) Fehleinkauf

WGR 211 Damen-Jacke 01.07.–31.12. des laufenden Jahres

Preislage (VK-Preis) in €	Umsatz-Anteil in %	Lager-Anteil in %	Analyse/ Maßnahmen
bis 100	30	15	
100–150	40	40	
150–200	20	25	
über 200	10	20	
Stück:	1.000 (100 %)	250 (25 %)	

- Typischer Einkäuferfehler Nr. 1 im deutschen Outfithandel:
  In den hohen Preislagen wurde zu viel Ware eingekauft. Der Bestand ist bei den Jacken mit einem Verkaufspreis VK über 200 € doppelt so hoch wie die Nachfrage. In der niedrigsten Preislage wurde eventuell sogar zu wenig Ware eingekauft (Kunden verließen mangels Auswahl wieder das Geschäft).

- In der Preislage 100 bis 150 € hat man alles richtig gemacht.

- Als Maßnahme bietet sich an, bei den niedrigen Preislagen das Limit bei den bisherigen Lieferanten zu erhöhen oder ggf. neue Lieferanten zu suchen. Bei der höchsten Preislage sind schlechte Lieferanten auszulisten. Eine Limitkürzung bei diesen Lieferanten funktioniert in der Praxis nicht (die Lieferanten planen für die nächste Saison gewöhnlich ein Umsatzplus ein oder haben Mindestlimits festgelegt).

- Optimal wäre, wenn in allen Preislagen derselbe Lageranteil im Vergleich zum Umsatzanteil herrscht. Allerdings ist es normal, wenn in den niedrigen Preislagen das Lager etwas niedriger ist, da dort die LUG meist besser ist. Die Statistiken sollten – wie alle vorher besprochenen auch – zum Saisonende vor bzw. ohne Reduzierungen ausgewertet werden, also i. d. R. am 30.06. und am 31.12.

- Im obigen Beispiel wurden insgesamt 1.250 Teile eingekauft, davon 1.000 Teile verkauft. Somit blieben 250 übrig (Annahme: Endbestand = Anfangsbestand). Die Abverkaufsquote beträgt 80 % (1.000 aus 1.250 Stück). Die Bestandsquote beträgt 25 % (250 aus 1.000 Stück). Eine Analyse – wie eben beschrieben – macht nur Sinn, wenn die Bestandsquote nicht höher ist als 30–40 %, ansonsten wurde generell zuviel eingekauft, und in allen Preislagen sind die Bestände zurückzufahren.

b) Umsatz-„Löcher"

WGR 211 Da-Jacke 01.07.–31.12.

Preislage (VK-Preis) in €	Umsatz-Anteil in %	Lager-Anteil in %	Analyse/ Maßnahmen
bis 100	30	30	
100–150	40	40	
150–200	5	5	
über 200	25	25	

- In diesem Beispiel hat der Einkäufer auf den ersten Blick alles richtig ge-macht. Jedoch liegt der Verdacht nahe, dass bei den Jacken mit einem Ver-kaufspreis VK zwischen 159 € und 199 € viel zu wenig Angebot vorhanden war und die Kunden deshalb nicht kauften. Umfragen zeigen, dass Endver-braucher zu mehr als 75 % in recht engen und stabilen Preiskorridoren kau-fen und selten davon abweichen.

- Für die nächste Saison sollte man (moderat) das Limit für die Preislage 150 bis 200 € erhöhen, z. B. den Wareneingang verdoppeln oder verdreifa-chen – **ohne** das Limit für die anderen Preislagen zu senken. Der Preis-lagenschlüssel sollte im Übrigen stets vom Unternehmer oder Einkäufer selbst angelegt werden.

4.3 Verkäuferstatistiken

01.01.–31.12.2006	Umsatz Stück	Umsatz VW	effektive Stunden	Um-satz/Stunde	Kun-den	Teile/Kun-den	Durch-schnitts-bon	erziele Spanne %
Flink	5.689	167.443	1.091	153	3.382	1,68	49,51	53
Trudel	5.326	148.019	1.637	90	3.503	1,52	42,25	52,2
Meier	1.292	36.716	460	80	880	1,47	41,72	51,8
Trödel	937	25.013	355	71	626	1,50	39,96	52,1
Müller	589	17.480	232	75	409	1,44	42,74	53,5
Hinterseer	230	7.197	89	81	173	1,33	41,6	52
Abteilung 1	**14.063**	**401.868**	**3.864**	**104**	**8.973**	**1,57**	**44,79**	**52,4**
Wach	8.237	236.065	1.709	138	5.018	1,64	47,04	49,2
Ruhig	7.312	204.362	1.732	118	4.443	1,65	46,00	48,7
Schulze	2.381	67.781	558	122	1.431	1,66	47,37	48,6
Kramer	1.938	57.222	421	136	1.179	1,64	48,53	50,1
Unlust	1.345	33.453	285	117	857	1,57	39,03	46,7
Quirl	994	34.359	250	138	631	1,58	54,45	52,1
Silber	854	27.717	208	134	511	1,67	54,24	49,5
Chefin	500	10.532	40	263	321	1,56	32,81	34,2
Gold	280	9.590	62	156	167	1,68	57,43	47,9
Abteilung 2	**23.841**	**681.081**	**5.263**	**129**	**14.558**	**1,64**	**46,78**	**47,4**

Analyse der wichtigsten Kennziffern[26]:

- **Umsatz pro Stunde**

Im Mittelgenre sind 130 bis 180 € pro Stunde ein üblicher Durchschnittswert, bei dieser Firma werden allerdings nur Werte zwischen 104 € und 129 € erreicht. Die beiden Zahlen zeigen, dass insbesondere bei Abteilung 1 die Mitarbeiter nicht ausgelastet sind. Man sollte also über eine geringere Besetzung nachdenken, da durchaus mehrere Kunden gleichzeitig von einem Mitarbeiter bedient werden können. Es sind bei Abteilung 1 sogar Einsparungen bis zu einem Drittel weniger Verkäuferstunden möglich (ausgehend vom Zielwert 150 € / Stunde).

Im **Beispiel** fallen folgende Personen positiv bzw. negativ auf:

- Chefin   263 € / Stunde   bedient / kassiert nur zu Spitzenzeiten / an Samstagen
- Frau Gold   156 € / Stunde   kommt nur samstags, wenn die Kundenfrequenz am höchsten ist
- Frau Flink   153 € / Stunde   bedient permanent voller Energie mehrere Kunden gleichzeitig; Verkaufsgenie, sportlich
- Frau Trödel   71 € / Stunde   noch sehr jung und unerfahren, von wenigen Kunden akzeptiert; zu schüchtern
- Frau Müller   75 € / Stunde   kein Sprechtalent, zu zurückhaltend
- Frau Meier   80 € / Stunde   passt mit der eigenen Konfektionsgröße nicht zur Ware in dieser Abteilung; keine Glaubwürdigkeit auf Kundenseite
- Frau Unlust 117 € / Stunde   kann das höhere Niveau im Team der Abteilung 2 nicht erreichen. Steht meistens gelangweilt hinter der Kasse; spricht zu wenige Kunden an
- Frau Ruhig 118 € / Stunde   eher ein ruhigerer, passiver Typ

Es gibt also viele verschiedene Gründe für gute bzw. schlechte Leistungszahlen, genauso wie es unterschiedliche Personentypen gibt. Die Aufgabe des Personalmanagers ist es, permanent Gespräche mit den Mitarbeitern zu führen, Zahlen aufzuzeigen, Stärken, aber auch Schwächen anzusprechen und aktiv etwas gegen diese Schwächen zu unternehmen.

---

[26] Erklärung siehe Kapitel I, Abschnitt 8.3 – Da dieser Part sehr wichtig ist, wird noch einmal gesondert darauf eingegangen.

Lösungsansätze:

- Begrüßungsquote trainieren und erhöhen (Benchmark > 70 %)
- Verkaufstraining mit dem Ziel einer häufigeren und intensiveren Kundenansprache durchführen
- intelligentere, knappere Personaleinsatzplanung, sodass auch die Chance besteht, mehrere Kunden gleichzeitig zu bedienen
- im Mittelgenre reicht z. B. für einen Tagesumsatz von 1.000 bis 2.000 € eine einzelne Kraft meist aus
- Verkäufer dort einsetzen, wo sie maximal motiviert sind und die zu verkaufende Ware auch gerne selbst tragen; falls möglich, Verkaufsmitarbeiter aus Gründen der Motivation auch zum Einkauf mitnehmen.
- klare Spielregeln aufstellen (so ist ohne Kassiertätigkeit das Aufhalten hinter der Kasse nicht erwünscht)
- Mitarbeiter einstellen, die ein gewisses „Standing" haben, sich gut artikulieren können und eher extrovertiert sind
- mit Mitarbeitern nicht nur über Zahlen, sondern auch über zwischenmenschliche Probleme sprechen
- Wichtig: Den Mitarbeitern Erfolgserlebnisse gönnen und die Möglichkeiten dazu schaffen (beispielsweise durch das Übertragen von Verantwortlichkeiten)

- **Teile pro Kunde und Durchschnittsbon / Kunde (= Umsatz je Kunde)**

Benchmark 2 bis 2,5 Teile, in der Jungen Mode etwa 1,7 bis 2,0 Teile; im Mittelgenre werden bei Junger Mode etwa 45 bis 50 € pro Kunde erzielt; in diesem Beispiel allerdings nur 1,57/1,64 Teile und 45 bis 47 € pro Kunde verkauft/umgesetzt.

Die Zahlen geben Aufschluss darüber, wie intensiv der einzelne Kunde bedient wurde und dokumentieren, ob man sich um Zusatzverkäufe bemüht oder beispielsweise auch teure Teile verkauft hat (hoher Bon). Die meisten Kategorien sind bei der dokumentierten Firma stark verbesserungsfähig. Man müsste die ganze Mannschaft zum Verkaufstraining schicken. Besonders beim Durchschnittsbon gibt es extreme Unterschiede: Frau Flink macht in Abteilung 1 die besten Umsätze. Sie bedient nicht nur mehrere Kunden gleichzeitig, sondern realisiert auch die meisten Zusatzverkäufe und die höchsten Bons. Sie ist somit die tragende Stütze der Abteilung. Das führt allerdings auch zur Demotivation der anderen Kolleginnen, weil jede Kollegin, die mit Frau Flink zusammenarbeitet, ihr gegenüber in der Leistung abfällt. Man sollte also Frau Flink eine Verkäuferin an die Seite stellen, die ihr ebenbürtig ist.

In Abteilung 2 sind nahezu alle Mitarbeiter auf einem Niveau (ein richtiges „Team"). Dieses Team ist jedoch noch steigerungsfähig und hat die besten Voraussetzungen dazu. Frau Unlust fällt als einzige ab. Sie macht einen sehr schlechten Umsatz pro Kunde, da sie meistens an der Kasse stehen bleibt und sich nicht an der Kabine um Zusatzverkäufe bemüht. Die Chefin hat auch einen schlechten Durchschnittsbon und steht meist nur an der Kasse. Das liegt allerdings daran, dass sie im betrachteten Zeitraum nur dann im Laden war, als hohe Kundenfrequenzen vorherrschten (Reduzierungsphase; sichtbar an der niedrigen erzielten Spanne).

Besonders hohe Durchschnittbons haben im Beispiel Frau Gold, Frau Silber und Frau Quirl. Frau Gold ist ein „Naturtalent" und kommt mit ihrer Art bei jedem Kunden gut an; Frau Silber, die selbst gerne hochwertige Kleidung trägt, kommt aus einem einkommensstarken Haushalt und hat keine Hemmungen, höherpreisige Ware zu verkaufen.

Lösungsansätze:

- Zwei-Teile-Technik[27] anwenden, d. h., dem Kunden, der eine Hose in der Kabine anprobiert und herauskommt, das nächste passende Teil (z. B. Shirt, Bluse, Blazer, ...) zeigen und dabei gleich zwei Alternativen vorlegen. Der Kunde geht wieder in die Kabine, danach geht dieses Spielchen solange weiter, bis der Kunde signalisiert, dass er nicht mehr will. Oft wird allerdings der Fehler gemacht, dass entweder nur ein Zusatz-Teil (Gefahr des Nichtgefallens) oder zu viele Teile (Gefahr der Überlastung) gezeigt wird / werden.
- während dem Kunden eine Hose gebracht wird, sollte der Verkäufer so flink sein und gleich den passenden Gürtel einziehen
- passende Artikelgruppen zusammen präsentieren (kurze Wege), z. B. Hemden neben Krawatten, Gürtel neben Hosen, Blusen / Shirts neben Blazer etc. (bei moderner Shoppräsentation einfacher als bei Stammabteilungen)
- Kabinenblöcke zusammenlegen (paralleles Bedienen möglich)
- strukturierte Warenpräsentation: die Ware muss schon beim Einkauf zusammen betrachtet werden. Das geht kaum bei zu vielen Lieferanten → Lieferantenkonzentration!
- Pflegemittel für Schuhe bzw. Strümpfe in Kassennähe zeigen
- monatliche Analyse der Zahlen durchführen; diese Zahlen mit Durchschnittswerten und den Benchmarks mit den Mitarbeitern (einzeln) durchsprechen
- Wettbewerbe zwischen den Mitarbeitern anzetteln (behutsam angehen)

---

[27] Vgl. Firmenseminar der Firma. Hutner, Kronburg.

Auch die erzielte Spanne und die Umtauschquote können Unterschiede beim Personal zeigen. Ist die Spanne schlecht, wird mehr reduziert oder unmotiviert verkauft, ist die Umtauschquote hoch, wird eher oberflächlich bedient.

Die folgende Tabelle zeigt vom Verfasser ermittelte Werte bei über 100 Handelsfirmen (* = *DOB Classic* / ** = *kleinere Wäsche-Fachgeschäfte*):

Sortiment	Umsatz / Stunde in €	Teile / Kunde Anzahl	Durchschnitts- bon in €
DOB	110–140	1,8–1,9 (2–2,3*)	70–90
HAKA	130–150	1,9–2,1	75–110
KIKO	75–90	2,3 2,4	35 45
Wäsche/Strümpfe	90–100 (350**)	2,3–2,4	30–40 (65**)
Junge Mode	120–130	1,8–1,9	45–50
Franchisestore	100–450 (im Mittel 300)	1,6–1,7	40–60

Die niedrigeren Werte werden eher von Sortimentshäusern erzielt (ehemalige Kaufringhäuser, KATAG-Häuser, ...), die höheren Werte durch Fachgeschäfte mit mittlerem bis gehobenem Genre. Interessant ist dabei, dass der Stundenumsatz bei DOB und HAKA bei den Sortimentern besser liegt als in den Fachgeschäften, da dort intensiver und eher nur bei einem Kunden statt bei mehreren Kunden bedient wird. Vielleicht muss der Fachhandel in Zukunft umdenken und doch mehrere Kunden gleichzeitig bedienen lernen, um mit den Personalkosten zurechtzukommen.

Bei allen diesen Auswertungen darf man nicht vergessen, dass die Warenwirtschaft lediglich diejenigen **Kunden** erfasst, die etwas **kaufen**. Um herauszubekommen, wie die Verkäufer auf die Kunden eingehen, sie begrüßen und ansprechen, ist es unerlässlich, am Eingang **Frequenzmesser** (Lichtschranken) anzubringen. So lässt sich z. B. Folgendes analysieren:

	Laden A	Laden B (größer)
Passantenfrequenz Straße	1.850	1.800 (pro Stunde)
Kundenfrequenz 01.01.–31.01.	5.000	15.000
Zahlende Kunden 01.01.–31.01.	1.000	1.500
Ausschöpfungsquote	**20 %**	**10 %** **(Kunden)**

- Wenn beide Läden in vergleichbaren Städten und Lagen sind, dann sind offensichtlich die Verkäufer im Laden A beim Begrüßen und Ansprechen aktiver.

- Sollten die Lagen verschieden sein und die Passantenfrequenz abweichen, kann man diese in Relation zueinander setzen und einander gegenüberstellen.

	Laden C	Laden D
Passantenfrequenz Straße – mal 5 (Annahme für 1 Tag) – mal 15 (Hochrechnung 1 Monat)	1.000 5.000 75.000	2.000 (pro Stunde)[28] 10.000 150.000 (= P)
Kundenfrequenz 01.01.–31.01. (K)	5.000	15.000 (= K)
Zahlende Kunden 01.01.–31.01. (Z)	1.000	1.500 (= Z)
Ausschöpfungsquote	**6,7 %**	**10,0 % (K : P)**
Ausschöpfungsquote	**1,3 %**	**1,0 % (Z : P)**

- Laden D schöpft wohl mehr Kunden aus der vor dem Laden vorhandenen Frequenz ab (besserer Eingang und schönere Schaufenster), jedoch vermag das Personal nicht denselben Output wie die Kollegen aus Laden C herauszuholen.

Die Kundenansprache ist wichtig, muss aber freundlich und angemessen erfolgen. Nachfolgende TW-Grafik zeigt, wie wichtig Freundlichkeit ist:[29]

---

[28] Die Passantenfrequenz wird wegen besserer Vergleichbarkeit eher am stärksten Tag gemessen (Freitag 16.00 bis 17.00 Uhr oder Samstag 11.00 bis 13.00 Uhr). Damit kann man natürlich nicht mit dem Faktor 30 Tage einen Monat hochrechnen. Dieser Faktor muss also viel kleiner sein, z. B. 15 (hypothetisches Beispiel).

[29] TW-Kundenmonitor 08/2006.

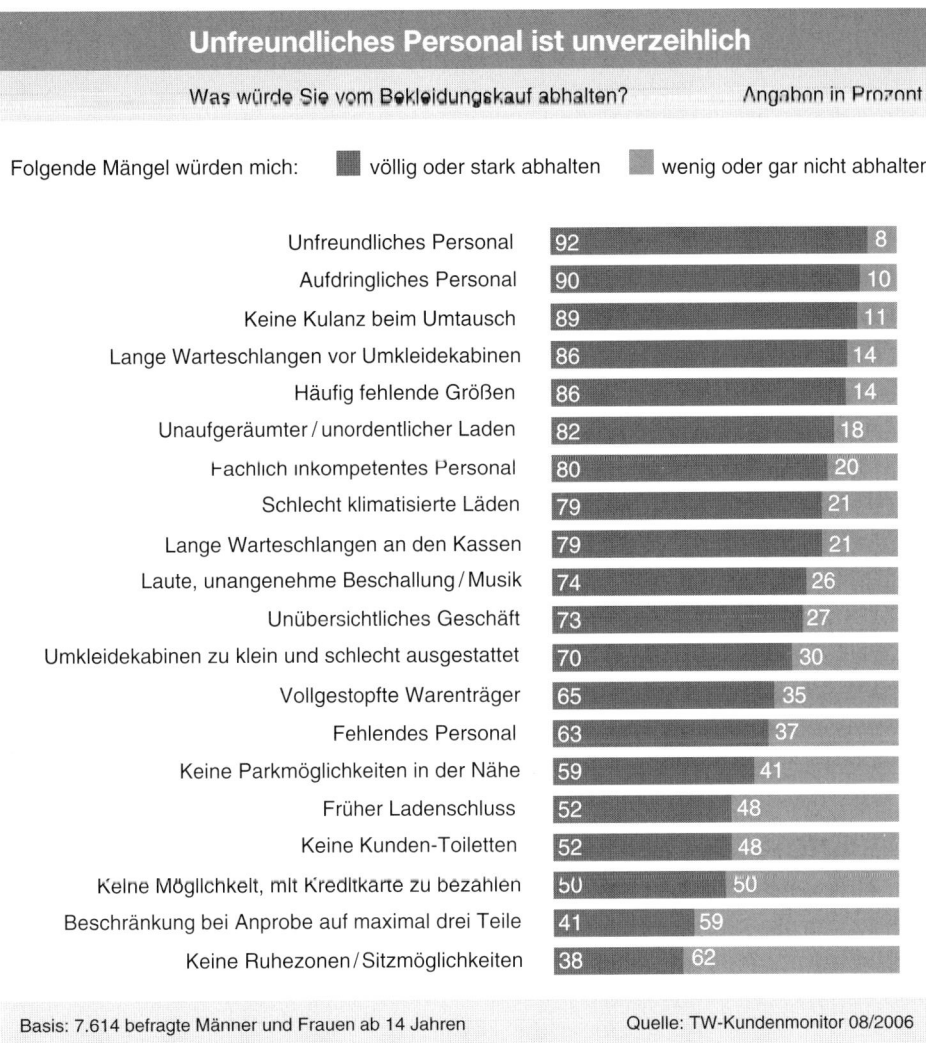

Unfreundliches Personal ist unverzeihlich

Was würde Sie vom Bekleidungskauf abhalten?   Angaben in Prozent

Folgende Mängel würden mich: ■ völig oder stark abhalten   ■ wenig oder gar nicht abhalten

Mangel	völlig oder stark abhalten	wenig oder gar nicht abhalten
Unfreundliches Personal	92	8
Aufdringliches Personal	90	10
Keine Kulanz beim Umtausch	89	11
Lange Warteschlangen vor Umkleidekabinen	86	14
Häufig fehlende Größen	86	14
Unaufgeräumter / unordentlicher Laden	82	18
Fachlich inkompetentes Personal	80	20
Schlecht klimatisierte Läden	79	21
Lange Warteschlangen an den Kassen	79	21
Laute, unangenehme Beschallung / Musik	74	26
Unübersichtliches Geschäft	73	27
Umkleidekabinen zu klein und schlecht ausgestattet	70	30
Vollgestopfte Warenträger	65	35
Fehlendes Personal	63	37
Keine Parkmöglichkeiten in der Nähe	59	41
Früher Ladenschluss	52	48
Keine Kunden-Toiletten	52	48
Keine Möglichkeit, mit Kreditkarte zu bezahlen	50	50
Beschränkung bei Anprobe auf maximal drei Teile	41	59
Keine Ruhezonen / Sitzmöglichkeiten	38	62

Basis: 7.614 befragte Männer und Frauen ab 14 Jahren   Quelle: TW-Kundenmonitor 08/2006

Eine andere Studie der LDT Nagold ergab folgendes Ranking:

Befragte:	≈ **30.000 Passanten** (Endverbraucher), Mittel- und Süddeutschland (≈ 120 verschiedene Standorte)
Zeitraum:	1993 bis 2003
Frage:	„Was ist Ihnen wichtig beim **Bekleidungs-/Schuhkauf**?" (1: sehr wichtig, 2: wichtig, ..., 6: absolut unwichtig)

Ergebnisse (Imagefaktoren):

1. Platz	Freundlichkeit des Personals	≈ 1,6
1. Platz	(Qualität; nur bei 1.000 Personen befragt)	≈ 1,6
2. Platz	zwanglose Informations-Möglichkeit	≈ 1,8
3. Platz	fachkundige Beratung (auf Wunsch)	≈ 1,85
4. Platz	Übersichtlichkeit des Ladens	≈ 1,9
5. Platz	Kundenservice (Änderung, EC-Cash, ...)	≈ 2,05
6. Platz	Auswahl-Breite (Warengruppen)	≈ 2,1
7. Platz	Auswahl-Tiefe (Größen)	≈ 2,3
8. Platz	Preisgünstigkeit (Preislage und Preis/Leistung)	≈ 2,5
9. Platz	Schaufenster-Dekoration	≈ 2,65
10. Platz	Innenraumpräsentation (Fascinating Points)	≈ 2,9
11. Platz	schöne Einrichtung (neu, Ambiente)	≈ 2,9
12. Platz	Parkplätze (nur z.T. befragt)	≈ 3,0
13. Platz	Marken-Auswahl (Anzahl bekannter Marken)	≈ 3,3

Dass zunächst die zwanglose Information für den Kunden sehr wichtig ist, bestätigt auch die Spiegel-Outfit-Studie 2001[30]. In den Altersgruppen 14 bis 39 Jahre stimmten 61 %, bei der Gruppe 40 bis 49 Jahren 59 % und bei Personen ab 50 Jahre stimmten 55 % (!) der Aussage zu:

> **„Ich möchte von den Verkäufern beim Bekleidungskauf in Ruhe gelassen werden!" (im Mittel 59 %)**

Erst einmal umsehen wollen sich im Durchschnitt sogar 83 % der Befragten! Das bedeutet nun aber nicht, dass man nicht mehr ansprechen sollte, denn **immerhin 41 %** der Kunden möchten ja (nach einiger Zeit oder bei Problemen) Beratung haben. Bei gutem Personal entscheidet sich genau bei diesen 41 %, ob sie etwas kaufen und im Laden bleiben oder nicht.

---

[30] Vgl. Spiegel-Verlag (Hrsg.), Outfit 5.

Zeitraum ○ Monate (Teil des Jahres)	Umsatz Stück	Umsatz in €	erzielte Spanne in %*	Um-tausch in €	Durch-schnitts-bon in €*	Teile/Kunde*	Anzahl Kunden	Brutto-Gehalt Zeitraum	bisher anwesende Stunden	Um-satz/Stunde*	GU*	UT/Stun-de
Summe/Durchschnitt	**9.465**	**452.943**	**51,6**	**11.295**	**93,12**	**1,95**	**4.864**	**130.267**	**6.246**	**73**	**3,5**	**1,8**
Silber	2.042	96.810	52,0	2.269	96,71	2,04	1.001	18.745	1.067	91	5,2	2,1
Lahm	1.768	87.163	51,4	2.608	89,86	1,82	970	18.770	1.067	82	4,6	2,4
Teuer	1.318	68.813	53,9	1.347	106,19	2,03	648	22.817	1.067	65	3,0	1,3
Mittel	1.268	52.346	49,5	1.178	81,54	1,98	642	9.851	628	83	5,3	1,9
Günstig	793	36.662	50,3	868	85,26	1,84	430	3.273	378	97	11,2	2,3
Gold	711	35.223	51,7	816	106,09	2,14	332	3.273	378	93	10,8	2,2
Jungfuchs	585	28.470	53,7	1.110	82,05	1,69	347	9.208	533	53	3,1	2,1
Bronze	517	26.051	52,2	496	95,43	1,89	273	3.360	378	69	7,8	1,3
Chefin	337	17.294	48,7	303	110,15	2,15	157	24.792	260	66	0,7	1,2
Sonstige	130	4.112	41,5	300	64,25	2,03	64	6.611	489	8	0,6	0,6

Dieses zweite Beispiel zeigt eine handelsübliche Aufstellung einer Verkäuferstatistik (DOB-Geschäft).

GU = Gehaltsumschlag, berechnet sich aus: (Beispiel Frau Silber)

$$= \frac{\text{Umsatz Verkäufer (Periode p)}}{\text{Gehalt brutto inkl. Nebenkosten (p)}} = \frac{96.810\ €}{18.745\ €} = 5{,}2$$

UT/Stunde = Umtauschwert in € pro Arbeitsstunde (je höher, umso schlechter)

unterstrichen = positiv   grau hinterlegt = negativ

Der Gehaltsumschlag (GU) wurde im Kapitel I (Abschnitt 8.3) erklärt.

Als Exkurs sei ein Beispiel einer ERFA-Gruppe wiedergegeben, das zeigt, wie unterschiedlich Gehaltsumschläge je nach Sortiment sein können:

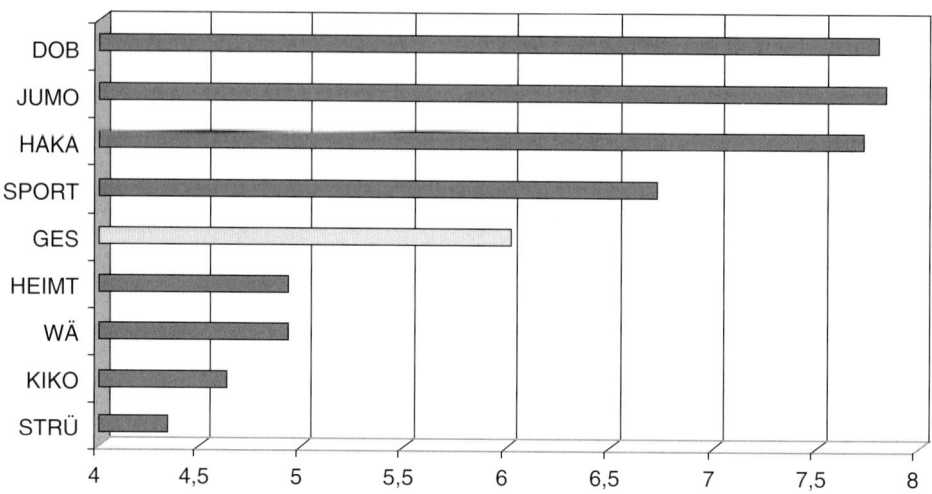

Zurück zum vorigen Beispiel (eine Unternehmensberatung):

Die Daten der Chefin und der „Sonstigen" sind wegen Verwaltungstätigkeiten nicht vergleichbar mit denen des übrigen Personals.

Beste Daten zeigen:
Frau Gold, Frau Silber, Frau Günstig (außer Zusatzverkäufe)
Natürlich liefern 400-€-Kräfte, die eher samstags arbeiten, in der HAKA bessere Zahlen. Deshalb sollte man mehr mit solchen flexiblen Mitarbeitern arbeiten.

Die Erstkraft Frau Teuer zeigt zwar gute Zusatzverkäufe und intensive Beratung pro Kunde (damit auch wenig Umtäusche und wenig reduzierte Teile), jedoch einen indiskutablen Kosten-Nutzen-Vergleich (Gehaltsumschlag ist nur 3,0, müsste jedoch bei einer Führungskraft mindestens 6 bis 7 sein; auch der Stundenumsatz liegt mit 65 € sogar unter dem Hausdurchschnitt). Eine Führungskraft müsste trotz Nebentätigkeit (Visual Merchandising, EDV, NOS, PEP, ...) und Leerlaufzeit in jedem Fall klar über dem Durchschnitt liegen. Frau Teuer ist also die teuerste Kraft im Unternehmen („teurer als die Chefin"!)

Frau Lahm zeigt eher durchschnittliche Werte und könnte sich durch mehr Zusatzverkäufe verbessern. Sie hat auch ausgedrückt in €-Werten die meisten Umtäusche. Hier besteht Gesprächsbedarf; außerdem ist eine Schulung angebracht.

Empfohlen wird, über das Einsparen von Personen nachzudenken, da die Kostenbelastung bald zu hoch werden könnte. Eine Lösung könnte so aussehen, dass man auf Frau Teuer verzichtet und gegebenenfalls auch auf Frau Lahm oder auf eine der schwächeren Aushilfen. Stattdessen könnte man **Frau Gold**, eventuell auch Frau Günstig fragen, ob sie nicht halbtags statt auf 400-€-Basis arbeiten möchte, um die Leistungszahlen nach oben zu bringen. Außerdem hat man die Auszubildende (Frau Jungfuchs) als „Reserve", die fast eine Vollzeitkraft abdecken wird bei relativ geringen Kosten

Die bei dieser Firma vom Unternehmensberater errechnete mögliche Einsparung liegt bei

2 Vollzeitkräften	−59 T€	Einsparung (hier Teuer + Lahm)
+ Gold TZ statt 400 €	+8 T€	Mehrkosten
= höherer Gewinn um	+51 T€	

Dieses Beispiel berücksichtigt keine persönlichen, sozialen, rechtlichen oder moralischen Aspekte und soll nur aufzeigen, wie in bestimmten Fällen das Überleben von Handelsbetrieben mit zu hohen Personalkosten und/oder zu geringen Leistungszahlen gesichert werden kann. Sicher hat der Unternehmer noch diese wichtigen Entscheidungen intern abzuwägen und zu diskutieren und die genannten anderen Aspekte zu bedenken. Die Vorschläge resultieren alleine aus den vorliegenden Fakten. Andererseits ist es in der Summe für alle sozialer und eventuell auch ethisch höher zu bewerten, wenn der Betrieb und wenigstens ein Teil der Arbeitsplätze erhalten werden kann.

Da dieses Thema in der Praxis das entscheidende neben dem Sortiment ist, sei noch ein drittes, kurzes Beispiel erwähnt.

Auswertung eines Modegeschäfts:

Herr/Frau ...	Verkauf*	Umsatz/Stunde	Bons	Teile	Umsatz/Kunde	Teile/Kunde	Gehalts-Umschlag	Bewertung
Platin	1,00	156	1.078	2.522	150	2,34	7,6	beste Kraft
Silber	1,00	164	1.310	2.986	129	2,28	8,4	Topkraft
Lahm	1,00	116	1.116	2.195	107	1,97	5,9	in allen Bereichen Schwächen
Traurig	1,00	107	1.033	2.132	108	2,06	5,2	in fast allen Bereichen Schwächen
Gold	1,00	164	1.239	2.938	137	2,37	8,1	Topkraft
Teuergut	0,90	140	1.065	2.280	123	2,14	6,8	gute Kraft, jedoch Gehaltsumschlag verbessern
Müller	1,00	126	1.232	2.409	106	1,96	7,3	in vielen Bereichen Schwächen
Teuerschnell	0,70	136	888	1.865	111	2,10	6,4	viele Kunden bedient, jedoch zu teuer
Hilton	0,70	108	633	1.352	124	2,14	5,6	verkauft höherwertig, jedoch zu wenig Kunden, zu teuer
Scheuklapp	0,10	121	87	174	144	2,00	9,1	kann nicht mehrere Kunden gleichzeitig bedienen, günstig
Billig	0,12	126	154	279	102	1,81	9,5	günstige Kraft, viele Schwächen
Schlecht	0,50	113	581	1.088	101	1,87	6,8	in allen Bereichen Schwächen
Einseiter	0,10	107	82	174	135	2,12	8,0	kann nicht mehrere Kunden gleichzeitig bedienen, günstig
								Graues Feld: Schwäche
Summe	**9,92**	**126**	**11.943**	**25.149**	**116**	**2,11**	**7,0**	Fett gedruckte Zahl: Stärke, unterstrichen: Top

* z. B. 0,5 Verkaufsanteil = 50 % Teilzeitkraft (bei 174 Stunden p. m. Regelarbeitszeit
→ 87 Stunden p. m. im Verkauf tätig = 50 %)

→ Gehaltsumschlag = Jahresumsatz : Jahresgehalt (inkl. Arbeitgeberanteile und Provisionen und Nebenkosten)

4.4 Artikelanalysen (Renner-/Penner-Statistiken)

Beispiel: Artikelbezogene Renner-Auswertung (in nahezu jeder guten Warenwirtschaft enthalten)

Artikel Nr. Monat Juli	Umsatz Stück	WE Stück	Bestand Stück	Abverkauf %	LUG	Umsatz	VKP €	Artikelbezeichnung
35240	17	18	1	94,4	194,7	323	19,95	Shawls
51210	11	12	1	91,6	130,3	542	49,95	Skirts
51213	9	9		100	106,5	354		Skirts
51710	32	32		100	94	562		T-Shirts
60503	15	17	2	88,2	90	899	59,95	Sweater
35031	7	8	1	87,5	84	279	39,95	Bags
51805	9	10	1	90	79,9	532	79,95	Vests
60709	27	32	5	84,3	64,8	349	12,95	T-Shirts
51800	15	15		100	57,5	1.005		Vests
51516	32	39	7	82	54,9	1.278	39,95	Sweater
51007	9	11	2	81,8	53,8	537	59,95	Denim

- Die mit Abstand beste LUG (einhergehend mit einem sehr guten und vor allem schnellen Abverkauf) weisen diese Artikel auf.
  So wurden von dem Artikel 35240 in kürzester Zeit von 18 eingegangenen Teilen 17 verkauft. Die LUG ist 194,7, also:

$$\frac{\text{Tage im Jahr}}{\text{LUG Artikel}} = \frac{364}{194,7} = 1,9 \text{ Tage}$$

Hochgerechnet: innerhalb von zwei (!) Tagen wurde fast alles verkauft!

- Die Aussagekraft der LUG ist höher einzuschätzen als die der Abverkaufsquote, weil neben der Relation des Abverkaufs zusätzlich noch die Geschwindigkeit des Abverkaufs mit einfließt!

- Die Röcke 51210 und 51213 wurden zwar komplett abverkauft, jedoch nicht so schnell wie der vorige Artikel.

Diese Liste ist hilfreich, um nachfolgend genannte Aktionen zu steuern:

- Filialumlagerungen (Teile aus anderen Filialen holen, die dort nicht so gut laufen)
- NOS, Nachbestellungen, Repeat- und Flashprogramme / Nachziehen schnelldrehender Teile
- Reduzierungsverbot für Renner-Teile
- Ordern dieser oder ähnlicher Teile beim nächsten Einkauf (Anlegen eines Renner-Buches, z. B. mit Fotos)

Beispiel: Artikelbezogene „Penner"-Auswertung

Artikel Nr. Monat Juli	Umsatz Stück	WE Stück	Be- stand Stück	Ab- verkauf %	LUG	Um- satz	VKP €	Artikel- bezeich- nung
71505	1	66	65	1,5	0,2	35	35,95	Sweater
95600	1	12	11	8,3	0,5	9	9,95	Hats / Caps
95206	2	20	18	10	0,5	59	29,95	Belts
80601	1	24	23	4,1	0,5	35	35,95	Sweatshirts
95000	1	8	7	12,5	0,5	35	35,95	Bags
95214	1	10	9	10	0,6	29	29,95	Belts
71775	1	6	5	16,6	0,7	59	59,95	Dresses
70124	1	18	17	5,5	0,7	69	69,95	Pants
80730	2	17	15	11,7	0,7	55	29,95	T-Shirts

- Schlechte LUG und miserabler Abverkauf über einen längeren Zeitraum bei Artikel 71505 (Pulli). Von 66 Teilen wurde nur ein (!) Teil verkauft.

- Es sind auffällig viele Accessoires dabei, obwohl dies nur ein Randsortiment des Händlers darstellt. Zum einen liegt das am Randsortiment selbst (keine Aussage) und zum anderen daran, dass das Wetter nicht zu den Accessoires passte – es war z. B. zu warm für die Mützen („Hats / Caps"). Die Gürtel waren nicht modisch genug, die Taschen nicht verkäuflich (Fehler beim Einkauf gemacht), das T-Shirt hatte einen unmöglichen Druck.

Diese Liste ist hilfreich, um nachfolgend genannte Aktionen zu steuern:

- Filialumlagerungen (Teile zu anderen Filialen umlagern, weil diese dort besser laufen)
- Stopp von NOS- und Nachbestellungen, falls solche Artikel in der Liste auftauchen
- Reduzierungsempfehlungen für diese „Penner"-Teile
- kein Ordern dieser oder ähnlicher Teile beim nächsten Einkauf (Anlegen eines „Penner"-Buches, z. B. mit Fotos)

Eine Reduzierungsempfehlung des Controllers für das Personal könnte z. B. so lauten:

Sofort Reduzieren:

- alle Artikel, die eine LUG schlechter als 2,0 haben bzw. deren Abverkauf unter 40 % liegt
- alle Artikel, die älter als zwei Monate sind; Leitlinie – 30 %, Preise 4,95 oder 9,95
- alle Artikel, die älter als drei Monate sind; Leitlinie – 50 %, Preise 4,95 oder 9,95
- alle Artikel, die älter als vier Monate sind; Leitlinie – 70 %, Preise 4,95 oder 9,95
- Artikel, die jünger als zwei Monate sind: nur nach vorherigem Ansehen, hängt der Artikel wirklich schon seit mindestens zwei Wochen – dann reduzieren, evtl. retournieren
- nur Eckpreise (29,95 – 45,00 – 17,95 – 14,95 – 15,00 ..., nicht 28,95 – 47,00 – 22,50 ...)
- keine Basics (z. B. marineblaue oder schwarze Standard-Shirts/Pullis) reduzieren

4.5 Strategische Sortimentsanalysen

4.5.1 Umsatzanteile und Pro-Kopf-Ausgaben/ABC-Analyse

Abteilung	Firma Müller (wir)		Firma Diesig*		Pro-Kopf-Ausgaben Deutschland	
	Umsatz T€	in %	Umsatz T€	in %	2005 in €	in %
	1.800	35	3.500	62	265	41
HAKA	1.500	29	1.000	18	153	24
KIKO	700	14	150	3	22	3,5
Wäsche	200	4	450	8	60	9
Strumpf	50	1	300	5	16	2,5
Bettwaren	400	8	100	2	53	8
Heimtex	250	5	100	2	62	10
Kurzwaren/Handarbeiten	50	1	20	0	5	1
Berufskleidung	200	4	30	1	12	2
Summe	5.150	100	5.650	100	648	100

* ERFA-Kollege zum Vergleich oder Mitbewerber (grob geschätzt nach einem C-Gang = Konkurrenzgang) – hier: wichtigster Konkurrent am Ort

Pro-Kopf-Ausgaben werden jedes Jahr neu berechnet und ermitteln sich aus der Inlandsverfügbarkeit.[31]

Dabei ist die durchschnittliche Nachfrage wichtiger zu werten als die Daten des Mitbewerbers. In diesem Beispiel müsste ein normales Textilhaus den größten Umsatz mit DOB erzielen, dann mit HAKA. An dritter Stelle müsste Heimtex folgen.

- Stärken Firma Müller
  - KIKO (weit über dem Durchschnitt, kaum zu toppen)
  - Berufskleidung
  - HAKA (leicht über dem Durchschnitt; 29 : 24 nicht so hoch zu gewichten wie die Relation bei KIKO mit 14 : 3,5)

---

[31] Zum Beispiel zu finden im BTE-Statistikreport, im BBE-Branchenreport (BBE Unternehmensberatung Köln) oder an der LDT Nagold (dort eigene, interne Berechnungen) – Daten von 2006 siehe Anlage.

- Schwächen Firma Müller
  - Heimtex, Strümpfe, Wäsche (klar unter dem Durchschnitt im Verhältnis zur Nachfrage)
  - DOB (leicht unterdurchschnittlich, Konkurrent deutlich besser – er hat Akzente auf DOB gesetzt)

Der Konkurrent „Diesig" war früher ein Kaufring-Haus, das traditionell sehr gute Marktanteile bei Wäsche und Strümpfen haben müsste. Er hat dies jedoch nicht bei Wäsche und liegt dort eher im normalen Durchschnitt.

Der Firma Müller wird empfohlen, eine klare Linie zu fahren und ein reines Bekleidungshaus zu gestalten (also DOB, HAKA, KIKO und Wäsche/Strümpfe) oder nach dem Muster „P & C" nur noch DOB, HAKA und KIKO zu führen (mit diesen Kernbereichen erzielt Müller bislang schon 78% des Umsatzes = A-Sortiment).

Die Randsortimente (C-Sortimente) wie Strümpfe, Kurzwaren und Berufsbekleidung sollten eliminiert werden (zusammen nur 6%) und dabei auch die ganze Heimtex-Abteilung, weil der Trend in diesem Sortimentsbereich eher in Richtung Möbelhäuser oder kompetentes Fachgeschäft mit Beratung und natürlich zu Fachmärkten/Baumärkten geht.

Immer weniger Kunden kaufen Heim- und Haustextilien in Häusern, die hauptsächlich Bekleidung anbieten. Der Verbraucher will Klarheit und Übersichtlichkeit. Das vorhandene Sortiment soll Kompetenz ausstrahlen. Nach internen Auswertungen von TW-Studien und der Brigitte-Kommunikationsanalyse 2004 und 2006 kam heraus, dass z. B. der Monostore das schärfste und klarste Profil von allen Betriebstypen hat – im Gegensatz zu Kauf- und Warenhäusern.

Regeln für Strategische Analysen/Entscheidungen:
(empirische Erfahrungen des Autors aus seiner Beratungstätigkeit)

- Marktanteil i. d. R maximal 20–25%, Platzhirsch ab 10% Marktpotenzial-Anteil → Marktpotenzial = Einwohner Einzugsgebiet × Kaufkraftziffer × PKA (WGR)
- Eliminierung Abteilung X möglich, wenn mit Y noch mindestens 50% Umsatzanteil erzielt wird (besser zwei Drittel); (X + Y = bisheriges Gesamtsortiment)
- bei Umsatzanteil < 10% (Randsortiment) i. d. R. Eliminierung Abteilung X sinnvoll. Dennoch Rendite, Verbundeffekte, Versorgungseffekte prüfen!

- Auslagern einer Abteilung als eigene Filiale ab 0,5 Mio. € Umsatz möglich (eigenes Profitcenter mit Chance auf Gewinn > 25 T€)
- mindestens vier Anbieter derselben Branche pro Standort erwartet der Kunde als Mindestangebot, dann ist der Ort erst attraktiv genug, dort zu kaufen
- stark überhöhter Umsatz/m² deutet meist auf klaren Ausbau der Abteilung hin
- Imageaufbau/Abteilungsaufbau: Mindestdauer zwei bis Jahre; der Umbauerfolg verzögert sich etwa auch um diesen Zeitraum (bis es auf Normallevel läuft)

Die Analyse nach Pro-Kopf-Ausgabe und Umsatzanteil lässt sich auch auf Haupt-Warengruppen herunterbrechen:

Beispiel Schuhgeschäft „Diekers"

Haupt-WGR	Umsatz T€	Umsatz %	PKA %	PKA 2005 €
He-Lederschuhe	50	8	17	19
Da-Lederschuhe	250	41	27	30
Ki-Lederschuhe	35	6	4,5	5
Lederschuhe	**335**	**54**	**48,5**	**54**
davon: Bequemschuhe	*120*	*20*	*9*	*10*
Straßenschuhe ohne Lederoberteil	40	7	9	10
Sandale(tte)n	75	12	9	10
Summe Freizeitschuhe	**115**	**19**	**18**	**20**
Sportschuhe	**30**	**5**	**15,5**	**17**
Hausschuhe	25	4	3	3
Arbeitsschuhe	50	8	4	4
Sonstige Schuhe	50	8	9	10
Zubehör	10	2	2	2
Summe Sonstige	**135**	**22**	**17**	**19**
Gesamt	**615**	**100**	**100**	**110**

PKA = Pro-Kopf-Ausgaben (alle 82,5 Mio. Einwohner), grob geschätzt, da Daten noch nicht komplett vorlagen

- Diekers ist umsatzschwach bei Herren-Lederschuhen und könnte doppelt so viel Umsatz machen (momentan 8 % Umsatz, die Nachfrage liegt aber bei 17 %). Ebenso bei Sportschuhen, dort wäre ein dreifacher Umsatz möglich (5,5 % gegenüber 15,5 % durchschnittlicher Nachfrage). Die Stärken des Geschäfts liegen insbesondere bei Damen-Lederschuhen und bei Arbeitsschuhen.

- Die richtige Strategie hängt nun von vielen Faktoren ab. Wie groß ist die Fläche des Schuhhauses, welche Vorlieben und Fähigkeiten haben die Inhaber, wie wird die Zukunft (und die erzielte Spanne) von Arbeitsschuhen bei einem Fachhändler gesehen etc.

- Das Sortiment wurde schließlich folgendermaßen verändert: Sportschuhe wurden eliminiert (der Sporthändler vor Ort ist stärker) und das Segment Herrenschuhe ausgebaut. Arbeitsschuhe wurden ebenfalls eliminiert und Hausschuhe verkleinert zugunsten einer stärkeren Damenabteilung.

Beispiel: ABC-Analyse nach Lieferanten

Nr.	Lieferanten	Umsatz T€	Umsatz %	Kumulierter Umsatz %
1	A	184	19	19
2	B	97	10	29
3	C	60	6	35
4	D	57	6	41
5	E	54	5	46
6	F	30	3	49
7	G	29	3	52
8	H	26	3	55
9	I	25	3	57
10	J	22,5	2	60
11	K	21,5	2	62
12	L	14	1	63
13	M	14	1	65
14	N	12	1	66
15	O	10,6	1	67
16	P	10,5	1	68
Rest	Rest	315	32	100
	Summe	**982**	**100**	

- Diese (real existierende) Firma hat sage und schreibe 396 Lieferanten bei nicht einmal 1 Mio. € Umsatz!

- Mit sechs Lieferanten (A-Lieferanten) werden 49 % des Umsatzes erzielt.

- Mit 14 Lieferanten (A-Lieferanten und B-Lieferanten) werden schon zwei Drittel des Umsatzes erzielt.

- Mit den 16 aufgeführten Lieferanten werden 68 % erzielt. Die restlichen 380 Marken (= C-Lieferanten) erzielen also nur noch einen Umsatzanteil von 32 % (!). Der Firma wurde deshalb eine radikale Lieferantenkonzentration auf deutlich weniger als 50 Lieferanten empfohlen.

Beispiel: ABC-Analyse nach Warengruppen

Nr.	WGR	Umsatz T€	Umsatz %	Kumulierter Umsatz %	Kategorie
1	Shirts	380	22	22	A
2	Jeans	330	19	41	A
3	Hosen	290	17	58	A
4	Strick	250	15	73	A
5	Jacken	140	8	81	B
6	Blusen	120	7	88	B
7	Blazer	90	5	93	B
8	Röcke	60	4	97	C
9	Mäntel	40	2	99	C
	Summe	**1.700**	**100**	**(Rundungsfehler)**	

A = Wichtigste Warengruppen, mit denen etwa drei Viertel des Umsatzes erzielt werden (Festlegung der Grenzen erfolgt willkürlich) = Kernsortiment

B = mittlere Warengruppen, 5–10 % Anteil

C = unbedeutende Warengruppen = Randsortiment

Im Regelfall wird absolut wie relativ der größte Profit mit den A-Warengruppen und mit den A-Lieferanten verdient (Kompetenzfrage beim Verbraucher und Degressions- und Lerneffekte beim Einkauf).

4.5.2 Marktanteile

Marktpotenziale (MP)

$$
\begin{aligned}
\text{MP} \qquad\qquad &= \text{Einw} \times \text{KKZ} \times \text{PKA} \\
\text{MP (z.B. HAKA)} &= \text{Einw} \times \text{KKZ} \times \text{PKA (z.B. HAKA)}
\end{aligned}
$$

Einw: Einwohner Standort + Einzugsgebiet
KKZ: GfK- oder BBE-Kaufkraftkennziffer (gesamtdeutsches Niveau)[32]
PKA: aktuellste Pro-Kopf-Ausgabe des interessierenden Bereichs
(siehe dazu Anlage)

Rechenbeispiel:
122.850 Einwohner (Ort + Einzugsgebiet) × 110 % Kaufkraftziffer × 74 € PKA
(DOB) = **10 Mio. €** Marktpotenzial für DOB (= Strick + Wirk + Accessoires)

Marktanteil (MA): Fa. Ladychic führt ausschließlich DOB (Strick, Wirk und Acc.)
und erzielt einen Umsatz von brutto 1 Mio. €.
Der Marktanteil beträgt 10 % (100 % = Marktpotenzial).

$$
\text{MA (DOB)} = \frac{\text{Firmenumsatz (Da-Art.) 1 Mio.} \times 100\,\%}{\text{MP (Da-Art.) 10 Mio.}} = \mathbf{10\,\%}
$$

Der Marktanteil wird manchmal auch zum örtlichen EH-Umsatz (also z.B.
100 % = Kaufkraftbindung im EH mit DOB) in Beziehung gesetzt.

Erfahrungswerte aus der Unternehmensberatung:

Maximaler Marktanteil eines Anbieters (langfristig): **20–25 %**
Platzhirschposition ab   10–20 %

Diese Werte gelten für Klein- und Mittelstädte und nur unter der Voraussetzung, dass der Unternehmer professionelles Marketing betreibt und über eine entsprechend attraktive – möglichst ebenerdige/gerade geschnittene VK-Fläche verfügt. Mindestens vier Anbieter teilen sich also den Markt auf.)

---

[32] Gibt es auch kostenlos bei www.mb-research.de jedes Jahr neu.

Beispiel: Standort Stadt Y, MP = 5 Mio. € für HAKA

maximal MA = 20–25 % vom MP, also 1–1,25 Mio. €

maximal HAKA-Umsatz für Fa. X.

Übliche Raumleistungen in Y (HAKA) = 3.800 €/m². [33]

Flächenbedarf also = 1–1,25 Mio. / 3.800 = **263–329 qm**.

Eine weitere (empirisch nicht gesicherte) Orientierungsregel aus der Beratung/ aus Befragungen ist der Konsumentenwunsch nach

> **mindestens vier Anbietern pro Branche (DOB, HAKA ...) mit jeweils attraktiven VK-Flächen (mindestens 50–100 m²/ebenerdig)**

Es gibt eine weitere Möglichkeit der Splittung des Marktpotenzials nach **Zielgruppen** oder nach **Genres**:

Beispiel: MP Emburg (DOB) =   20,8 Mio. €

Zielgruppe			
1 hochmodisch	= 15 %	→	3,1 Mio. €
2 klassisch	= 20 %	→	4,2 Mio. €
3 sportiv	= 45 %	→	9,4 Mio. €
4 Preiskäufer	= 20 %	→	4,2 Mio. €

Für die Eröffnung eines einzelnen hochmodischen DOB-Geschäfts ergäbe sich – nach obiger Formel – rechnerisch ein maximal möglicher Umsatz von:

20–25 % von 3,1 Mio. €   →   620.000–775.000 €

In Großstädten ist die Beurteilung des Marktpotenzials weniger wichtig; hier kommt es für mittelständische/kleinere Anbieter vor allem auf die Profilierung innerhalb des Straßenzugs an. Die Umsatzchance steigt, je mehr und je positiver man sich von der umliegenden Konkurrenz abhebt. In einer Großstadt entscheiden also vor allem CI und CD sowie das Wecken von Emotionen über den Erfolg, z. B. über die äußere Erscheinung oder die Ladeneinrichtung oder die klare Positionierung einer einzelnen Marke.

---

[33] Diese Zahl kann über das statistische Landesamt erfahren werden (Handels- und Gaststättenzählung 1993, dort wurden Umsätze sowie Verkaufsflächen in m² nach Branchen erhoben). Es fanden inzwischen immer wieder neue Zählungen statt, leider nicht im Detail sortimentsbezogen und auch keinerlei Erhebung der Verkaufsfläche!

Sortimentslücken

Sortimentslücken werden vor allem an der Messzahl „Kaufkraftabfluss pro Warenbereich/Haupt-WGR" deutlich. Diese Zahl gibt an, wie viel potenzieller Umsatz pro Bereich in Nachbarstädte bzw. zu Versendern abfließt. Sie gibt auch an, wie hoch der Widerstand der Konkurrenz bei einem Markteintritt sein wird. Letztlich ist sie auch ein Maßstab für die Attraktivität des örtlichen TEH/SEH.

Versuch einer Kategorisierung von Standorten mittels Kaufkraftabfluss

Kaufkraft-abfluss	Beurteilung	Chance für Existenzgründung
> 70 %	unattraktiver Standort; für einen Einzelnen „schwer was zu machen"*	–
30–70 %	Attraktivitätspotenzial gut, größere Umsatz-sprünge möglich	++
10–30 %	attraktiver Ort, nur noch kleine Lücken (= Nischen) frei	=
unter 10 %/ Zufluss	sehr attraktiver Ort mit Sogwirkung, harter Verdrängungswettbewerb	– –

* meist Vororte oder sehr kleine Orte

Demnach liegen die besten Umsatz- und Gewinnchancen für Existenzgründer tendenziell in Orten mit etwa 10.000 bis 70.000 Einwohnern und mit einem Kaufkraftabfluss von 30 bis 70 %, da dort die Mietpreise noch im günstigen Verhältnis zu Umsatz- und Erfolgs-Planzahlen stehen. Auch ist dort ein interessanteres Umsatzpotenzial vorhanden als in sehr kleinen Orten.

• **Berechnungsbeispiel**

Stadt Nagold bei Stuttgart; (Einzugsgebiet = ca. 72.000 Einwohner mit einer durchschnittlichen Kaufkraft von 108%/Stand 2003)

Kreis	Zurechenbare Gemeinden	Zurechenbare Einwohner	Kaufkraftziffer in %
CW	Nagold + Stadtteile	22.500	108,0
CW	Altensteig	10.801	103,8
CW	Ebhausen	4.751	103,8
CW	Egenhausen	1.901	103,8
CW	Haiterbach	5.735	103,8
CW	Rohrdorf	1.948	103,8
CW	Wildberg (50%)	5.088	103,8
CW	Gaugenwald		
CW	Martinsmoos (50%)	700	103,8
FDS	Talheim (2/3)	1.000	101,3
FDS	Grömbach	642	101,3
BB	Mötzingen	3.502	118,5
BB	Bondorf (50%)	2.465	118,5
BB	Jettingen	7.183	118,5
BB	Gäufelden (1/3)	2.942	118,5
TÜ	Baisingen		
TÜ	Göttelfingen anteilig	600	99,7
	Summe	**71.758**	**108,3**

Auswertungsbereiche Einzugsgebiet Nagold:

Einzugsgebiet EZG Nagold + Umland:	71.758 Einwohner
durchschnittliche Kaufkraft in diesem Gebiet (KKZ):	108,3%
Pro-Kopf-Ausgabe HAKA in € p. a. (PKA):	151 (Bundesdurch-schnitt)

a) **Marktpotenzial (MP)** errechnen

$$\text{Marktpotenzial}_X = \text{Einwohner EZG} \times \text{KKZ} \times \text{PKA}_X$$

$$MP_{HAKA} = 71.758 \times 1,083 \times 151\,€ = \textbf{11,7 Mio. €*}$$

(= maximaler rechnerischer Umsatz mit HAKA auf allen HAKA-Flächen in Nagold = 100%-Basis für alle weiteren Berechnungen)[34]

b) **Maximalen Marktanteil (MA)** errechnen

max. 20–25% vom MP (für *eine* Firma in Klein- und Mittelstädten)

$$
\begin{aligned}
11{,}7\ \text{Mio.} &= 100\% \\
X &= 20\text{–}25\%
\end{aligned}
$$

$$X = \text{maximaler MA} = \textbf{2,4–2,9 Mio. €}$$

c) **Ist-Marktanteil (MA)** eines Unternehmens errechnen

Angenommen, Firma XY in Nagold erzielt 1 Mio. Umsatz mit HAKA (geschätzt). Wie hoch ist dann ihr Marktanteil?

$$
\begin{aligned}
11{,}7\ \text{Mio.} &= 100\% \\
1{,}0\ \text{Mio.} &= X\%
\end{aligned}
$$

$$X\% = MA_{XY} = \textbf{8,5\%}$$

---

[34] Genaue Zahl: 11.734.801 €. Diese bildet die Grundlage für alle weiteren Berechnungen. Dargestellt wird jedoch immer nur der gerundete Wert 11,7 Mio.

d) **Umsatzreserven** eines Unternehmens ermitteln

Wie viele Umsatzreserven sind bei Firma XY – ausgehend von den Beispielen b) und c) – in der HAKA noch vorhanden?

$$\text{maximaler MA (b)} = 2{,}4\text{–}2{,}9 \text{ Mio. €}$$
$$\text{Ist-Umsatz XY} = 1{,}0 \text{ Mio. €}$$

$$\text{Umsatzreserve (Differenz)} = \textbf{1,4–1,9 Mio. €}$$

(aber nur, wenn *alle* Genres und Zielgruppen angesprochen werden)

e) **Maximalen Marktanteil (MA) pro Marktsegment** errechnen

Beispiel: Marktsegment **hochpreisig**:

→ wertmäßiger Anteil im Bundesdurchschnitt liegt bei etwa 20 %

$$MP_{HAKA} \times 0{,}20 = 11{,}7 \text{ Mio.} \times 0{,}2 = \textbf{2,34 Mio. €}$$

→ das Marktpotenzial MP für den hochpreisigen Markt liegt durchschnittlich bei etwa **2,3 Mio. €**. Diesen Wert kann man wiederum auf b) anwenden.

---

maximal 20–25 % vom MP (für *eine* Firma in Klein- und Mittelstädten)

$$2{,}3 \text{ Mio.} = 100 \%$$
$$X = 20\text{–}25 \%$$

$$X = \text{maximaler MA}_{HAKA \text{ hochpreisig}} = \textbf{0,47–0,59 Mio. €}$$

Also kann ein Anbieter maximal 0,6 Mio. € in Nagold mit hochpreisiger HAKA erzielen. In Ausnahmefällen ist auch mal ein etwas höherer Wert in kleineren Marktsegmenten möglich, wenn die Konkurrenz schwach ist.

f) **Flächenbedarf** errechnen

Um ein neues HAKA-Ladenlokal in Nagold zu eröffnen, kann der maximale Flächenbedarf so ermittelt werden:

Maximaler Umsatz (aus b oder e) : Plan-m²-Umsatz

Ø Umsatz/m² HAKA in Nagold laut HGZ = 3.600 €/m²

Alle Zielgruppen:
2,4–2,9 Mio. €   (aus b) : 3.600 = **667–805 m²** Verkaufsfläche

Nur hochpreisig:
0,47–0,59 Mio. € (aus e) : 3.600 = **130–212 m²** Verkaufsfläche

(möglichst 1a-Lage, ebenerdiger Verkaufsraum, nach 2 bis 3 Jahren Aufbau)

g) **Kaufkraftbindung KKB** ermitteln

→ geschätzter HAKA-Umsatz in Nagold 2002 (alle Flächen inkl. Aldi)
   = **4,4 Mio. €** (entspricht der gebundenen Kaufkraft HAKA)

$$\text{Kaufkraftbindung}_{\text{HAKA Nagold}} = 4,4 \text{ Mio.} = \text{X}\%$$
$$\text{MP}_{\text{HAKA}} = 11,7 \text{ Mio.} = 100\%$$

$$\text{X}\% = \mathbf{37\%}$$

h) **Kaufkraftabfluss KKA** ermitteln

   KK-Abfluss = MP 11,7 Mio. – KKB 4,4 Mio. = **7,4* Mio. € = 63%**

(* 0,1 Mio. Differenz resultiert aus Rundungsfehlern; Wert wurde genau gerechnet)

→ 63 von 100 Kunden im Nagolder Einzugsgebiet kaufen also außerhalb dieses Einzugsgebiets HAKA ein. Die Abflussstruktur (63%) sieht (nach Umfragen und vorliegenden Sekundärstatistiken) etwa so aus:

- 1%   gehen zum Versandhandel/Internet
- 8%   gehen zu C & A (v. a. Böblingen, Stuttgart)
- ca. 15% gehen ins Umland innerhalb des Einzugsgebiets (Altensteig, Wild-
            berg usw.)
- ca. 30% gehen in attraktive Städte (Stuttgart, Böblingen, Sindelfingen, Reut-
            lingen etc.)

Auf den folgenden Seiten soll diese Rechenweise konkret auf ein einzelnes
Sortiment eines Händlers übertragen werden.

- **Marktanteile nach Warengruppen** (Beispiel)

Marktpotenzialsberechnung – (c) Dipl.-Kfm. Peter Anklam Nagold 2005						
Firma:		**Müller**				
Standort:		Emburg	Einwohner:	20.849	Kaufkraft:	0,96
Standort + Einzugsgebiet:		Emburg	Einwohner:	110.027	Kaufkraft:	0,933
Landkreis:		XY	Einwohner:	180.000	Kaufkraft:	0,95
Maximaler Marktanteil in %:		25	Tourist. Wert	0		
	PKA 2005 **in €**	**MP Stand-ort T€**	**MP STO + EZG** **T€**	**Maxi-maler MA Fa.** **in €**	**Ist-MA 2005** **in T€**	**Ist-MA 2005** **in %**
Da-Mäntel	12	240	1.232	308	6,4	0,5
Da-Jacke/Weste Outdoor	21	420	2.156	539	62,8	2,9
Da-Kostüm/Kombi	7	140	719	180	0,0	0,0
Da-Kleider	13	260	1.335	334	1,6	0,1
Da-Jacken/Blazer/ W. Indoor	27	540	2.772	693	110,6	4,0
DOB I (Outdoor + Konfektion)	**81**	**1.621**	**8.315**	**2.079**	**181,4**	**2,2**
Da-Röcke	14	280	1.437	359	6,9	0,5
Da-Hosen + Jeans	69	1.381	7.083	1.771	146,5	2,1
Da-Jeans						
Da-Blusen	35	701	3.593	898	44,4	1,2
DOB II (Chosen/Einzelteile)	**117**	**2.342**	**12.011**	**3.003**	**197,8**	**1,6**
Da-Strick	39	781	4.004	1.001	104,6	2,6
Da-Shirts/Sweats/Polos	22	440	2.258	565	130,8	5,8
Da-Accessoires Mode	6	120	616	154	3,5	0,6
Da-Artikel	**67**	**1.341**	**6.878**	**1.719**	**238,9**	**3,5**
DOB Gesamt	**265**	**5.304**	**27.204**	**6.801**	**618,1**	**2,3**
Gesamt	**265**	**5.304**	**27.204**	**6.801**	**618**	**2,3**

Legende:	PKA	Pro-Kopf-Ausgabe in €
	MP	Marktpotenzial (100 %)
	STO	Standort
	MA	Marktanteil
	EZG	Einzugsgebiet
	Bekl.	Bekleidung
	Lkrs.	Landkreis
	Wä/Str.	Wäsche/Strümpfe

Das Unternehmen Müller führt ein reines DOB-Sortiment und spricht vor allem die ältere Zielgruppe ab 45 Jahre aufwärts an. Müller erzielt einen Umsatz in Höhe von 618.000 € (bei Strick z. B. 104.600 €). Die Region ist eher ländlich, und Müller befindet sich in der Ib-Lage.

Ab 10 % Marktanteil aufwärts kann man von einer „Platzhirschposition" sprechen. Dies wird bei Müller zur Zeit in keiner Warengruppe erreicht. Man kommt in den für den Verbraucher spürbaren Bereich ab einem Marktanteil von rund 5 % und besitzt dann erst eine gewisse Kompetenz, sodass man unter den Top-5-Anbietern bei Umfragen genannt wird.

Diese Mindestkompetenz wird zur Zeit nur in folgenden Abteilungen erreicht **(Stärke)**:

Da-Shirts / Sweats / Polos	5,8 %	(jeder 17. Einwohner)
Da-Jacken / Blazer Indoor	4,0 %	(jeder 25. Einwohner)

Besonders **schwach** ist der Marktanteil innerhalb der DOB bei

Kleidern	0,1 %	(jeder 1.000. kauft dies bei Müller)
Mänteln	0,5 %	(jeder 200. kauft)
Röcken	0,5 %	(jeder 200. kauft)
Accessoires	0,6 %	(jeder 167. kauft)
Blusen	1,2 %	(jeder 83. kauft)

Gerade bei Röcken und Blusen darf man in Anbetracht der älteren Zielgruppe mehr Kompetenz erwarten (mindestens einen Marktanteil über dem Hausdurchschnitt von 2,3 %).

Abschließend ergeben sich rechnerisch folgende Umsatzreserven, wenn man von der vorhandenen und begrenzten Verkaufsfläche und von einem m²-Umsatz von 2.000 €/m² (realistisch zum bisherigen Wert) ausgeht:

DOB   540 m²   1,1 Mio. € (bisher 0,6 Mio. €)

D-Outdoor/Konfektion 170 m²   0,3 Mio. € (bisher 0,18 Mio. €)
D-Chosen   240 m²   0,5 Mio. € (bisher 0,2 Mio. €)
D-Artikel   130 m²   0,3 Mio. € (bisher 0,24 Mio. €)

- **Marktanteile nach Zielgruppen**

Zur Vorbereitung wurden die Umsätze der Lieferanten (aus der Lieferanten-KER) nach Zielgruppen sortiert und dann entsprechend addiert.

	PKA 2005 in €	MP Standort T€	MP STO + EZG T€	Maxi-maler MA Fa. in €	Ist-MA 2005 in T€	Ist-MA 2005 in %
Junge Mode	74	1.481	7.596	1.899	43	0,6
Modern Woman	82	1.641	8.418	2.104	270	3,2
(Modern) Classic	74	1.481	7.596	1.899	310	4,1
Premium/High Fashion	19	380	1.950	488	0	0,0
Streetwear/Clubwear/Hiphop	16	320	1.642	411	0	0,0
	265	5.304	27.204	6.801	623	2,3

Hinweis: Die Pro-Kopf-Ausgaben nach Zielgruppen haben sich inzwischen leicht verschoben.

- In keiner Zielgruppe wird der erforderliche Marktanteil von 5 % (um zu den Top-Anbietern am Standort zu gehören), erreicht. Nur in der Classic-Abteilung erreicht man immerhin 4,1 % (jeder 24. im Einzugsgebiet kauft bei Müller). Bei Modern Woman erreicht man 3,2 % (jeder 31.). Junge Mode/Kommerz ist indiskutabel mit nur 0,6 % (nur jeder 167. kauft!).

- Langfristig zu empfehlen ist der radikale Schnitt und die Konzentration auf nur noch eine Zielgruppe (z.B. nur Classic oder nur Modern Woman), um dort dann auf weit über 5 % Marktanteil zu kommen und um von den Kunden endlich (wieder) registriert zu werden.

- Mittelfristig gesehen sollte man zunächst nicht die Stammkunden verprellen und eine moderate Lösung finden.

4.5.3 Sortimentsportfolio

Der Begriff Portfolio[35] lehnt sich an den Begriff „Portefeuille" (= Geschäftsbereich/Ressort eines Ministers) an. Hier geht es um die Geschäftsbereiche einer Einzelhandels-Unternehmung, sprich die sogenannten SGEs (Strategische Geschäftseinheiten), mit denen man strategisch plant. Zu planende SGEs können sein:

- Warenbereiche/Abteilungen (z. B. DOB, HAKA etc. bzw. HAKA Outdoor, Herren Artikel etc.)
- Zielgruppen (1–4) oder Lieferantenbündel (z. B. Classic, Modern Woman, ...)
- Filialen (1, 2, ..., n)
- Preislagen (niedrig, mittel, hoch)
- Größenbereiche (normal, Rand, Spezial)
- Standorte (A, B, C)
- Betriebsformen (X, Y, Z)
- Personalgruppen

Portfoliotechnik soll dabei helfen, herauszufinden, welches die optimale Strategie-Alternativen-Kombination für die Unternehmung bzw. für einzelne SGEs ist. Dabei wird auf zwei Schlüsselfaktoren, z. B. Marktwachstum/Markttrend (= Chancen und Risiken) und Marktanteil (= Stärken und Schwächen) oder auch Marktattraktivität und Wettbewerbsstärke, besonderer Wert gelegt. Diese werden dann durch ein Portfolio mittels zweier Achsen dargestellt. Dazu werden noch die Umsatzanteile berücksichtigt, damit die Wichtigkeit der SGEs erkannt werden können. Das Portfolio besitzt einen hohen didaktischen Wert und findet immer mehr Anwendung, da damit viele komplexe Daten zur Marktpositionierung einer Unternehmung auf engstem Raum grafisch übersichtlich dargestellt werden können und somit eine wertvolle Diskussionsgrundlage für Strategien liefert.

Kernidee der Wahl ausgerechnet der beiden Kriterien Markttrend und Marktanteil ist, dass die Kosten in der Unternehmung bzw. pro SGE bei zunehmender

---

[35] Das Portfolio wurde in den 1970er Jahren von der US-amerikanischen Beratungsgesellschaft BCG (Boston Consulting Group) für Beratungszwecke entwickelt (vor allem für Industriebetriebe).

Absatzerfahrung (Erfahrungen im Bereich Verkauf, Beratung, Beschaffung, Lagerhaltung, Kundenverhalten etc.) erheblich zurückgehen (Kostendegression); vorausgesetzt wird, dass das Erfahrungspotenzial auch genutzt wird (rationale Vorgehensweise). Daraus wäre abzuleiten, dass mit höherem Marktanteil (resultierend aus der größeren Absatzerfahrung) automatisch eine günstigere Position erreicht wird unter der Bedingung eines gewinnorientierten Wirtschaftens. Das wird durch die PIMS-Studie belegt, die besagt, dass der Marktanteil abhängig ist von der Rentabilität und umgekehrt.[36]

Auch durch positives Marktwachstum – beispielsweise wenn innerhalb des Warenbereichs HAKA die Branchen-Markttendenz steigend ist – kann die Position des SGEs günstig erscheinen. Optimale Voraussetzung für den Ausbau einer SGE wäre also ein positives Branchen-Marktwachstum dieser SGE (allgemein oder bezüglich der Region) sowie ein bereits relativ starker Marktanteil der Unternehmung bei dieser SGE, da hier der potenzielle Erfolg am größten ist.

So wäre beispielsweise eine Ausbau-Strategie für avantgardistische Mode zu empfehlen, wenn die Zielgruppe der Avantgardisten ständig wächst und das eigene Geschäft am Standort bereits umsatzmäßiger Marktführer in diesem Bereich ist. Oder man würde eine Abbau-Strategie empfehlen, wenn man erkennt, dass der Handarbeitsmarkt stagniert / stark zurückgeht und das eigene Geschäft bei acht Handarbeits-Konkurrenten nur etwa 3 % des Standortumsatzes mit Handarbeiten bestreitet. Dies wird zurzeit ohne Portfoliomethode in der Tendenz dem Unternehmer genauso ersichtlich, jedoch bietet das Portfolio gegenüber der „gefühlsmäßigen Methode" folgende Vorteile:

- objektive Methode, für alle Mitarbeiter gleich ersichtlich
- vergleichsweise detailliertere Aussagen sind möglich
- rationales Entscheidungsinstrument
- hoher didaktischer Wert, Komprimierung von komplexen Daten auf zwei einfachen Ebenen
- Diskussionsgrundlage und „strategisches Reißbrett"
- Berücksichtigung von internen und externen Daten
- Fehlentscheidungen werden weiter eingegrenzt, da ungünstige Positionen aufgedeckt und fixiert werden

---

[36] Vgl. Grimm, U.: Strategische Faktoren, S. 38 ff.; Greipl, E.: Marktanteile, S. 101 ff.

- **Entwicklung eines Portfolios**

Die Entwicklung eines **Sortiments-Portfolios** vollzieht sich in fünf Schritten (bei Zielgruppen- oder Personalportfolios sind bei (1) bis (3) entsprechend andere Kriterien anzulegen):

(1) Koordinatensystem zeichnen – Längs-Achse Markttrend und nach links zeigende Quer-Achse Marktanteil
(2) Positionierung des Markttrends der SGEs und der Durchschnittsachse in Höhe der Inflationsrate (Y-Achse)
(3) Positionierung der Marktanteile der SGEs und der Durchschnittsachse bei dem durchschnittlichen Markanteil des Sortiments der Firma (X-Achse)
(4) pro SGE: Verbindung der beiden Achsenwerte X und Y
(5) Einzeichnen der Kugeln – Kugelgröße richtet sich nach dem Umsatzanteil der SGE
(6) Bezeichnung der Quadranten (Stars, ...) und Folgerungen

Aus Textilmarktdaten, die z. B. über BBE/BTE erhältlich sind, können Trends für SGEs berechnet werden. In relativ unkomplizierter Weise kann dies geschehen für Warenbereiche (DOB, HAKA, ...), für Warengruppen und für Betriebsformen. Problematisch dagegen ist es, Trends für Zielgruppen zu errechnen, da der Planende unter der Konstellation der Zielgruppe etwas anderes verstehen kann als derjenige, der die Zielgruppendaten erhebt. Das hängt damit zusammen, dass ein ZIEL subjektiv gesetzt wird und ein abstrakter Begriff ist. Das gleiche gilt für eine Zielgruppe (die Gruppe, auf die „gezielt" wird), die „Gruppenmitglieder" sind zwar wahrnehmbar, der Umfang der Gruppe wird aber durch das abstrakte Ziel bestimmt. Auch werden Zielgruppen durch Befragungen bestimmt. Nun entspricht die geäußerte Einstellung von Befragten nicht immer ihrem tatsächlichen Verhalten.

Für Warenbereichs-Portfolios gilt Folgendes:

SGE-Ebene	Strategische Ist-Analyse	Strategische Planung und Prognose
Warenbereich (z. B. DOB, DOB I)	möglich	möglich
Haupt-WGR (z. B. DOB-Strick, Hosen)	möglich	bedingt möglich
Warengruppe (z. B. Shorts, Kleider)	bedingt möglich	nicht möglich

Beträgt z. B. das Marktvolumen für den Warenbereich X im Jahr 2001 3,3 Mrd. €
und im Jahr 2006 3,9 Mrd. €, so erhielte man einen Trendindex von 118 % nach
der Formel:

$$118{,}18\,\% \text{ (Trend 2001–2006)} = \frac{3{,}9 \text{ Mrd. € (2006)} \times 100\,\%}{3{,}3 \text{ Mrd. € (2001)}}$$

Lag die kumulierte Inflationsrate im Zeitraum 2001–2006 bei 7 % (also Index
107 %), so ist der Markt X nominal um 18 %, real nur um 11 % gewachsen. Der
Betrachtungszeitraum soll etwa drei bis fünf Jahre betragen, und die Daten
sollten möglichst aktuell sein (evtl. geschätzt).

Trendwerte über dem Inflationsindex bedeuten dabei eine günstige Markt-
wachstums-Position, Trendwerte darunter eine ungünstige. Um aussagekräfti-
gere Werte zu erhalten, müsste eine statistisch exaktere Methode (z. B. Re-
gressionsanalyse) vorgenommen werden. Denn bei dem obigen Trendindex ist
nicht berücksichtigt, ob im Anfangsjahr des Betrachtungszeitraums z. B. ein
konjunkturelles Tief war („Ausreißer"). Darauf soll aber im Rahmen dieser Arbeit verzichtet werden. Zwei einfachere Wege werden deshalb vorgeschlagen:

- Prognose-Trendwerte aus dem BBE-Branchenreport, BTE-Veröffentlichun-
  gen etc. entnehmen
- Aufzeichnen einer Skizze der letzten vier bis Jahre mit den einzelnen SGE-
  Entwicklungen zur realistischen Beurteilung des Trendindexes
- einfachere Einstufung des Trends, z. B. in ++, +, Ø, −, − −

Die Unternehmung kann nach ihrem relativen oder absoluten Marktanteil positioniert werden (relativ: Umsatz der Unternehmung in Bezug zum Umsatz des
Konkurrenten; absolut: Umsatz der Unternehmung in Bezug zum Marktpotenzial oder zur Kaufkraftbindung). Dabei sind vier Fälle zu unterscheiden:

- Geschäft ist bereits vorhanden:
  Eigener SGE-Umsatz (z. B. Umsatz der DOB) ist bekannt, dieser wird in das
  Verhältnis zum SGE-Marktpotenzial bzw. Standortumsatz bzw. SGE-Umsatz
  des Konkurrenten gesetzt.

- Neueröffnung:
  Der mögliche eigene SGE-Umsatz, der sich aus den Standort-Marktlücken und aus der Planfläche errechnet, wird auf das Marktpotenzial bzw. den Standortumsatz bezogen.
- Bei überschaubarer Konkurrenz und Bekanntheit der Konkurrenten-Daten: SGE-Vergleich des wichtigsten Konkurrenten zur eigenen Unternehmung bzw. Marktanteil in Bezug zur SGE-Kaufkraftbindung errechnen.
- Bei nicht überschaubarer Konkurrenz oder unbekannten Konkurrentendaten: Marktanteil relativ zum Marktpotenzial errechnen.

Die Durchschnittsachse bei „Marktanteil" ist dort zu ziehen, wo der durchschnittliche Marktanteil des Sortiments der Unternehmung im Bezug zum relevanten Marktpotenzial liegt (z. B. die Firma führt HAKA, DOB und KIKO, Marktanteil = Gesamtumsatz der Firma in Bezug zum Marktpotenzial für HAKA, DOB, KIKO). Dadurch werden dann die **relativen Sortimentsstärken und -schwächen** sichtbar. In Großstädten werden diese Marktanteile klein sein (z. B. 0,2 %), in Klein- und Mittelstädten kann man von Marktführerschaft bei Werten von 10–30 % sprechen. Werte über 30 % kommen sehr selten vor (unter Berücksichtigung eines nachfrageorientiert berechneten Einzugsgebiets).

Die Kugelgröße soll der Umsatzbedeutung entsprechen. Wenn also der Umsatz der Abteilung laut KER X 500.000 €, der Abteilung Y 200.000 € ist, so könnte man z. B. die „Kugel X" mit 5 cm, die „Kugel Y" mit 2 cm Durchmesser gestalten. So werden im Portfolio Hauptumsatzträger ersichtlich.

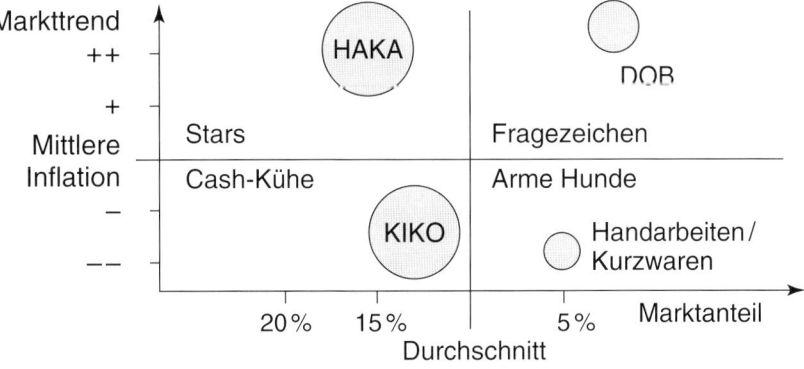

Abb.: Sortiments-Portfolio[37]

---

[37] Vgl. Hedley, D.: Portfolio, S. 10 ff.

Das BCG-Portfolio besteht aus vier Quadranten, den „Stars", den „Cashcows, den „Question Marks" und den „Poor Dogs". Hätte z. B. die SGE HAKA-Kleidung einen Markttrend von 110 % und die eigene Unternehmung wäre am Standort Marktführer mit einem Marktanteil von 18 % und einem Umsatzanteil von 40 % laut KER, dann wäre die SGE HAKA bei dem Quadrant „Stars" zu positionieren, dem günstigsten Quadranten (größte Stärke und größte Chance). Zusätzlich könnte man in die SGE-Kugel den Deckungsbeitrag einzeichnen.

Folgendes Standard-Auswertungstableau macht das Portfolio komplett:

Quadrant	Inves-tition	Um-satz	Strategie-empfehlung	Durchführung und Probleme	Entwicklungs-möglichkeit
Stars	+	+	Wachsen	Marketing steigern, Niedrigpreise, um Markt-anteil zu erhöhen, großzügige Investitionen, klotzen statt kleckern, Varianten entwickeln	Stars werden zu Cashcows
Cashcows	−	+	Ernten	Marketing senken, Ersatzinvestitionen, Preissteigerungen	Cashcows werden zu Poor Dogs
Question Marks	+ − =	−	Double or quit	Entscheidungsproblem „Rein oder Raus?", Nachwuchs oder „Schwarzes Schaf"	Stars, Poor Dogs, Liquidation
Poor Dogs	−	−	Desinves-tition	Liquidation / Differenzierung / Fokussierung / Synergieeffekte?	Poor Dogs werden zu Cashcows, Liquidität

− : relativ klein / senken
= : mittel / halten
+ : relativ groß / steigern

Abb.: Strategieempfehlungen

Analog dazu kann statt mit Warenbereichen mit anderen SGEs verfahren wer-den. So kann ein Filialist z. B. ein Portfolio für seine Filialen (Kriterien: Umsatz-entwicklung – längs – und Marktanteil bzw. Rendite – quer –) erstellen, wobei eine SGE-Kugel eine Filiale darstellt. Er kann dann übersichtlich erkennen, welche Filialen ausbaufähig erscheinen und welche mittelfristig aufgelöst wer-den sollen. Ein Konzern kann dies z. B. mit seinen verschiedenen Vertriebs-schienen tun.

- **Interpretation und Kritik**

Größtes Problem ist wohl nicht die eigene Positionierung, sondern die Berechnung des Markttrends der SGE, also die Prognosequalität. Dieses Problem ist bereits diskutiert worden („besser eine vage Planung als gar keine, damit man daraus lernen kann").

Weiterhin besticht das Argument, dass der Einzelhandel so flexibel sei, dass er gar keine Strategie-Anweisung oder Empfehlung braucht, z. B. könne er die fehlende Strategie durch mehr Nachorder ausgleichen. Hier sollte man zwischen dem operativen Lagerdenken und der strategischen Sichtweise differenzieren. Tatsache ist, dass die Unternehmung durch ein Marketingkonzept langfristig gebunden ist durch

- beschränkte Nachordermöglichkeiten
- ein fest sitzendes Image
- eine Ladeneinrichtung, mit der man sich für die nächsten Jahre festgelegt hat
- Altware, die nicht einfach unter den Tisch gekehrt werden kann
- Investitionen in Werbung, die sonst hinfällig würden
- Unternehmerpersönlichkeit / Ziele, die oft starr bleiben

Weiterhin können gegenüber einem Portfolio folgende Kritikpunkte geäußert werden:

- Es ist fraglich, ob die Erfahrungskurve, die die Grundlage für die Marktanteilspositionierung darstellt, für den Outfit-Einzelhandel gültig ist, da beispielsweise auch „Newcomer" ohne Absatzerfahrung hohe Marktanteile erringen und „Alte Hasen" trotz hoher Absatzerfahrung immer wieder Fehler machen und bei einem bescheidenen Marktanteil verbleiben.
  Dem ist entgegenzuhalten, dass im ersten Fall trotzdem erst eine gewisse Absatzmenge bzw. Absatzwert-Summe (also Absatzerfahrung) erreicht werden muss, um einen bestimmten Marktanteil zu erringen. Im zweiten Fall wurde die Voraussetzung des Erfahrungskurven-Nutzeffekts, nämlich rationelles Management, d. h. konsequentes Verbessern der Fehler / Umsetzen der Erfahrungen für die nächste Planung, nicht eingehalten.
- Linearität (Erfahrungskurve, Trendentwicklungen) kommt in der Modebranche selten vor (sprunghafte Entwicklungen auf WGR und evtl. HWGR-Ebene, die nicht prognostizierbar sind).
- Nachprüfbarkeit und Zurechenbarkeit (insbesondere bei den Zielgruppen).

- Preissteigerungen und Kostensteigerungen, die nicht vorhersehbar sind.
- Die Grundlage des BCG-Portfolios, die Preis-Absatz-Funktion (hoher Preis → niedrige Absatzmenge, niedriger Preis → hohe Absatzmenge), ist eine abstrakte Funktion, die noch von zu vielen anderen Faktoren abhängt.
- Verbundeffekte der Waren werden nicht berücksichtigt (HAKA und Herrenwäsche passen beispielsweise besser zusammen als Heimtextilien und DOB), also der harmonische Zusammenhang der SGEs.
- Versorgungseffekte werden nicht berücksichtigt (so führt z. B. die Eliminierung von Kurzwaren eines Vollsortimenters im ländlichen Bereich zum Gesamtumsatzrückgang bei allen anderen Warenbereichen wie Heimtex, DOB, KIKO etc.).

Aus diesen Gründen empfiehlt es sich, das Portfolio als Management-Instrument nicht vorbehaltlos anzuwenden und blind den Strategieempfehlungen zu vertrauen, sondern dieses Instrument als unterstützendes Hilfsmittel zur strategischen Planung einzusetzen und nützliche Hinweise daraus aufzunehmen und zu verarbeiten.

Beispiel:

Portfolio (Fa. X)

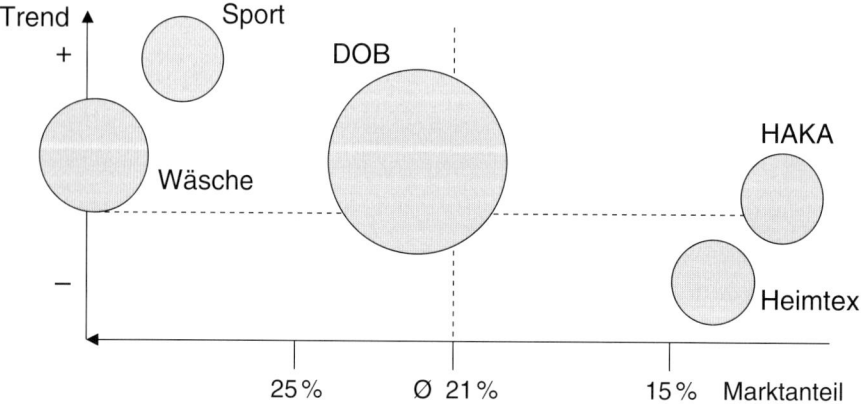

Datenbasis:

Umsätze (Mio. €):	DOB 2,8 – HAKA 0,9 – Wäsche 1,1 – Sport 0,9 – Heimtex 0,5
Marktpotenziale (Mio. €):	DOB 13 – HAKA 7,5 – Wäsche 3,3 – Sport 3,3 – Heimtex 3,5
Trendindex PKA:	DOB 102 % – HAKA 101 % – Wäsche 102 % – Sport 105 % – Heimtex 97 %
Rechenbeispiel:	Marktanteil DOB = 2,8 Mio. Umsatz : 13 Mio. MP = **21,5 %**

Wäsche/Sport: Befinden sich im Star-Bereich, müssten also ausgebaut werden (guter Trend im Markt, hohe Kompetenz im Sortiment, be-
liebt bei Kunden). Allerdings liegt der Marktanteil schon über
25%, insofern sind kaum Umsatzsteigerungen möglich.
→ Empfehlung: gute Position verteidigen.

DOB: Abwartende Haltung, momentan nichts verändern, da keine
eindeutige Position (Tendenz zum Star). Sollte der Markttrend
DOB insgesamt abrutschen, dann ist die DOB eine Cashcow,
in die dann nur noch sehr vorsichtig investiert werden sollte.

HAKA: Questionmark-Bereich, Strategie lautet: „double or quit".
Wenn mehr Fläche gewonnen werden kann (z.B. Kauf des
Nachbarhauses), dann HAKA Fläche deutlich erweitern. Wenn
nicht, dann eher abbauen oder eliminieren, denn die Kompetenz reicht nicht aus. Flächen werden sinnvoller und rentabler
für Stars verwendet.

Heimtex: Ist in diesem Beispiel der Poor Dog; unkompetente Abteilung,
kaum ein Kunde kommt wegen Heimtex. Zudem fallender Markttrend:
→ Empfehlung: Auf dieses Segment verzichten.
→ Heimtex-Fläche ist frei geworden für Ausbau der HAKA-
oder der DOB-Abteilung. Um diese Entscheidung zu fällen,
sind eine nähere Standortanalyse (Mitbewerbersortimente,
Kaufkraftbindung) und eine interne Rentabilitätsanalyse
(KER etc. ...) notwendig.

• Andere Portfolio-Arten

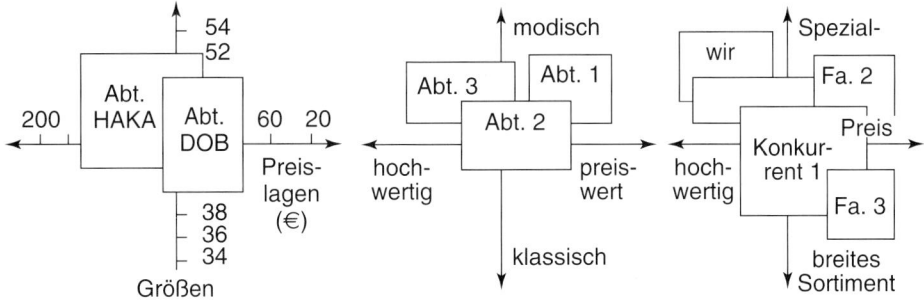

Abb.: Segmentanalyse des Sortiments/der Zielgruppe/des Standorts

Mithilfe solcher zweidimensionaler Segmentanalysen ist es möglich, optisch Lücken im Sortiment, bei Zielgruppen oder im Standortmarkt zu erkennen. So können durchaus Anregungen gefunden werden, z. B. bei der HAKA auch Übergrößen aufzunehmen, in der Wäsche-Abteilung auch untere Preislagen dazuzunehmen bzw. ein neues Geschäft im Standort mit spezialisiertem und die Preiskäufer ansprechende Sortiment zu eröffnen. Auch können z. B. Lieferanten nach den Kriterien Preis und Mode positioniert werden.

4.6 Verbundanalyse nach Warengruppen

Die Verbundanalyse untersucht den Zusammenhang zwischen zwei Warengruppen (Korrelation): Inwieweit hängt der Umsatz z. B. von Hemden mit dem Umsatz von Krawatten ab? Diese Verbindung wird intensiver sein als zwischen Hemden und Outdoor-Jacken. Untersucht wird also:

Warengruppe WGR X ↔ Warengruppe WGR Y

Dadurch erhält man Erkenntnisse über:

- Möglichkeiten des Zusatzverkaufs
- sinnvolle Zusammenführung von WGR bei der Präsentation und Werbung
- Multiplikationsmöglichkeiten bei Sonderangeboten
- Verbundeffekte von WGR, evtl. wird das falsche Entfernen einer WGR durch schlechte Kennzahlen verhindert

Beispiel einer einfachen Kassenzettelanalyse:

VK-Datum 10.10.

Pos. 1 (1. Kunde): 1 Hemd (WGR 220) für 45 €
Pos. 2 (2. Kunde): 1 Hemd für 69 €, 1 Krawatte (WGR 250) 49 €
Pos. 3:   1 Hose (WGR 230) 75 €, 1 Jacke (WGR 212) 219 €
Pos. 4:   1 Hemd 59 €, 1 Hose 119 €
Pos. 5:   1 Hemd 59 €, 1 Krawatte 49 €, 1 Pulli 79 €
Pos. 6:   1 Krawatte 39 €, 1 Hemd 49 €

WGR	Hemd	Hose	Krawatte	Jacke	Pulli
Hemd	I	I	I I I		I
Hose	I			I	
Krawatte	I I I				I
Jacke		I			
Pulli	I		I		

Hier ist schon abzusehen, dass zum Hemd gerne eine Krawatte gekauft wird, während die Kombination von Jacke und Krawatte nicht vorkam. Um repräsentative Werte zu erreichen, müsste man eine Untersuchung über einen längeren Zeitraum durchführen. Jedoch verliert man bei Hunderten von Kunden bzw. Tagen den Überblick, sodass eine statistische Auswertung nötig wird – im einfachsten Fall mit einer zweidimensionalen Strichliste, besser mit mathematischen Kennzahlen.

Auswertung z. B. nach 100 Kunden (Stück):

WGR	Hemd	Hose	Krawatte	Jacke	Kombikauf
Hemd	25	10	20	2	32
Hose		12	–	5	15
Krawatte			5	–	20
Jacke				10	7
Summe	**57**	**27**	**25**	**17**	**126**

Gesamt: 126 Teile wurden an 100 zahlende Kunden verkauft. Also war etwa jeder vierte Kauf ein Kauf mit mehreren Teilen.

Hemd: Es wurden 57 Hemden verkauft, darunter 25 einzeln, zehn zusammen mit einer Hose, 20 mit einer Krawatte und zwei parallel zu einer Jacke (also 32 Hemden in Kombination mit anderen Artikeln).

Krawatte: 25 verkauft, davon nur fünf einzeln, die restlichen zusammen mit anderen Artikeln, vornehmlich Hemden etc. ...

Ergebnis

Man müsste also demnach die Krawatten möglichst nah bei den Hemden platzieren, während die Jacken auch losgelöst von den anderen WGR präsentiert werden können.

Diese Analyse sagt nun leider nichts aus über die Beziehung.

Ursache   ↔   Wirkung

Man weiß also nicht, welche Warengruppe den Kombi-Kauf eher ausgelöst hat (wäre wichtig für die Werbung).

In der Zukunft sind Warenwirtschaftssysteme denkbar, die solche Verbundanalysen auswerten können, sozusagen als Abfallprodukt der Verkaufserfassung und -statistik. Dazu müssen die Etiketten der zusammen verkauften Teile auch zusammen (unter einer Positionsnummer) erfasst werden. Die Auswertung könnte mithilfe des Korrelationskoeffizienten (statistische Kennzahl) erfolgen. Dies ist trotz mehrmaliger Hinweise nach m. E. bei allen führenden Warenwirtschafts-Standardlösungen für den Outfithandel immer noch nicht möglich.

4.7   Deckungsbeitragsrechnung

Als Deckungsbeitrags-Einheiten (Spalten) können Abteilungen, Etagen oder z. B. Filialen herangezogen werden.

Beispiel: Einzelhändler mit 5,5 Mio. Umsatz

alles in T€	Abt. DOB	Abt. HAKA	Abt. KIKO
Umsatz	3.000	2.000	500
– Wareneinsatz	1.500	950	270
= Bruttogewinn (Erzielte Spanne)	1.500 (50 %)	1.050 (52,5 %)	230 (46 %)
– MwSt. (Abschlag 15,97 %)	479	319	80
= Deckungsbeitrag I	**1.021**	**731**	**150**
– zurechenbare Personalkosten	400	200	100
– zurechenbare Raumkosten	240	160	70
– zurechenbare Sonstige Kosten	180	120	30
= Deckungsbeitrag II	**201**	**251**	**–50**
– Anteilige andere Kosten* = 5 %	150	100	25
= Deckungsbeitrag III	**51**	**151**	**–75**

* Fixkosten, Geschäftsführergehalt, Fassadenrenovierung, Kfz-Kosten, ...

Mit dem **Deckungsbeitrag I** soll festgestellt werden, wie viel der Faktor Ware in der jeweiligen Kostenstelle (= Abteilung) erwirtschaftet hat. Das Ergebnis sagt nun aus, wie viel Geld nun jeweils übrig bleibt, um die Abteilungskosten zu decken.

→ Absolut gesehen, erzielt man mit der DOB den höchsten Gewinn (1.021 T€), relativ gesehen jedoch mit der HAKA (731 T€ sind 36,6% von 2 Mio. Umsatz; bei DOB nur 34,0%).

Im zweiten Schritt werden nun zurechenbare Betriebskosten abgezogen.

Personal: Nur Personen, die in der relevanten Abteilung arbeiten, z. B. Verkäufer, Abteilungsleiter ... (keine „Springer")

Raum: entsprechend der Fläche werden Mietkosten – vom Quadratmeter-Mietpreis ausgehend – sowie Raumnebenkosten, Zinsen und AfA für die Einrichtung angerechnet.

Sonstige: z. B. klar zurechenbare Werbekosten (DOB-Jacken-Prospekt)

Der verbleibende Betrag **(Deckungsbeitrag II)** sollte nun ausreichen, um die anteiligen Fixkosten bzw. nicht zurechenbare Kosten zu decken. Im genannten Beispiel schneidet die HAKA nicht nur relativ, sondern auch absolut am besten ab (+251 T€). Die KIKO erwirtschaftet bereits jetzt schon einen Verlust von −50 T€. Dieser Deckungsbeitrag muss nun ausreichen, um die verbleibenden, bisher nicht verrechneten Gemeinkosten zu decken (Geschäftsführer, Hausmeister, Kantine, Kfz-Kosten, ...). Diese werden prozentual gleichmäßig auf die Abteilungen verteilt und beeinflussen das weitere Ergebnis **(Deckungsbeitrag III)** nicht. Demnach müsste man die KIKO auslisten und die HAKA-Fläche ausbauen; dann würde man auf gleicher Fläche deutlich mehr Profit machen.

Die Zuweisung der nicht zurechenbaren Kosten (z. B. Kantine, Geschäftsführung) durch Schlüsselung (nach Umsatzanteilen in % vom Gesamthaus) ist allerdings problematisch. So kann es z. B. sein, dass der Geschäftsführer für eine Abteilung mit 10% Umsatzanteil ein Drittel seiner Arbeitszeit aufwendet. Man muss sich bei allzu genauen Zurechenverfahren (Teilkostenrechnung) allerdings immer den Nutzen im Verhältnis zum Aufwand vor Augen halten. Außerdem kommen Verbundeffekte nicht zum Tragen (vgl. Analyse Punkt 4.6 als Lösung).

Nachfolgend zeigt ein ergänzendes **Beispiel** ebenfalls, wie die Grundstruktur der Deckungsbeitragsrechnung für eine Kalkulation verwendet wird:

Marktkalkulation nach Abteilungen *(inkl. Kalkulatorische Kosten)*
Firma (2), Umsatz 10.000.000 €

Personalkosten:	inkl. Unternehmerlohn + Verwaltungspersonal, anteilig nach Umsatzbedeutung zugerechnet
Raumkosten:	Kalkulatorische Miete/m² und Zinsen BV, AfA und Raum-nebenkosten nach Quadratmeter anteilig zugerechnet, Erdgeschoss (EG) und UG/OG dabei gleich bewertet
Sonstige Kosten:	Allgemeine Kosten (Büro etc.) entsprechend den Umsatz-anteilen zugerechnet

Plan-Position	Abt. DOB (EG)	Abt. HAKA (OG)	Abt. KIKO (UG)	Abt.* HA/KW (UG)	Gesamt Firma bzw. Durch-schnitt
Planumsatz (T€) *(alle anderen Daten in %)*	5.000	3.000	1.000	1.000	10.000
realisierbare Spanne *Plan*	**59,5**	**60**	**58**	**53,5**	**58,9**
– Plan-Preisänderung	6	5	4	2	5,1
– MwSt. (Abschlag)	16	16	16	16	16
– Inventurdifferenz	1,5	1	0,5	0,5	1,15
+ Skonti/Boni	2	2	2	2	2
= Planertrag Netto (= Plankosten maximal)**	**38**	**40**	**39,5**	**37,0**	**38,65**
– Personalkosten	18	15	20	23	17,8
– Raumkosten	8	7	10	12	8,3
– Werbekosten	5	4	4	2	4,3
– Kalkulatorische Zinsen WLager	1,5	1,5	1,5	2,5	1,6
– Sonstige Kosten	4,5	4,5	4,5	4,5	4,5
= Überschuss/Unterdeckung	**+1**	**+8**	**–0,5**	**–7,0**	**+2,15**
Soll-Betriebsergebnis	+3	+3	+3	+3	+3
Differenz	–2	+5	–3,5	–10	–0,85

*   Handarbeiten, Kurz- und Meterwaren
** maximale Plankosten bei 0 % Betriebsergebnis (kostendeckend)

Durch den guten Ertrag könnte sich die HAKA die höchsten Kosten erlauben (40 %). Es sind aber nur 32 %, deshalb liegt die HAKA mit 5 % über dem anzustrebenden Betriebsergebnis von +3 %. Umgekehrt verhält sich der Fall bei Handarbeiten/Kurzwaren. Als Konsequenz müssten hier – außer bei der HAKA – die Kosten gesenkt werden.

5 Handelscontrolling (Verknüpfung aus Finanzbuchhaltung und Warenwirtschaft)

Leitfaden für eine Grobanalyse
– Bausteine I – X

Erfolgsanalyse

   I Betriebsergebnis
     a) Kostenanalyse
     b) Ertragsanalyse
   II Spannenkontrolle und Umsatzdifferenzen
   III Faktor Raum
   IV Faktor Personal

Liquiditätsanalyse

   V Horizontale Bilanzanalyse
   VI Kapitalrenditen
   VII 1) Liquiditäts- und Finanzierungskontrollen
      2) Kapitalstruktur
   VIII Eigenkapitalquote
   IX Einnahmen-Ausgabenrechnung
     = Cashflow-Rechnung

   X Maßnahmenkatalog / Fazit

Als sinnvolle Ergänzung zu diesem Buch wird empfohlen, sich die Excel-Tools „Planung.xls" sowie „Analyse.xls" (© Peter Anklam, Nagold 2007) als kostenlosen Download zu besorgen:

→ Aufruf der Homepage www.panklam.de
→ Klick auf den Ordner „LDT Nagold"
→ Klick auf „Downloads"
→ In der obersten Kategorie (Free Downloads) können – ohne Passwort – beide Exceltabellen geladen werden (mit der linken Maustaste einmal anklicken, dann „Speichern" wählen).

Diese Tabellen beinhalten sämtliche Rechenformeln, die man zu den folgenden Punkten benötigt. Die Daten sind sehr einfach und schnell eingegeben.

- **Hinweise zur Exceltabelle „Analyse.xls"**

1. Die Datei Analyse.xls über Excel öffnen, wenn eine **Jahresabschlussanalyse** gemacht werden soll.
   (Für eine Investitionsplanung (Umbau, Neugründung, Filialeröffnung, ...; Kapitel III) muss die Datei Planung.xls geöffnet werden.)
2. Es erscheint die Hauptmaske (Bilanz, GuV ...). Alle Daten, die *blau* sind, von Ihrem Jahresabschluss ablesen bzw. zuerst addieren, dann eintippen. Wenn einige Zahlen nicht bekannt sind (z. B. Umsatz je Kunde, Teilwertabschläge, ...) → einfach weglassen, das Programm rechnet trotzdem weiter. Vorsicht: Die Bilanz- und GuV-Summen **müssen** gleich sein (linke und rechte Seite)!
3. Alle anderen (also schwarzen) Zellen sind per Codewort eingabegeschützt und können nicht verändert werden.
4. Firmenname, Bilanzdatum und Rechtsform eingeben
5. Mit dem Excel-Symbol „Seitenansicht" bzw. Menü: Datei → Seitenansicht prüfen, ob die Druckränder stimmen. Ansonsten bei Seitenansicht → Layout → Papierformat die Prozentzahl der Skalierung verändern (Verkleinern oder Vergrößern → Ausprobieren).
6. Ausdrucken (pro Analyse jeweils fünf Seiten). Struktur:
   Seite 1   Eingabedaten
   Seite 2–3   Erfolgsanalyse (Schwerpunkt)
   Seite 4–5   Liquiditätsanalyse (Schwerpunkt)

Auf der folgenden Seite findet sich ein **Beispiel** für die Dateneingabe einer Firma:

Betriebsergebnis / Kosten und Bilanzanalyse (Dateneingabe = blau)

© Dipl.-Kfm. Peter Anklam, LDT Nagold 2005
Daten nur in blauen Feldern eingeben!!!

Bilanz — per 31.12.

Aktiva		Passiva	
Geschäftshaus/Grundstücke	50 000 €	Eigenkapital/ Privat	200 000 €
Geschäftseinrichtung	200 000 €	Darlehen/ Kredite/PR	380 000 €
Fuhrpark/Kfz	32 000 €	Lieferan.erwerbindlk.	30 000 €
Maschinen,Kassen,EDV	30 000 €	Kontokrrent-Kredite	0 €
Einkaufsverband	35 000 €	Wechsel	0 €
Beteilig./Finanzanlagen	3 000 €	Sonst.kurzfr.Verb./Rst.	20 000 €
Damnum/Disagio	0 €	Pass.Rechn. Abgrenz.	30 000 €
Warenbestand Gesch.Jahr	266 000 €		
Forderungen (Lief.+Leist.)	14 000 €		
Kassenbestand	3 000 €		
Postscheck	1 000 €		
Bank (=Girokonto)	20 000 €		
Neg. Eigenkapital	0 €		
Aktive Rechn. Abgrenzung	6 000 €		
Bilanzsumme	660 000 €	Bilanzsumme	660 000 €

Gewinn und Verlustrechnung

Soll		Haben	
(Anfangsbestand)	260 000 €	Umsatz (ohne Mwst.)	1 770 000 €
+ (Wareneingang exkl. Skto)	1 060 000 €	Skontoerträge	40 000 €
- (Endbestand)	266 000 €	Bonierträge	10 000 €
=Wareneinsatz excl. Skonti	1 054 000 €	Sonstige Erträge	9 600 €
Lohnaufwendungen	353 000 €	Verlust	0 €
Mietaufwand	86 000 €		
Raumnebenkosten	26 000 €		
Gewerbesteuer	10 000 €		
Kosten für Werbung/Deko	80 000 €		
Reise/ KFZ Warenb	30 000 €		
Reise/ KFZ Sonst.ohne AfA	10 000 €		
Zinsaufwendungen,Damnum	34 000 €		
AfA Haus, Grundstücke	5 000 €		
AfA Einrichtung	32 500 €		
AfA EDV, Kfz, Sonst., GwG	24 500 €		
Hausaufwendungen	20 000 €		
Sonstige Kosten	44 000 €		
Außerordentl.Aufwend.	0 €		
Steuer l.Reingewinn	20 600 €		
Soll	1 829 600 €	Haben	1 829 600 €

Angaben der Firma / KER

		Optionale Felder:	
Eing. Spanne KER	55,00%	Kalkulatorische Miete	91 360,00 €
Erz. Spanne KER	53,80%	Effektive Miete GuV	86 000 €
LUG (aus KER) mal	2,50	Differenz	-5 360 €
Umsatz mit Mwst. KER	2 110 800 €	Überlagern der Mieten	(nur optional)
Gesamtraum m²	1142	= alternative Miete hier:	0 €
Verkaufsraum m²	914	Gültige* kalk. Miete:	91 360 €
Beschäft. Personen	18,50	ø Arbeitszeit Std. p.m.	170
Verkaufskräfte	17,33	Öffnungszeit p.a.	2 460
Umsatz je Kunde	50,00 €	Anzahl verk. Teile p.a.*	81 420
Private Geldentnahmen	50 800 €	Anteil Auszeichnungs-	50%
Est./ Kst.-Vorauszahl.	38 800 €	kräfte b Organis kräften	
F.Abzahlungen/ Tilgung	20 800 €	Verkehrswert Haus	750 000 €
Geldeinlagen	40 800 €	weitere Sicherheiten	
Inventurdifferenz-Pausch	0,50%	(Lebensv.,GrSt... in €)	200 000 €
Teilwertabschlag	27,00%	*)Stück per 31.12. KER	
Mwst.	19%		15,97% Abschlag

Vergleichszahlen (KBV, ERFA-ø,...)

(Bei GmbH Unternehmerlohn = 0 € eingeben)
(ø aus mehreren Vergleichsfirmen, mind.10)

Umsatz mit Mwst. ø Vgl.	2 000 800 €	Eingangsspanne KER	59,50%
Fremdpersonalkosten	16,50%	Erzielte Spanne KER	53,00%
Unternehmerlohn	2,50%	Skonti & Boni	2,00%
Personalkosten Ges.	19,00%	Ges-Ertrag o.Mwst	38,53%
Miete eff./kalk	4,00%	Inventurdifferenz, SpV.	0,50%
Raumnebenkosten	1,00%	Betriebsergebnis	3,71%
Gewerbesteuer	0,50%	Umsatz/qm Ges.Raum	2 000 €
Kosten für Werbung	3,00%	Umsatz/qm Verk.Raum	2 857
Reise/ KFZ Warenbesch	1,20%	Umsatz/Besch.Person	130 000 €
Reise/ KFZ Sonstige	0,00%	Umsatz/ Verkaufskraft	175 000 €
Kalk Zinsen WLager	1,62%	ø-Gehalt je B.Person	24 700 €
Kalk.Zinsen Betr.Verm*	0,80%	Umsatz je Kunde	30,00 €
AfA ohne Haus	1,00%	LUG (mal)	2,50
Sonstige Kosten	2,70%		
Gesamtkosten bbed.	34,82%		

*) Wenn nur kalk. Zinsen Eigenkapital vorhanden, pauschal ca. 0,5-1,0% einsetzen!
*) Wenn kalk.Miete gelten soll und nicht die GuV-Miete, dann in der GuV = 0 eingeben, Miete als Ao Aufwand buchen...

Firma (Bilanzjahr): **Firma 3 Musterfa.** (Rechtsform)
Datum der Eingabe: **31.01.2008**

(Daten können auch in Pfd. eingegeben werden. Bei hohen Beträgen bitte in Tausend eingeben)
(Daten nur in blauen Feldern eingeben. Schwarze werden errechnet!)

Im Folgenden soll der vorstehende Jahresabschluss in Kurzform analysiert, interpretiert und bewertet sowie Vorschläge für Maßnahmen erarbeitet werden. Dabei sind zur besseren Übersicht die Original-Einzelbausteine der Exceltabelle „Analyse.xls" wiedergegeben. Der Originalausdruck findet sich im Anhang. Der ergänzende Text ist nur in knappen Stichworten gehalten. Es werden folgende Abkürzungen verwendet:

Analyse A:	Analyse (des Bausteins aus dem EDV-Ausdruck)
Ursache U:	Mögliche Ursache(n)
Maßnahme M:	Maßnahme(n) – sind *kursiv*
NT:	Nachteil (im Vergleich zu den Vergleichsfirmen wie z. B. ERFA-Gruppe, Betriebsvergleich IfH Köln oder FfH Berlin)
VT:	Vorteil zu den Vergleichsbetrieben

Hinweis:

Soll- und Normwerte sollen in dieser Analyse (auch im Folgenden) nur einen Anhaltspunkt/Orientierungshilfe bieten. Man leitet diese aus den Durchschnittszahlen ab. Ist also der Durchschnitt unrentabel bzw. machen diese Betriebe Fehler, ist der abgeleitete Soll-Wert besonders kritisch zu betrachten. Zuverlässiger sind die sog. Benchmarks = Werte der Topfirmen.

5.1 Ermittlung des Betriebsergebnisses

	€ Fa.	% Fa.	% Vergleich
1) Betriebsergebnis	–42.797 €	–2,03 %	3,71 %

Analyse: Das Betriebsergebnis beträgt nur –2,03 %

(unwirtschaftlicher Warenhandel)

→ im Vergleich zum Durchschnittswert KBV (3,71 %): NT 5,7 %
→ im Vergleich zum Benchmark   (+3 %): NT 5 %
→ also keine Substanzerhaltung

2) Ertrag ohne MwSt.	774.439 €	36,70 %	38,53 %	**–1,8 % NT**
– Kosten betrieblich	817.236 €	38,73 %	34,82 %	**3,9 % NT**

Ursache: Ertrag schlechter (NT etwa 2 % zum Vergleich), sowie **Kosten**
(NT etwa 4 %)

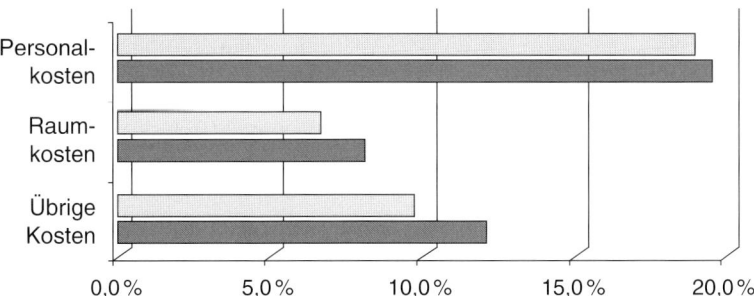

3a) Kostenblöcke		Analyse:
Personalkosten	pari ± 0 %	→ Raumkosten sind die Haupt-
Raumkosten	NT 1,4 %	ursache für die hohen Kosten
Übrige Kosten	NT 2,4 %	→ Übrige Kosten ebenso

Kostenanalyse	Firma in €	Firma in %	Vergleich Durch- schnitt in %	Diffe- renz in %	
Fremd-Personalkosten	353.000	16,73	16,50	0,2	NT
Unternehmerlohn kalkulatorisch	50.000	2,37	2,50	−0,1	VT
a) Personalkosten Gesamt	403.000	19,10	19,00	**0,1**	**NT**
Mietaufwand effektiv oder kalkulatorisch	86.000	4,08	4,00	0,1	NT
Raumnebenkosten	26.000	1,23	1,00	0,2	NT
AfA Einrichtung	32.500	1,54	0,75	0,8	NT
Kalkulatorische Zinsen Einrichtung	20.000	0,95	0,60	0,3	NT
b) Raumkosten	164.500	7,80	6,35	**1,4**	**NT**
Werbekosten / Deko	80.000	3,79	3,00	0,8	NT
Reisekosten / Kfz Warenbeschaffung	30.000	1,42	1,20	0,2	NT
Reisekosten / Kfz Sonstiges	10.000	0,47	0,00	0,5	NT
Kalkulatorische Zinsen Durchschnittswaren- lager	37.136	1,76	1,62	0,1	NT
Kalkulatorische Zinsen EDV, Kfz, Sonstiges	14.100	0,67	0,20	0,5	NT
AfA EDV, Kfz, Sonstiges, GwG	24.500	1,16	0,25	0,9	NT
Gewerbesteuer	10.000	0,47	0,50	0,0	VT
Sonstige Kosten	44.000	2,09	2,70	−0,6	VT
c) Übrige Kosten	249.736	11,84	9,47	**2,4**	**NT**
Gesamtkosten betrieblich	**817.236**	**38,73**	**34,82**	**3,9**	**NT**

Analyse: Detailanalyse der Kosten

Detaillierte Personal und Raum-Analyse siehe Punkte 5.3 und 5.4.

Übrige Kosten:
* Werbung zu hoch (NT 0,8 %)
  Ursache: zu teure Agentur, uneffektive Werbeträger, viele Anzeigen, werbe-
  intensives Unternehmen, ...
* Reisekosten zu hoch (NT zusammen 0,7 %)
  Ursache: zu teure Hotels, teures Auto, Privatfahrten?
* Kalkulatorische Zinsen EDV/Kfz ... zu hoch (NT 0,5 %)
* AfA für EDV/Kfz ... zu hoch (NT 0,9 %)
  Ursache: zu teures/neues Auto bzw. EDV → siehe auch relativ hohe Bilanz-
  werte dort; zu hohe Einlage Einkaufsverband!

3b) Ertragsanalyse	Firma in %	Vergleich Durchschnitt in %	Differenz in %	
Eingangsspanne KER	56,00	59,50	−3,5	NT
− Preisänderungen	5,20	6,50	1,3	VT
= Erzielte Spanne	50,80	53,00	**−2,2**	NT
+ Skonti/Boni	2,37	2,00	0,4	VT
− Spannenvelust GuV/KER	0,50	0,50		
− Mehrwertsteuer-Abschlag	15,97	15,97		
Gesamtertrag ohne MwSt.	**36,70**	**38,53**	**−1,8**	NT

*Eingangsspanne Benchmark DOB/HAKA/Schuhe > 59 %, KIKO/Wäsche > 57 %,
Sport > 56 %, Heimtex > 61 %*

Analyse: vom Unternehmer zu beeinflussende Ertragsposten

Eingangsspanne	NT 3,5 %	→ Ansatzpunkt!
PÄ	VT 1,3 %	→ Ertrag sonst in Ordnung
Skonti/Boni	VT 0,4 %	

Check-up Zahlungsziel   *(Schuhe 3 %)*

Skonti GuV	40.000 €	**3,77 %**	4,0 %
Wareneingang GuV	1.060.000 €	100 %	(Soll)

Check-up Preisänderung	Firma	Vergleich Durchschnitt	Index	
Preisänderungen IST	5,20%	6,50%		VT
LUG	2,50	2,50	100%	
Preisänderung SOLL*	**6,50%**	6,50%	100%	

Analyse: Details zu Erträgen

- Zahlungsziel (ausgehend von 4% maximal bei Bekleidung):
  Skonto : Wareneingang = 40 T€ / 1.060 T€ = 3,8%
  → Firma 3 zahlt also fast immer im 1. Ziel = 10 Tage
  → also kaum Verbesserung möglich (0,2% Aufschlag)

- Preisänderungen (PÄ) im Verhältnis zum durchschnittlichen Lagerbestand:
  Durchschnittliche vergleichbare Preisänderungen = 6,5%; da die LUG bei
  beiden gleich ist, ergeben sich die gleichen PÄ für die Firma 3 als Soll-Wert
  → 6,5%. Die Firma 3 hat aber bisher 5,2%, also ergibt sich ein Spielraum
  von 1,3%, den man ggf. nutzen sollte, um das Lager sauber zu halten. Insgesamt ist die LUG bei dieser Firma jedoch in Ordnung.

Maßnahmen:
- Werbeagentur wechseln, Werbeplan aufstellen, Anzeigen zurückfahren –
  mehr Direct Mails, ...
- günstigeres Auto kaufen, günstigere Hotels buchen
- keine neuen Investitionen mehr in Kfz, EDV (Investitionsstopp!)
- Einlagen EK-Verband teilweise kündigen
- Eingangsspanne erhöhen auf Zielwert von mindestens 59% durch neue, gut
  kalkulierbare Lieferanten, Mischkalkulation, Mondpreise, ...
- Preisänderungsspielraum ggf. nutzen, wenn die anderen Maßnahmen grei-
  fen, um Lager auf Dauer stabil zu halten

Break-even-Umsatz: *(bei Betriebsergebnis = 0%)*	**2.226.602 €**	**2.436 €**	pro m² VR

Analyse: Um wenigstens auf ein Betriebsergebnis 0% zu kommen, müssten
2,23 Mio. € umgesetzt werden.

5.2 Spannen- und Umsatzverprobung

a) Spannenverprobung

Bruttogewinn mit MwSt.	1.052.300 €	vermutlicher realer steuerlicher Gewinn	27.781 €
Erzielte Spanne GuV (IST)	49,96 %	Erzielte Spanne KER	50,80 %
Spannenverlust GuV/KER	**−0,84 %** *(= Spannenverprobung)*		

(Bei Erzielter Spanne GuV: Warenbezugskosten-Zurechnung beachten!)

Korrekturbetrag vermutlicher:	7.181 €

Teilwertabschlag IST	**27 %**	29,40 %	TWA Orientierungswert

- maximal vom Finanzamt akzeptierter Bereich i. d. R. [0 bis −0,5 %]
- also Soll-Wert −0,5 %, in Einzelfällen auch darunter, möglich mit Begründung
- durchschnittlich akzeptierte TWAs Bekleidung/Schuhe 20 bis 30 % → in diesem Fall o.k.
- Inventurdifferenz Pauschale 0,5 % (Abschlag) – ausgehend von den üblichen Werten großer Modehäuser (0,5 bis 1 %)

Bewertung der TWA mit „Praktikerformel"

Ist-TWA	27,00 %	
Soll-TWA	**29,40 %**	
Differenz	−2,40 %	→ Teilwertabschläge eventuell zu klein

(Ermittelt aus der Formel PÄ IST × 4,5 + 6 %. Diese entstand bei einer Langzeitstudie bzw. Reihenuntersuchung aus geprüften TEH-Betrieben; auch: PÄ EW Folgejahr × 2 = TWA im EW; BFH-Urteil 10/1983.)

Analyse: Spannenverlust Erzielte Spanne GuV/KER = –0,84 %

- Evtl. problematisch bei nächster Betriebsprüfung, da Finanzamt i. d. R. nur
  0,0 % bis –0,5 % akzeptiert.
  Ursache: Inventur-/Buchungs-/EDV-Fehler, Verdacht auf Bildung von Schwarzlägern, Schwarzumsätzen oder Bezahlen von Personal mit Ware
  ohne Verbuchen, nicht aufgeschriebene private Warenentnahmen
  des Chefs (alles illegal) liegt nahe und ist vom Unternehmer zu wi-
  derlegen!
- Zu hohe TWAs können es nicht sein, da sie bei 27 % liegen
  (anerkannter Durchschnitt 25 bis 30 %, TWA-Soll-Wert liegt bei 29 %).
- Also ist der Gewinn zu gering ausgewiesen bzw. die Analyse geringfügig
  verzerrt.

Allerdings haben viele Betriebe Differenzen, die weit unter –0,5 % liegen. Durch
klare Argumentation und Nachweise, dass oben genannte illegale Ursachen nicht
in Frage kommen, könnte man bei einer Betriebsprüfung ggf. damit auskommen.
Der Gewinn GuV, die Gesamtkapitalrendite und der Cashflow sind vermutlich
nicht real und müssen leicht korrigiert werden. (Ginge man von dem üblichen
Diebstahlswert von –0,5 % aus, so ergäbe sich ein modifizierter, bereinigter Gewinn GuV von +27.781 € (statt bisher 20.600 €) → hier aber nicht relevant.)

b) Umsatzverprobung

	Firma	Vergleich Durchschnitt
Umsatz KER brutto	2.110.000 €	2.000.000 €
Umsatz GuV brutto	2.106.300 €	
Differenz GuV im Vergleich zu KER	**–3.700 €**	

(ab –2.000 € Verdacht auf Schwarzumsatz, Buchungsfehler etc. ...)

Analyse: Differenz KER-Umsatz – GuV-Bruttoumsatz = 3.700 €

- Verdacht auf mögliche Schwarzumsätze oder Buchungsfehler. Schwarzumsätze sind illegal! Bei Schwarzumsätzen ist der KER-Umsatz (aus Wawi)
  größer als das, was in der FiBU (also in der Kasse) gebucht wird. Also wurde zu wenig Umsatz- und Einkommensteuer bezahlt!

- Dies deutet wiederum auf Buchungsfehler bzw. EDV-Fehler bei der Warenwirtschaft hin. Wir gehen im Folgenden davon aus, dass der KER-Umsatz (also der höhere) auch der echte gleich realer Umsatz ist.

Maßnahmen: Nächstes Jahr die EDV und die Buchhaltung genau abstimmen! Ursachen genauestens überprüfen und nur korrekte Buchungen vornehmen!

5.3 Raum-Kennziffern

Raum	Firma	Vergleichs-werte	Index	Firma
Umsatz je m² Geschäftsraum	**1.848 €**	**2.000 €**	**92 %**	NT
Umsatz je m² Verkaufsraum	2.309 €	2.857 €	81 %	NT
Gesamtraum GR m²	1.142	1.000		
Verkaufsraum VR m²	914	700		
Verkaufsraum in %	**80 %**	**70 %**	**80 %**	Benchmark
Nebenraum NR m²	228	300		
Inputs				
Warendichte WL/m² VR	923 €	1.143 €	1.200–2.000 €	Benchmark
Warendichte Stück je m² VR	36			
Miete je m² Gesamtraum	75 €	80 €	120–150 €/m²	Ø p. a.
Raumkosten	**7,80 %**	**6,35 %**	**123 %**	NT
RBW Einricht/m² VR DM/m²	219 €		400–800 €/m²	Benchmark
(Restbuchwert der Einrichtung pro m² Verkaufsraum inkl. Teppichboden, Ständer, Decke, Licht, ...)				
Raumnebenkosten je m² GR	23 €	20 €		
Raumdifferenz **Input**	**NT**	**23 %**	**Negativ**	
Output	**NT**	**−8 %**		

Gesamt-Analyse

		Firma 3	durch-schnittliche Vergleichs-werte	Index	Ergebnis
Input	Raumkosten	7,80 %	6,35 %	123 %	NT 23 %
Output	Umsatz/m² GR	1.848 €	2.000 €	92 %	NT 8 %

Analyse: Raum völlig uneffektiv, da schlechter Output bei viel zu hohen Kosten!

Struktur	Firma 3	durchschnittliche Vergleichswerte	Benchmark
VR	80 %	70 %	80 %
NR	20 %	30 %	20 %
Umsatz/m² VR	2.309 €	2.857 €	→ NT von 19 % → also VR besonders uneffektiv!

→ Firma 3 liegt genau im Benchmark, also nicht zu viele Nebenräume (von Bekleidung ausgehend)

Ursache: Sehr geringe Warendichte (nur 923 €/m² VR, Vergleichswerte höher = 1.143, Benchmark bei über 1.200 €/m²)

Maßnahme: Versuchen, durch mehr Warendruck pro Quadratmeter mehr Umsatz zu erzeugen. Aber vorher die Lagererhöhung vorbereiten durch eine Marktanalyse (maximale Marktanteile, in welchen WGR erreicht, wo Abflüsse etc.).

5.4 Personal-Kennziffern

Personal	Firma	Vergleichs- werte	Index/ Firma	Firma
Umsatz/Beschäftigte Person BP	**114.054 €**	**130.000 €**	**88%**	NT
Umsatz/Verkaufskraft VK	121.754 €	175.000 €	70%	NT
Beschäftigte Person (Vollzeit)	18,50	15,38		
Verkaufskräfte VK	17,33	11,43		
Verkaufskräfte in %	**94%**	**74%**	**80%**	Benchmark
Organisationspersonal OP	1,17	3,96		
Umsatz je Kunde	50,00 €	30,00 €	42.200	Kundenanzahl
Artikel je Verkaufsvorgang	1,93		> 2,0–2,5	Benchmark
Umsatz/Arbeitsstunde Verkauf	77,51 €		25,92 €	durchschnittlicher VK-Preis
Durchschnittsgehalt je Beschäftigte Person	**21.784 €**	**24.700 €**	**88%**	VT
Personalkosten	19,10%	19,00%		
Personalbesatz m²/Verk	53	61	→ ab 65 m²/Verk. Vorwahl	
Personaldichte effektiv	83	110	Öffnungszeit/AZ = 1,57	
Ausgezeichnete Teile p. a. hochgerechnet	92.961			
Ausgezeichnete Artikel je effektive Stunde	101	→ Benchmark: über 100 Stück p. h. (je nach Branche!)		
Personal-Effizienz **Input**	**VT**	**–12%**	**Negativ**	
Output	**NT**	**–12%**		

Durchschnittsgehalt im Textilhandel etwa 20–27 T€; Durchschnittsgehalt ist inkl. Kalkulatorischer Unternehmerlohn bzw. GF-Gehalt! Umsatz je Verkäufer – übliche Werte ausgehend vom durchschnittlichen Standort 20.000 Einwohner – in T€ je Mitarbeiter: HAKA > 200 T€, DOB/Wäsche/Schuhe > 150 T€, Sport > 170 T€, KIKO > 160 T€; Vollsortimenter > 140, Heim-/Haustextilien > 150 T€
Benchmarks: HAKA > 250 T€, DOB/Schuhe > 220 T€, Vollsortiment > 180 T€

Personen	Gesamt	Firma 3	durchschnittliche Vergleichswerte	Index	Ergebnis
Input	Durchschnitts-gehalt/BP	21.784 €	24.700 €	88 %	VT 12 %
Output	Umsatz je BP	114.054 €	130.000 €	88 %	NT 12 %

(BP = Beschäftigte Personen, VK = Verkäufer, OP = Organisationspersonal/Büro, ...)

Analyse: Personal ist neutral, also effektiver im Vergleich zum Faktor Raum.

Struktur	Firma 3	durchschnittliche Vergleichswerte	Benchmark
VK	94 %	74 %	80 %
OP	6 %	26 %	20 %
Umsatz/m² VK	121.754 €	175.000 €	

→ Anteil Verkäufer optimal. Wenn Hintergrund-Mitarbeiter (1,17 Personen!) nicht überlastet sind, ist alles in Ordnung.

→ NT von 30 % → also Verkäufer besonders uneffektiv!

Das Hintergrundpersonal (OP) ist sehr effizient. Die Verkäufer machen zwar einen guten Durchschnittsbon und viele Artikel pro Kunde, jedoch sind es einfach zu viele Verkäufer (17,33 Personen zum Vergleichsdurchschnitt nur 11,43 Personen bei annähernd gleichem Umsatz. Hinzu kommt erschwerend, dass die Fläche ja nicht richtig genutzt wird.

- Qualität der Verkäufer: Der Durchschnittsbon ist zwei Drittel höher und 1,93 Teile/Kunde ist überdurchschnittlich stark, jedoch sind beide Werte vom Bekleidungssortiment ausgehend ausbaufähig (Bon > 60 €, 2–2,5 Teile/Kunde möglich).

- Quantität der Verkäufer: Stundenumsatz nur 78 € und viel zu hohe Personalbesetzung mit 53 m² je Verkäufer („gefühlte Dichte" nur 83 m² zum Vergleich, der mit sogar 110 m² pro VK auskommt).

- Die Auszeichnungsquote ist mit 101 Etiketten bzw. Teilen/Std. über dem Benchmark 100 und zudem für ein mittelständisches, inhabergeführtes Fachgeschäft positiv zu sehen (Telefon klingelt etc). Chef macht viel alleine!

Maßnahme: PEP optimieren; noch keine Maßnahmen zur Personalfreisetzung (Verkauf) einleiten. Zuerst die Ergebnisse der Maßnahmen aus Abschnitt 5.3 abwarten!

5.5 Bilanz- und Liquiditätsanalyse

Annahme der ganzheitlichen Liquidation

Langfristiges Fremdkapital Tilgung	380.000 €
Mittelfristige Schulden	30.000 €
Kurzfristige Schulden	50.000 €
Negatives EK	0 €
Zu deckende Summe	**460.000 €**
– Warenlager 50 %	133.000 €
– Forderungen	14.000 €
– Kurzfristiges Cash	30.000 €
– Verkaufseinrichtungen 1/3	66.666 €
– Restliches BGA 1/1	97.000 €
Noch zu deckende Schulden	**119.334 €**
Finanzanlagen, Beteiligungen	3.000 €
Weitere Sicherheiten	200.000 €
Positiver Überhang	**83.666 €**
Vergleich: Verkehrswert Haus	**750.000 €**

Analyse: Der Kontokorrent ist bei dieser Firma im Plus zum Ende des Geschäftsjahrs (+20 T€; siehe Bilanz) → positiv

Unter der Annahme der ganzheitlichen Auflösung des Unternehmens:
Das veräußerbare Vermögen (ohne Haus, zu Marktpreisen) reicht leider nicht
aus, um die Schulden im Liquidationsfalle zu decken. Es fehlen 119 T€. Diese
können jedoch erfreulicherweise durch die restlichen privaten Sicherheiten und
Finanzanlagen des Unternehmers (z. B. Lebensversicherungen, Investmentfonds, ...) bezahlt werden:

• es verbleibt ein Überschuss von 83.666 €
• das Haus wird im Konkursfall also vermutlich nicht angegriffen und bleibt als
  Alterssicherung bestehen.

Gesamtkapitalrendite GKR (real?)	
Steuerlicher Reingewinn	20.600 €
+ Zinsen der GuV	34.000 €
– Kalkulatorischer Unternehmerlohn	50.000 €
= GKR	**4.600 €**
(100 % = Gesamtkapital)	**0,7 %**
	Rendite zu gering
vermutliche reale GKR	**= 1,8 %**
	Rendite zu gering
Betriebskapitalrendite BKR	
Betriebsergebnis –42.797 €	
+ Kalkulatorische Zinsen	71.236 €
= BKR	**28.439 €**
(100 % = Betriebsvermögen)	**4,7 %**
	zu geringe Rendite
Hauskapitalrendite HKR	
Kalkulatorische Miete	86.000 €
– Hauskosten	20.000 €
– Haus AfA	5.000 €
= HKR	**61.000 €**
(100 % = Hausvermögen)	**122,0 %**
	gute Rendite

Maßstäbe für Kapitalrenditen (Rückfluss/Gewinn : eingesetztes Kapital):

- Inflationsabdeckung zum Substanzerhalt = Inflation (0–3 %)
- Mindestwert, der dem Kapitalmarktzins für riskanten Modehandel entspricht (also z. B. auch riskanten Fonds) = 8 %
- zufriedenstellender Wert = 10–15 %
- Benchmark beginnt ab etwa 15 % (entspricht sehr riskanten Geldanlagen, so wie die Modebranche auch!)

In diesem **Beispiel** werden erreicht:

- Gesamtkapital: GKR   +1,8%
- Betriebskapital: BKR   +4,7%
- Hauskapital: HKR   +150,0%

(als GK-Rendite wird die vermutlich reale GK-Rendite verwendet → siehe Gewinnprüfung Teil 5.2)

Analyse: GKR deckt gerade Substanzerhaltung/Inflation*. Leider wird nicht der Mindestwert 8% erreicht.

Analyse: BKR unter Mindestertrag. Viele andere Geldanlagen wäre besser (→ gilt auch für GKR).

Analyse: HKR: Hervorragende Geldanlage, da Haus schon ziemlich abgeschrieben! Liegt im Gegensatz zu den anderen Renditen über dem Mindestwert 8% und weit über dem Benchmark für Risikoanlagen (Investmentfonds etc.) von mindestens 15%!

        * *Inflation liegt im deutschsprachigen Bereich meist etwa zwischen 0–3%*

Maßnahme: Um die GKR zu erhöhen, siehe die nachfolgend aufgeführten Maßnahmen bei Cashflow; um die BKR zu erhöhen, siehe die Maßnahmen bei den Abschnitten 5.1, 5.3, 5.4.

Eigenkapitalquote (Eigenkapital : Gesamtkapital)

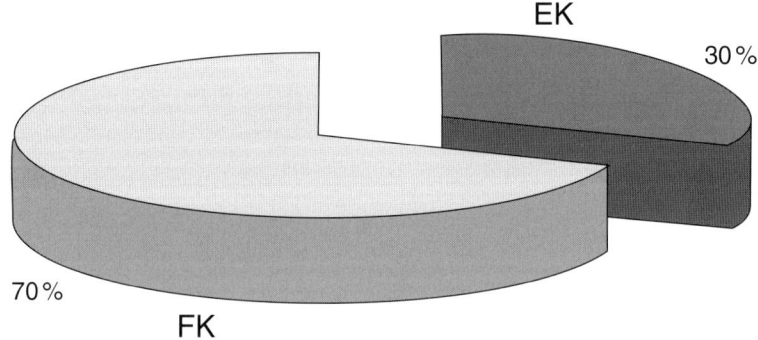

Eigenkapital: 30,3%
Fremdkapital: 69,7%
Maßstab: 25% „Mindestwert" der Banken; > 1/3 Benchmark
                (zur Erinnerung: Der Bundesdurchschnitt liegt um die 0%!)

Analyse: Positive Investitionsvoraussetzungen, setzt Rating bei der Bank nach oben, da das Eigenkapital über dem Mindestwert liegt. Leider wird der Benchmark noch nicht erreicht. Zum Bundesdurchschnitt hervorragender Wert (dieser ist jedoch kein Maßstab, z. T. sind die veröffentlichten Eigenkapitalquoten wohl auch nicht realistisch angegeben).

→ Die Firma hat – wenn auch geringe – Spielräume für neue Kredite bei Investitionen und steht bei der Bank relativ gut da.

Maßnahme: Das Eigenkapital wird durch den vorgeschlagenen Investitionsstopp bei Abschnitt 5.1 steigen.

Cashflow-Rechnung

Einnahmen		Ausgaben	
steuerlicher Reingewinn GuV	20.600 €	Private Geldentnahme / GF-Gehalt Ausschüttung:	50.000 €
Abschreibungen laut GuV	62.000 €	ESt. / KSt. Vorauszahlung /	38.000 €
Einlagen	40.000 €	feststehende Rückzahlungen /	
Lagerabbau	0 €	Tilgungen Darlehen	20.000 €
		Lageranbau	6.000 €
Überschuss 2 = Cashflow			
Liquiditätszuwachs	**8.600 €**		

Analyse 1	Gewinn > Existenz-minimum?	**20.600 €**		25.000 €	Existenz-minimum
	Interpretation:	Unternehmer kann nicht davon leben			
	Gewinn real/korrigiert:	27.781 €		25.000 €	Existenz-minimum
	Interpretation:	Unternehmer kann davon leben			
Analyse 2	Gewinn > PGE + Est?	**−60.219 €**		**Unter-deckung**	(korrigiert)
	Interpretation:	Gewinn reicht nicht aus, um PGE + ESt zu decken.			
Analyse 3 (ggf. korrigiert)	CF > AfA ?	**15.781 €**		versus AfA	62.000
	Interpretation	Kapitalerhaltung	**Zum Teil**		
		Substanzerhaltung	**Nein**		
		→ beginnt ab etwa T€	64		

Hinweis: Es wird mit dem vermeintlich realen (also korrigierten) Reingewinn 27.781 € analysiert (vgl. Abschnitt 5.2). Deshalb ändert sich auch der Cashflow auf +15.781 € (statt 8.600 €).

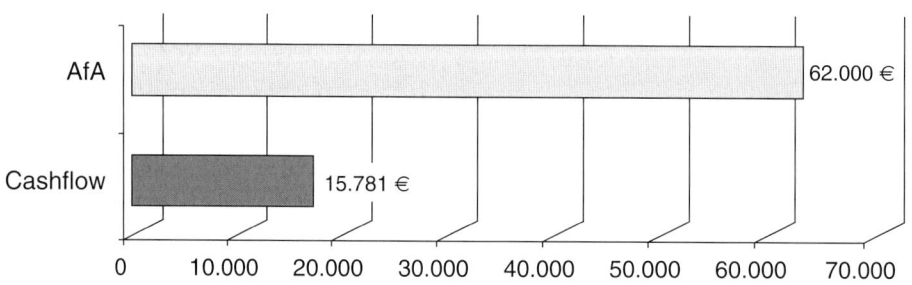

Analyse: (1) Gewinn GuV beträgt +28 T€ (ist modifiziert und damit real; siehe Abschnitt 5.2). Immer reale Gewinne nehmen, keine verfälschten!
→ Der Unternehmer kann davon leben und könnte eine Familie ernähren (zumindest, wenn der Gewinn jedes Jahr so aussieht). Jedoch nicht „in Saus und Braus", sondern eher bescheiden.
Es bleibt kaum Geld übrig für Gewinnrücklagen, um spätere Investitionen zu stützen (Gewinnthesaurierung).

(2) Der Gewinn (28 T€) reicht auch nicht aus, um die Privatentnahmen und die Einkommensteuervorauszahlungen zu decken → Unterdeckung von −60 T€. Unternehmer sowie Finanzamt können nicht befriedigt werden! Die Privatentnahmen
halten sich jedoch noch im Rahmen (vgl. Unternehmerlohnta-
belle S. 48 → er entnimmt tatsächlich 50 T€, laut Tabelle aber
stehen ihm sogar 65 T€ Unternehmerlohn zu bei rund 2 Mio. €
Umsatz).

(3) Der Cashflow (Einnahmen − Ausgaben, also Liquiditätszufluss
pro Jahr) beträgt real nur +15.871 €. Dies reicht nicht aus, um
die AfA von 62 T€ zu decken (sollte es aber!).
› Kapitalerhalt leider nur teilweise = zu 26 %.
(Zielwert: AfA 62 T€ mindestens)
→ Substanzerhaltung: keine
(Zielwert: Deutlicher Puffer größer als AfA, also mindestens
64 T€ oder mehr; je nach Inflationsrate.)

Maßnahme: – Einlagen erhöhen (Stille Gesellschafter, Lebensversicherun-
gen). Dies ist jedoch keine Dauerlösung.
– Privatentnahmen können nicht gesenkt werden (sind schon
sehr gering!)
– Abschreibungen auf Dauer senken (durch Investitionsstopp)
– Gewinn erhöhen durch die genannten Maßnahmen bei den
Abschnitten 5.1, 5.3, 5.4.
– Lageranbau senken durch ggf. mehr Reduzierungen (siehe
Abschnitt 5.1); jedoch keine Dauerlösung. Besser ist es, eine
professionelle Limitplanung zu führen und sich professioneller
auf die Order der Kollektionen vorzubereiten.

Fazit: Das Unternehmen muss seinen Haupt-Schwachpunkt Raum verbessern und die Quadratmeter-Umsätze durch mehr Warendruck ankurbeln.
Auch Investitionen in Zukunft besser prüfen und planen. Dann wird das Betriebsergebnis wohl auch in den Plusbereich gelangen. Die Warenwirtschaft
bzw. Buchhaltung auch ernster nehmen (Daten genau abstimmen!).

III

Planungsrechnungen in der Anwendung

Operative Planungsrechnungen, bei denen Umsätze, Kosten und Erträge eingeschätzt werden müssen, werden z. B. benötigt für:

- Existenzgründung
- Eröffnung einer neuen Filiale bzw. eines Retail Store
- Umbau / Umstrukturierung eines Geschäfts
- Erweiterung / Anbau eines Geschäfts
- Planung einer Vertrags- oder Concession-Fläche

Folgende Grunddaten müssen für eine solche Planungsrechnung vorbereitet werden (durch Einholen von Vergleichszahlen, Angebote von Ladenbaufirmen / Architekten etc.):

- Plan-Aktiva (besonders: Plan-Warenlager) = Investitionssummen
- Plan-Passiva = Kapital / Finanzierungssummen
- Planumsatz-Ermittlung
- Plan-Personal und Plankosten
- Plankalkulation / Planerträge

Unabdingbare Daten, die konkret vorliegen müssen, sind:

- **Planfläche in m²** (brutto, nutzbare Verkaufsfläche)
- **Miete p. m.** (evtl. plus Nebenkosten, falls bekannt)
- Öffnungszeiten (um benötigte Mitarbeiter zu kalkulieren)
- Standortinformationen (**Umsätze pro m²** vorhandener Anbieter, Entwicklung, Demografie, Kaufkraft, Einzelhandelsanbieter in der Branche mit Anzahl, m² und Lieferanten, Frequenzmessungen vor dem Ladenlokal, ...), um den Umsatz zu schätzen
- **Welche Marke(n)** soll(en) auf welchen Flächen angeboten werden, dazu vorhandene durchschnittliche Umsätze pro m² vergleichbarer Flächen in ähnlichen Standorten, um den Umsatz zu schätzen und die Ladenbaupreise (Firmenvertreter fragen)
- Welches Warenwirtschaftssystem, EDI oder nicht?
- Geschätzte Preise für den Kauf des Gebäudes, neue Eingangstür, Logo, Ladeneinrichtung etc. ... (kann aber auch vorläufig mit Erfahrungswerten geschätzt werden)
- **Vorhandenes Eigenkapital** (ggf. auch Sachwerte)
- aktuelle Zinssätze (etwa) für Darlehen bei der Bank

Investitionsplanung-Dateneingabe

Firma			m² Gesamtraum Plan
Projekt			m² Verkaufsraum Plan
Jahr			Beschäftigte Personen Plan (Vollzeit)
1 = worst case, 2 = ø-case, 3 = best case			Anzahl Verkäufer Plan (Vz)

1) Plan-Investitions-Summen (Aktiva)		**alternativ:**	*(Pers. inkl. Unternehmer, Vollzeit 163–174 h)* **Abschreibungssätze in %**		
Gebäudemantel (Fassade ...)	€			%	*(3–5 %)*
Geschäftseinrichtung	€	€	€/m²	%	*(10–15 %)*
Fuhrpark/Kfz	€		**Einrichtung**	%	*(20–50 %)*
EDV-Anlagen, Software	€		(fix)	%	*(20–50 %)*
Sonstiges Anlagevermögen	€			%	*(20–50 %)*
Warenlager neu / Erweiterung /				*Plan-Warenlager (fix):*	
Änderung Durchschnitt	€		x Plan-LUG		
Sonstige Investitionen ohne AfA	€			*(Kapitalbedarf wird dann errechnet, wenn WL = 0)*	
Investitionen Gesamt	**(SUMME)**				

2) Plan-Finanzierungs-Summen (Passiva)		**Laufzeit**	**Jahre**	**Auszahlg.**	**Zinssatz**
Eigenkapital vorhanden bar / Sach	€	*Bezeichnung eingeben:*		(Satz)	(effektiv)
Kontokorrent (Durchschnitt Überziehung p. a.)	€	....			%
Darlehen Öffentliche Mittel*	€	....		%	%
Darlehen 2	€	....		%	%
Darlehen 3	€	....		%	%
Sonstige Kredite, Bausparverträge	€	....		%	%
Finanzierungssumme Gesamt	**(SUMME)**	(= Bezeichnung der Darlehen hier eintippen)			100 %
Finanzierungssumme ohne Disagio		* Tilgungsfreie Jahre trotzdem in die Laufzeit integrieren.			

3) Plan-Umsätze und -Kosten	**€-Summen**	**alternativ:**			
Bruttoumsatz KER bisher *(neu = 0)*	€			*Planumsatz (fix):*	
Plan-Bruttoumsatz Gesamt	€	€	m²-Umsatz VR	€	100 %
Plan-GF-Gehalt *(nur bei GmbH)*	€				
Plan-Lohnaufwendungen Angestellte	€				
Plan-Lohnnebenkosten inkl. AGA	€			*Plan-Personalkosten (fix):*	
Plan-Personalkosten Gesamt	€		Durchschnittsgehalt je Beschäftigtem	€	
Weitere Kosten: (* nur bei Umbau, ...)				*Plan-Miete (fix):*	
Mieten	€	€	m²-Miete je Monat	€	
Raumnebenkosten, Abgabe Center	€		*(0,8–1,5 %)*		
AfA Einrichtung bisher* *(neu = 0)*	€				
Werbung, Deko, Sachkosten	€		*(2,5–4,0 %)*		
Reise- / Kfz-Kosten ohne Kfz-AfA	€		*(0,5–1,3 %)*		
Zinsen, Geldnebenkosten bisher* *(neu = 0)*	€				
AfA EDV, Kfz, Sonstiges bisher* *(neu = 0)*	€				
AfA Haus / Grundsteuer bisher* *(neu = 0)*	€				
Gewerbesteuer	€		*(0,0–0,5 %)*		
Hausaufwand / Außerordentlicher Aufwand	€				
Sonstige Kosten (Buha, EDV, Tel. ...)	€		*(2,7–4,0 %)*		
Gesamtkosten Summe	**(SUMME)**				

4) Plan-Erträge		**5) Sonstige Angaben**	
Eingangskalkulation Plan (KER)	%	Umlagekosten Filiale	€
Erzielte Kalkulation Plan (KER)	%	Privatentnahmen effektiv	€
Skonti / Boni Abschlag	%	EinkSt-Vorauszahlung	€
Inventurdifferenz Pauschale Sparvermögen	%	Kalkulatorische Miete	%
MwSt.-Aufschlag	%	Kalkulatorischer Unternehmerlohn	€

Auf der vorigen Seite ist die Eingabemaske aller relevanten Daten für eine Er-
folgs- und Liquiditätsplanung zwecks Umbau oder Neueröffnung zu sehen. Wie
bereits im Abschnitt II.5 erläutert, wird empfohlen, die Datei „Planung.xls" auf
www.panklam.de downzuloaden und anschließend in Excel aufzurufen.

- Hinweise zur Exceltabelle „Planung.xls":

1. Die Datei Planung.xls mit Excel öffnen, wenn eine **Investitionsplanung**
   (Umbau, Neugründung, Filialeröffnung) gemacht werden soll.

2. Es erscheint die Hauptmaske (siehe vorige Seite). Alle Daten, die *blau* sind,
   eintippen. Falls Daten nicht konkret feststehen, grob schätzen. Falls Daten
   unbekannt sind, einfach weglassen, das Programm rechnet trotzdem weiter.
   Vorsicht: Die Investitionssumme (1) und die Finanzierungssumme (2) **müssen** gleich sein!

3. Gehen Sie in folgender Reihenfolge vor: 1. → 3. → 4. → 5. → 2., da die Investitionssumme erst ermittelt wird, wenn der Umsatz bei 3. und die Spannen bei 4. eingegeben wurden. Erst danach kann die Finanzierung der Investitionssumme angepasst werden.

4. Alle anderen (also schwarzen) Zellen sind per Codewort eingabegeschützt
   und können nicht verändert werden.

5. Mit dem Excel-Symbol „Seitenansicht" bzw. Menü: Datei → Seitenansicht
   prüfen, ob die Druckränder stimmen. Ansonsten bei Seitenansicht → Layout
   → Papierformat die Prozentzahl der Skalierung verändern (Verkleinern oder
   Vergrößern → Ausprobieren).

6. Ausdrucken (pro Planungsobjekt jeweils drei Seiten).

7. Struktur:
   Seite 1 Eingabedaten
   Seite 2 Planbilanz, Finanzdaten, Plankosten/GuV
   Seite 3 Wichtigster Teil: Planungsergebnisse

8. Falls ein Korridor geplant werden soll, dann dasselbe Planungsobjekt einmal
   mit „worst case"-Daten füttern, zum anderen mit „real case"-Daten (optimis-
   tischere Sichtweise); dazu zwei unabhängige Dateien anlegen.

1 Wichtige Planungsfaktoren

Im Folgenden sollen nur die drei wichtigsten Faktoren erläutert werden. Die nocht so wichtigen Planungsdaten werden zusammengefasst an einem Fallbeispiel im Abschnitt 2 erörtert.

1.1 Umsatzplanung – die unsicherste Komponente

Der Plan-Brutto-Umsatz errechnet sich aus der geplanten Leistungskennziffer (LKZ) „Umsatz pro m² Verkaufsraum":

Planumsatz =	Umsatz/m² VK-Raum	×	VK-Raum in m²
	(Vergleichszahl, „LKZ")		*(bekannte, fixe Zahl)*

Diese Kennziffer lehnt sich an Erfahrungs- oder Vergleichswerte an, z. B. von:

- ERFA-Gruppen
- Vergleichsfirmen (siehe auch Zahlen im Abschnitt I.8.2.)
- Kölner Betriebsvergleich
- FfH-Betriebsvergleich der Uni Berlin
- Vergleichsdaten des Einkaufsverbands, z. B. Statistisches Jahrbuch der KATAG AG (nur für Mitglieder)
- BTE-Taschenbuch oder BDSE-Taschenbuch
- BAG Vademecum (Statistisches Jahrbuch der BAG)
- BBE-Branchenreport
- interne Vergleichszahlen der Lieferanten
- Unternehmensberater

Die LKZ wird umso genauer:
- je detaillierter aufgeschlüsselt und je individueller die Vergleichsdaten vorliegen (z. B. Firma in derselben Position; Zahlen gesplittet nach Standort, Lage, Größe in m², Branche)
- je mehr in den Plan-Abteilungen differenziert wird.
  Beispiel:

Plan-LKZ	DOB Outdoor	3.000 €/m²	×	50 m²	=	0,15 Mio.
	DOB Indoor	3.500 €/m²	×	100 m²	=	0,35 Mio.
	Da-Artikel	4.000 €/m²	×	100 m²	=	0,40 Mio.

Zuvor müssen die Vergleichskennziffern den firmenspezifischen Gegebenheiten angepasst werden.

Folgende Kriterien sind zu prüfen
($\uparrow$ Umsatz/m² eher höher $\downarrow$ Umsatz/m² eher niedriger):

Kriterium	Beispiel	LKZ
Branche	Wäsche	$\uparrow$
Branche	KIKO	$\downarrow$
Teilbranche	HE-Artikel	$\uparrow$
Teilbranche	HAKA I	$\downarrow$
Lage	1a – Marktplatz	$\uparrow\uparrow$
Standortgröße	Großstadt	$\uparrow\uparrow$
Stockwerke (1. OG bis –50 %)	drei Etagen	$\downarrow\downarrow$
Betriebsform	Vollsortimenter	$\downarrow\downarrow$
Bedienungsform	SB	$\downarrow$
Bedienungsqualität	viele Zusatzkäufe	$\uparrow$
Modegrad	hochmodisch	$\uparrow$
Warendichte (keine Altware)	hoch, 2- bis 3-reihig	$\uparrow$
Raumgröße	(different)	$\downarrow$ / $\uparrow$
Betriebsgröße	(different)	$\downarrow$ / $\uparrow$
In-Marken / vertikale Marken	Street One o. Ä.	$\uparrow\uparrow$

Eine zusätzliche (bedingte) Entscheidungshilfe zur Planumsatzermittlung können die

bisherigen Ist-Umsätze des Vormieters

sein. Die Seriosität solcher Angaben ist kritisch zu prüfen – ggf. sind konkrete Beweise zu verlangen. Denn oft werden hochgeschaukelte Umsatzangaben vom Vermieter verwendet, um die Mietpreise nach oben zu schrauben. Möglichkeiten, den bisherigen Umsatz zu erfahren, sind z. B. Gespräche mit ehemaligen Mitarbeitern, sich die GuV und KER zeigen lassen, bisherige Lieferantenvertreter und Banker fragen, Unternehmensberater konsultieren, Verwandte, Nachbarn und Kunden des bisherigen Betreibers interviewen etc. ...

Der Verfasser hat sich im Laufe der Jahre mehrere Datenbanken für typische Beratungsprojekte (z. B. Mono-Franchisestore der Marke XY, Multilabel-Shopkonzepte für Label X/Y/Z) zugelegt, bei denen sich die meisten Plandaten immer wieder gleichen. Auch die Vertriebsmitarbeiter der Modemarken haben eine eigene, zentral geplante Datenbank mit allen Standorten, an denen sie vertreten sind, und können per Knopfdruck Standard-Planwerte aufrufen und so wertvolle Hilfe vor allem zur Umsatzschätzung bieten. Es sollte jedoch darauf geachtet werden, dass konkrete Beweise (Nennung von konkreten Filialen bzw. Flächen mit Ortsangabe) vorgelegt werden, damit nicht zu optimistisch geplant wird. In den meisten Fällen kann in mittelgroßen Städten in 1a-Lagen von sogenannten „Erstligisten"-Lieferanten mit einem Planwert zwischen 3.000 und 4.000 € pro m² Verkaufsfläche ausgegangen werden, wobei man zu Beginn eher vom niedrigeren Wert des Einkaufs angehen sollte.

1.2 Kalkulation und Preisabschriften

Diese Zahl ist einfacher abzuschätzen, denn die meisten Lieferanten arbeiten mit unverbindlichen Preisempfehlungen und können die durchschnittliche Eingangsspanne ihrer Kollektion angeben. Dabei kann der Durchschnittswert jedoch schwanken, wenn z. B. mehr niedriger kalkulierte Artikel in sogenannten Eckpreislagen geordert werden. Des Weiteren gibt es bei einigen Lieferanten gestaffelte Spannen nach dem Prinzip: Je mehr vertragliche Bindung, umso höher die Spanne. Auch Zusatzvereinbarungen (z. B. Lastschriftabbuchung am 1. Rechnungstag oder Einzelretourenverzicht) können die Spannen noch weiter erhöhen.

Beispiel Monostore Marke XY:

Multilabel-Spanne (übliche Spanne)	138 %
plus Erhöhung für Store-Vertrag fünf Jahre	10 %
plus Erhöhung für Sofortabbuchung	1 %
plus Erhöhung für Einzelretourenverzicht	1 %
plus Erhöhung Teilnahme am Betriebsvergleich	2 %
Endgültige Spanne (A-Kunde)	**152 %**
	= 60,32 % Abschlag

Beispiel Multilabel mit drei Shopsystemen und einem Softshop:

Shopsystem A (inkl. Vergünstigung)	148%	Planumsatz 200 T€
Shopsystem B (inkl. Vergünstigung)	155%	Planumsatz 300 T€
Shopsystem C (inkl. Vergünstigung)	145%	Planumsatz 400 T€
Softshop D = normale Multilabelspanne	137%	Planumsatz 100 T€

Berechnung (Summe Umsatz 1,0 Mio. €):

A	200 T€ × 148%	=	29.600%	
B	300 T€ × 155%	=	46.500%	
C	400 T€ × 145%	=	58.000%	
D	100 T€ × 137%	=	13.700%	

1.000 T€ × Spanne? = 147.800% *(Summe aller Multiplikatoren)*

Gesuchte durch- = 147.800 : 1.000 = **147,8% Aufschlag**

schnittliche Spanne = 147,80 : 247,80 = 59,65% Abschlag

(Aufschlag   VK-Preis bei 100 EK)

Übliche Werte für Spannen und Preisabschriften sind im Abschnitt I.6 angegeben und stark branchenabhängig. Preisabschriften liegen im Abschlag meist zwischen 4–8%, im Aufschlag zwischen 8–20%.

Im Folgenden sollen die verschiedenen Einflussfaktoren der Preisabschriften dargestellt werden:

- **Preis- und Einkaufspolitik Fachhandel** (traditionell, LUG 2 ×)

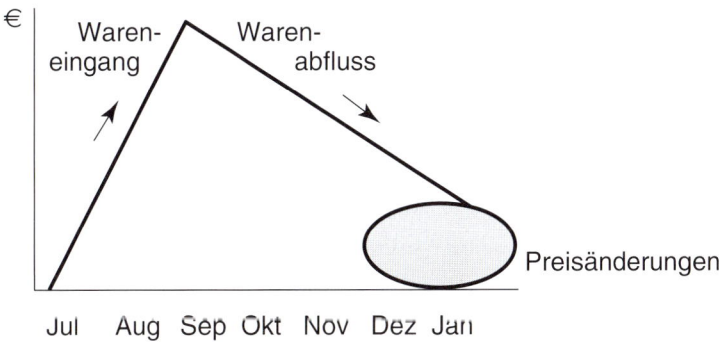

Im klassischen Fachhandel klafft eine große Lücke zwischen dem Zeitpunkt des Wareneingangs und dem des Abverkaufs. Zu Beginn der Saison, wenn die Ware vom Wetter her noch nicht getragen werden kann, ist ein massiver Wareneingang zu verzeichnen. Dieser Warenberg muss dann nach und nach bis zum Ende der Saison abgetragen werden. Zwar braucht der Verbraucher im Schnitt etwa ein bis zwei Monate Anpassungszeit, um sich mit einem Modethema vertraut zu machen, jedoch lässt auch nach einer gewissen Zeit das Interesse an einem Modethema nach. Auch für die Verkäufer ist dieses Abtragen des Warenbergs nicht gerade motivierend; in deren Augen wird diese Ware schnell zur Altware. Zum Saisonende wird dann massiv reduziert, meist ab Mitte Juni oder im Juli bzw. im Dezember/Januar/Februar.

- **Preis- und Einkaufspolitik Vertikale** (modisch, LUG 4–8 ×)

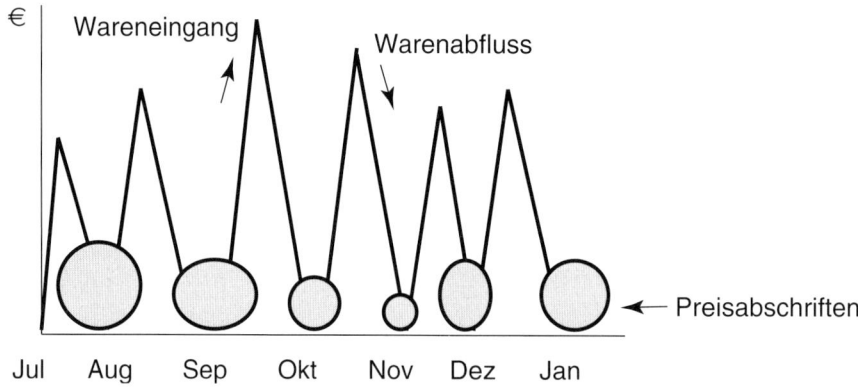

Ganz anders bei Vertikalen, die mit mehreren Hauptkollektionen pro Jahr arbeiten: Hier ist das Warenlager ständig in Bewegung. Es gibt Lieferanten bzw. Handelskonzerne, die einen monatlichen Order- und Lieferrhythmus fahren, sprich ein Modethema pro Monat präsentieren. Was dann zum Ende des Monats nicht verkauft ist, wird zum letzten Monatstag hin reduziert abgestoßen – besonders bei Young Fashion.

Natürlich ist dies eine idealtypische Darstellung. Auch solche Vertikale oder Filialisten arbeiten teilweise mit klassischen Kollektionen, die z. B. nur vier Hauptkollektionen anbieten und erreichen nicht selten auch Lagerumschläge von unter drei Mal pro Jahr. Weiterhin erreichen selbst die Lieferanten mit 12 Kollektionen zumeist nur Lagerumschläge von nur 4,0–6,0, da die Verbraucher meist gar nicht so schnell bei der Mode sind, wie die Kollektionen wechseln.

Bereits in den 1970er Jahren hat der Kölner Soziologe Günter Wiswede festgestellt, dass die durchschnittliche Anpassungszeit einer Verbraucherin an ein neues Modethema mindestens zwei Monate beträgt[38]. Wenn dies auch heute noch so ist, lässt sich damit doch das Phänomen erklären, dass zumeist eben keine LUG von 12,0 erreicht wird. Also liegen die Artikel eher zwei bis drei Monate im Laden, bevor sie vollständig abverkauft werden.

Der Fachhandel dagegen arbeitet sich in die Richtung des zweiten Schaubilds. Häufig wird versucht, mittels Shop-in-the-Shop-Konzepte von Street One, Cecil, S.Oliver, Esprit, Mexx und vielen anderen, diesen schnellen Warenwechsel zu erreichen. In der Jungen Mode führte dies nachweislich zu einem besseren Erfolg, problematisch wird die Umsetzung allerdings im klassischen bzw. höherwertigen Bereich.

Positiv für den Ertrag ist diese Konzeption allemal: Bei zumeist normalen Spannen (je nach Bindungsgrad) werden deutlich höhere Lagerumschläge erreicht. Im Normalfall müssten auch deutlich höhere Preisabschriften erzielt werden, denn das modische Risiko ist geringer, weil man zeitlich näher am Bedarf kauft (die Ordertermine sind zumeist zwei bis vier Monate vor Lieferung). Die Reduzierung ist nur noch nötig, wenn das Wetter sich nicht wie geplant einstellt oder einzelne Teile falsch waren oder wenn fehlerhafte Limitplanungen gemacht wurden. Insofern müssten die Reduzierungen niedriger liegen als in anderen Sortimenten.

Im Gegensatz dazu stehen viele klassische Lieferanten mit nur zwei oder vier „echten" Kollektionen (also zwei bzw. vier Ordertermine) – bei z. B. 58,5 % Eingangsspanne, dafür aber 6–8 % Preisänderungen im Abschlag wegen schwächerer Abverkaufsquoten und Lagerdrucks am Saisonende. Es muss jedoch gesagt werden, dass es auch einige klassische Lieferanten gibt, die Eingangsspannen von weit über 60 % für Multilabelkunden anbieten. Außerdem ist dort der Durchschnittsbon höher.

Nach jährlichen Umfragen der „Textil-Wirtschaft" beim Einzelhandel sind in den letzten zwei Jahrzehnten die Preisabschriften neben dem Konsumschwund das vorrangige Problem des Textilfacheinzelhandels und nur sehr schwer in den Griff zu bekommen.

---

[38] Wiswede, G · Modesoziologie, Stuttgart 1974.

Um die Preisveränderungen besser planen zu können, sollen zunächst einmal die in der Praxis – vor allem in den Warenwirtschaftssystemen – geläufigen Begriffe sortiert werden, und zwar nach Betrachtung der **Ursachen**:[39]

Preisheraufzeichnung

= Heraufzeichnung über den ursprünglich ausgezeichneten Verkaufspreis (wenn sich z. B. bei Basic-Artikeln der Listenpreis ändert).

Preisänderungen

= Herabzeichnung/Minderung des ursprünglich ausgezeichneten Verkaufspreises. Die Ursache liegt meistens am Verfall des Marktwerts der Ware, z. B. bei schlechtem bisherigen Saisonverlauf (wetterbedingt), bei Mängeln an der Ware (Lieferantenretoure lohnt sich nicht), bei Unterbietung durch den Mitbewerber, Einkaufsfehler (zuviel oder falsch eingekauft) etc.
Häufig verwendet werden für diesen Begriff auch die Bezeichnungen
→ **Preisabschriften**
→ **Preisreduzierungen**

Preisnachlass

= Minderung des Verkaufspreises, wobei die Ursache in der Käufergruppe liegt und die Minderung einer bestimmten Warengruppe zuordenbar ist (nicht aber Lieferanten), z. B. Rabatte für einen Sportverein, der in einem Sportgeschäft 100 Shirts oder 300 Tennisbälle kauft. Oder: Der Malermeister kauft bei einem Raumausstatter Material als Großabnehmer und bekommt Rabatt. Nicht dazu gehören nach obiger Definition also Personalrabatte und Barzahlungsrabatte.

Erlösschmälerungen

= Minderungen des ausgezeichneten (evtl. reduzierten) Verkaufspreises, die ihre Ursache in der Person des Käufers während eines speziellen Verkaufsvorgangs haben. Die Ursachen liegen also nicht in der Ware, beim Lieferanten oder in der Warengruppe selbst. Ursachen sind i. d. R. Barzahlungs-, Personal- und Gruppenrabatte sowie Kreditkartennachlässe. Diese Erlösschmälerung wird zwar in der Buchhaltung verbucht, nicht aber in der Warenwirtschaft.

---

[39] Vgl. zu den folgenden Begriffsdefinitionen: Geil, H.-P.: Warenwirtschaft, Nürtingen 1996.

In der Praxis stellt sich allerdings das Problem der Vergleichbarkeit der genannten Begriffe. Manche Firmen rechnen z. B. die Personalrabatte (= Erlös-
schmälerungen) trotzdem dem Begriff Preisnachlass zu und verbuchen diese
Posten sogar in der Warenwirtschaft.

Andere ordnen Personalrabatte den Preisänderungen (= Preisabschriften) zu,
damit diese in der Warenwirtschaft höher erscheinen. Das Warenlager wird somit (scheinbar) noch mehr um seinen Wert gemindert, wenn es an die Bewer-
tung zum Jahresende geht.

Da in der Marketing-Praxis offensichtlich das Problem der Preisänderungen
(= Preisabschriften, Preisreduzierungen, nach obiger Definition) eindeutig im
Vordergrund steht, soll auch im Folgenden nur **darauf** eingegangen werden.
Ein wichtiger Aspekt zur marktbedingten Wertminderung der Ware ist der Mo-
de-Lebenszyklus.

Mode-Lebenszyklus:[40]

Die normalen Modeprodukte weisen einen üblichen Lebenszyklus auf, während
die sogenannte „Fast Seller" Rennerartikel mit hohen Umschlagsgeschwindig-
keiten sind. Diese Renner erleiden plötzlich einen radikalen Umsatzabfall, einen
sog. Modekollaps. Hier muss dann mit besonders hohen Abschriften gearbeitet
werden, um die Ware überhaupt noch loszuwerden.

Hat also ein Händler viele Fast Seller (z. B. Szene-Ware, In-Ware) im Sortiment,
begibt er sich damit in die Gefahr besonders radikaler Preisabschriften, wenn
er zuviel einkauft.

---

[40] Vgl. Villiger, R.: Einzelhandel, S. 69 sowie Moritz, S.: Fast Seller, S. 1 (vgl. Literaturverzeichnis).

- **Nachteile/Grenzen der Preisabschriftenpolitik**

In der Regel wird **mehr Schaden** (↓ Spanne) **als Nutzen** (↑ LUG) erzeugt, d. h., die Rendite und der Gewinn sinken. Eine Analyse des Verfassers anhand einer Saison-KER ergab z. B., dass bei einer Erhöhung der gesamten saisonalen Preisänderungen um satte 50 % die LUG rechnerisch nur von 1,85 auf 1,88 (also nur um 0,03 !) stieg, die erzielte Spanne dagegen um fast 1 % fiel (von 49 auf 48 %). Diesem Rechenbeispiel lag die Annahme zugrunde, dass der Umsatz sich durch die erhöhten Reduzierungen nicht steigern lässt, da zwar mehr Kunden in den Laden kommen, aber der Durchschnittsbon deutlich sinkt. Ob nun der Umsatz gleichbleibt, sei dahingestellt. Viele Praktiker stimmten diesem Beispiel allerdings kopfnickend zu, weil sie offensichtlich dieselben Erfahrungen gesammelt haben.

Preisabschriftenpolitik ist im Grunde kein aktives Marketinginstrument, vielmehr handelt es sich um ein **passives, reaktives**, hinterher einzusetzendes Korrektiv des fehlerhaften Einkaufs. Es ist eine alte kaufmännische Binsenweisheit, dass ein richtiger Einkauf, begründet in einem richtigen Preislagen-, Warengruppen- und Größenaufbau, wesentlich fruchtbarer ist als Preisabschriften.

Bei übertriebenen Preisänderungen wird ein Fachgeschäft außerdem unglaubwürdig, und das **Gesamtimage** entwickelt sich in die Richtung „billiger Jakob".

Dazu sei wieder Herbert N. Casson, Einzelhandelsberater, aus seinem im Jahr 1928 erschienenen Buch „More Net Profit" zitiert:

„Preisschleuderer wird es immer geben, wie es immer Selbstmörder geben wird. Kein Gesetz und keine Verordnung wird eine Firma daran hindern können, einen Artikel, der 10 Mark wert ist, um 8 Mark zu verkaufen. Man kann ja auch niemand daran hindern, von einem Autobus nach rückwärts abzusteigen und sich dabei den Schädel am harten Pflaster zu zerschlagen ... Preisschleuderei bedeutet den Verlust der besten Kunden. Leute, die erstklassige Ware wollen, werden nicht mehr in einem Geschäft einkaufen, das ihnen 9-Mark-Artikel für 4 Mark ankündigt ... Gleich und gleich gesellt sich gern, mindere Ware zieht mindere Kunden an, und es ist meistens falsch, hundert billige Kunden für zehn Qualitätskunden einzutauschen."

Ob diese Weisheit auf heute übertragbar ist, möge der Leser für sich selbst entscheiden.

- **Vorteile der Preisabschriftenpolitik** (wann ist sie sinnvoll)

Selbstverständlich kann man Preisabschriften nicht wegdiskutieren. Sie gehören zum Handelsalltag dazu und sind nicht mehr wegzudenken. Der Handel hat schließlich seine Kundschaft dahingehend erzogen. Einkaufsfehler kommen natürlich auch immer wieder vor. Insofern sind Preisabschriften besonders

- zur gezielten Teillager-Säuberung (einzelne WGR, Artikel)
- zur gezielten Eliminierung von „Pennern" oder unrentablen WGR

einzusetzen. Wie sonst sollte man sein Lager auch räumen? Manche Unternehmer sehen die Preisreduzierungen gar als aktives Marketinginstrument – z. B. über Mondpreise, massive Schnäppchenaktionen etc. Die Frage ist eben, für welche Betriebsformen ist so etwas geeignet, und ist dieses Instrument strategisch sinnvoll?

Welche Konsequenz ziehen wir aus den eben diskutierten Vor- und Nachteilen? Man muss also mit Abschriften (bewusst) leben. Um eine bestimmte Zielrendite zu erreichen, darf man sich nicht nur auf das Gefühl verlassen, nach dem Motto: „Reduzieren wir mal – mal sehen, was dann dabei rauskommt!" Man sollte vor der Planperiode einen Preisänderungs-Zielwert festsetzen und dann auf diesen hinarbeiten.

- **Wechselwirkungen von Preisabschriften**

Meist sind überproportional viele Preisänderungen nötig, um die LUG zu steigern. Eher wird die Spanne geschädigt, als dass die LUG steigt. Konsequenz: Preisänderungen moderat und mit klarer Limitierung einsetzen.

Kunden nehmen Preisänderungen eher wahr als Unterkalkulation. Ein von 198 € auf 149 € reduziertes Teil mit Rotpreis fällt eher auf als ein entsprechend unterkalkuliertes Teil mit Normalpreis.

Preisänderungen erzeugen allerdings überproportional **Minderwertigkeit**, der Eindruck psychischer Veralterung der Ware nimmt zu. Rentabler und imagefördernder für ein Outfit-Geschäft ist der Weg über die Preislagen. Man kann sehr gut kalkulieren, gleichzeitig aber Anfangspreislagen besonders herausstellen. Die Wirkung: Der Kunde glaubt, der Anbieter sei günstig.

Beispiel: Ein Kunde möchte ein weißes Hemd. Bei der Warenvorlage könnte der Verkäufer z. B. ein Hemd für 39,90 €, eines für 59,90 und eines für 99 € vorlegen. Nimmt der Kunde das Hemd für 99 €, so ist das Preis-Leistungs-Image dennoch nicht gestört, denn er hätte ja die Option auf ein günstiges Hemd zu 39,90 € gehabt. Selbst wenn er dann das „billige Hemd" genommen hätte, hätte man z. B. auch gut daran verdienen können – denn es stammt z. B. vom Einkaufsverband und ist mit 180 % Aufschlag kalkuliert. Vielleicht nimmt er dann sogar zwei davon.

Das ist also der Kniff:

> Eine gute Kalkulation erzielen, wobei der Kunde **dennoch**
> das Gefühl eines guten Preis-Leistungs-Verhältnisses hat.

Das **Preis-Leistungs-Image** ist also weniger gut mittels Unterkalkulation oder durch **bedeutend mehr** niedrigere Preislagen aufzumöbeln; die effizienteste Lösung scheint im richtigen Herausstellen vorhandener Anfangspreislagen zu liegen. Wie kann dies geschehen?

Herausstellen von Anfangspreislagen

- im Schaufenster mehr Anfangspreislagen dazudekorieren (Aha-Effekt, „der hat sowas ja auch!", neue Zielgruppen, mehr Frequenz)
- im Eingangsbereich
- mittels Aktionsware, entsprechende Ständer etc.
- bei der Innenpräsentation (Anfangspreislagen hervorheben)
- in der Werbung (z. B. 49-€-Prospekt)
- im Verkaufsgespräch beispielsweise auch das günstige Einkaufsverbands-Hemd mit vorlegen (trotzdem gut kalkuliert)
- Shop-in-Store-Systeme mit preisaggressiven, schnellen Marken (aber nicht unbedingt als Hauptgewicht)

Die Frage nach „früher oder später reduzieren?" kann nicht klar beantwortet werden. Es gibt wohl den Spruch: „Die erste Reduzierung ist die beste!" Wann und wieviel aber konkret reduziert werden soll, bleibt im Dunkeln. Die meisten Fachhändler, wie gesagt, nehmen ihre ersten massiven Reduzierungen bereits mehrere Wochen vor dem Schlussverkauf vor. Auch die Frage nach „hoch oder niedrig reduzieren" bleibt offen. Fest steht nur, dass bei einem gewollten Rendite- und Gewinnwert **vorher** die Preisabschriften limitiert werden müssen (klarer Zielwert).

Also sollte man in der Planungsrechnung von Vergleichswerten ausgehen und dann – monatlich kontrolliert und gesteuert – versuchen, diesen Planwert auch einzuhalten, statt nach dem „Hornberger Schießen" vorzugehen mit dem Motto: „Reduzieren wir halt mal und schauen, was am Jahresende rauskommt!" Die Mitarbeiter, die für Reduzierungen verantwortlich sind, sollten also immer klare Vorgaben bekommen.

1.3 Personalplanung

Dieser Punkt ist neben der Miete entscheidend für die Kosten- und Gewinnplanung, denn i. d. R. machen die Personalkosten 50 % bis zwei Drittel aller Kosten aus. Auch sind sie wichtig für die Durchsetzung von öffentlichen Existenzgründungshilfen. Die verantwortlichen Stellen prüfen oft akribisch genau diesen Planungsaspekt. Nicht selten kam ein Antrag als abgelehnt zurück – weil bei der Personalaufstellung kleinere Formfehler vorhanden waren (wenn z. B. die Lohnsteuerpauschale 30 % für die Aushilfe vergessen wurde). Also: Hier besonders sorgfältig arbeiten!

Zur Ermittlung des Personalbesatzes und der Personalkosten gibt es verschiedene Verfahren:

* **Vergleichsmethode**

Man begründet seine Planungsrechnung mittels Vergleichsdaten (z. B. von ERFA-Gruppen, BAG, IfH Köln, BTE-Taschenbuch).

Beispiel:

Planung der Eröffnung eines Wäscheladens in einer Mittelstadt ...

... über Input-Vergleichsdaten (laut BTE-Taschenbuch 2007)

Fremdpersonalkosten Durchschnitt	14,8 % /	Durchschnittgehalt 26.500 €
Kalkulatorischer Unternehmerlohn	(Durchschnitt 8,6 %)	*(inkl. aller Nebenkosten)*

→ Besser als 8,6 %: 30.000 € Unternehmerlohn einsetzen, damit bei denjenigen Personen, die den Kredit bewilligen, kein „Neidkomplex" entsteht und der Kreditantrag negativ betrachtet wird. Bei gutem Geschäftsverlauf kann der Unternehmer sich später immer noch sein Salär erhöhen.

Planumsatz z. B.   0,5 Mio. → 14,8 % = 74.000 € Fremdpersonalkosten

74.000 € : 26.500 € = 2,8 Personen (1/1)

2,8 Personen → Beispielsweise eine Vollzeitkraft (100 %) = 1
+ 3 Halbtagskräfte à 0,50 (50 %) = 1,5
+ 1 Aushilfe à 0,30 (30 %) = 0,3

(plus ein Unternehmer als 1/1-Kraft)

... über Output-Vergleichsdaten *(laut BTE, KBV, ERFA ...)*

Umsatz pro Beschäftigte Person	151.500 €
Umsatz pro Verkäufer	189.500 €
Verkäufer : restliches Personal = 80 % : 20 %	

Planumsatz 0,5 Mio. € → 500.000 : 151.500 = 3,3 Personen (1/1)

davon sind 500.000 : 189.500 = 2,6 Verkäufer (1/1)

→ Die Planung könnte demnach so aussehen:

1 Unternehmer	0,5 Verkauf	0,5 Orga, Einkauf, ...
1 Vollzeitkraft	1,0 Verkauf	
2 Halbtagskräfte	1,0 Verkauf	
2 Aushilfen 10 h / Woche	0,25 Verkauf	0,2 Orga, Büro, Lager, ...
→ Summe 3,25	Summe 2,75 Verkauf	Summe 0,7 Backoffice

Dabei soll die Aushilfe erst später eingestellt werden, wenn sich abzeichnet, dass der erwartete Umsatz auch eintrifft. Erfahrungsgemäß melden sich die besten Aushilfen erst während des Geschäftsbetriebs im Laden.

• Personalbesatz-Planung

Man orientiert sich hier an den üblichen Personalbesatz-Zahlen (siehe Abschnitt I.8.3), z. B. könnte man von 80 m² pro 1/1 gezähltem Verkäufer ausgehen und korrigiert den Planwert – je nach geplanter Bedienungsform, z. B.:

Vorwahl mit SB-Aktionszonen vorne	100 m² pro 1/1 VK
Vollbedienung – Herrenausstatter	60 m² pro 1/1 VK

→ Bei 400 m² ergäbe sich ein Personalbedarf von fünf Verkäufern (1/1), die jedoch nicht immer da sind.

Andere Version:
Man geht vom tatsächlich anwesenden Verkäufer aus, denn der ist ja nicht immer da, weil die Arbeitszeit kleiner ist als die Öffnungszeit wegen Urlaub, Krankheit etc.

- **PEP-Methode** (die genaueste)

Ladenöffnungszeit LÖZ	365 Tage . / . 52 Sonntage . / . 13 Feiertage = 300 Tage
	300 Tage × 9 h durchschnittliche Öffnungszeit pro Tag **= 2.700 h p. a.**
Arbeitszeit AZ	Nicht-Tarif: 40 h × 52 Wochen = 2.080 h
	abzüglich (in Wochen): – Urlaub (6) – Krankheit (1) – Feiertage (2) – Sonstiges, Pausen ... (1)
	Σ (10 Wochen) = 19 % = 400 h
	Netto-AZ effektiv = **1.680 h**

LÖZ 2.700 : AZ 1.680 = 1,61

→ für eine Stelle benötigt man im Schnitt 1,6 Personen

Beispiel: HAKA-Geschäft mit 500 m² VK-Raum
Mithilfe von Grundriss, Ladenbau, Sortimentsplan und persönlicher Sichtung baulicher Gegebenheiten (z. B. Winkel, Stockwerke) ergibt sich ein Planbesatz von 150 m² pro **anwesendem** Verkäufer.

Wie viele Verkäufer müssen eingestellt werden (Unternehmer zur Hälfte im Verkauf)?

→ 500 : 150 m² = 3,33 Verkäufer notwendig

→ 3,33 Verkäufer × 1,61 (LÖZ : AZ) = 5,4 Personen

→ 5,4 Personen abzüglich 0,5 Unternehmer im Verkauf = 4,9 Personen

→ Also müssen rund fünf Personen für den Verkauf eingestellt werden.

1.4 Plan-Warenlager und wichtige Kostenpositionen

Das Plan-Warenlager

Das Plan-Warenlager ermittelt sich durch eine Kapitalbedarfsrechnung für das Warenlager.

Beispiele:

(1) einfachste Art

geplanter (Mehr-)Umsatz durch Umbau geteilt durch Faktor 4* (1.000.000 : 4)	= 1.000.000 (VW)
= Kapitalbedarf Warenlager	= **250.000 (EW)**

(bei Plan-LUG = 2 ×: Faktor 4*, dieser Faktor ermittelt sich aus der Formel: *Faktor = 2 × Plan-LUG*)

(2) einfache Art

Planumsatz	=	1.000.000 (VW)
→ Abwertung in den Einkaufswert (EW) = 1.000.000 : 2	=	500.000
→ Ermittlung durchschnittlichen Bestands des Warenlagers	$= \dfrac{\text{Plan-Wareneinsatz } 500.000}{\text{Plan-LUG } 2,5 \times}$	
	=	200.000
→ plus Reserve (10 bis 20 % Einkaufsfehler / Moderisiko / opening stock)	+	30.000
→ Plan-Investition in das (Start-)Warenlager (opening stock)	=	**230.000**

Die Zugabe im ersten Jahr bedient u. a. die zu erwartenden höheren Umsätze in der Eröffnungsphase (insbesondere die ersten Tage, z. B. Donnerstag bis Samstag). Wird mit eher unbekannten Marken eröffnet, so sind eher nur 10 % Zuschlag anzusetzen (in bestimmten Fällen ohne Werbung sogar auch einmal 0 %), bei bekannten Marken mit hohem Zulauf und wenig NOS-Möglichkeiten ab dem ersten Tag eher in Richtung 20 %.

(3) genauere Art

Grundwarenlager (Plan-LUG = 2 ×) bei 1. Zahlungsziel

Planumsatz	1.000.000
− Plan Erzielte Spanne	54 %
= Plan-Wareneinsatz	460.000
− Plan-Skonto 4 % vom EW	18.400
= Summe	441.600

$$\text{Kapitalbedarf Warenlager} = \frac{441.600 \times (180 - 10)}{360} = \mathbf{208.533}$$

(360 Tage : Plan-LUG 2 = 180 Tage Kapitalbindungsdauer,
10 Tage = Zahlungsziel für 4 % Skonto)

Auch die geplanten Kosten sollten sich am besten an Erfahrungswerten bzw. an veröffentlichten Vergleichswerten orientieren. Im Folgenden wird eine grobe **Orientierungshilfe** für die Branche Bekleidung, Schuhe und Sport angeboten.

Kostenstruktur für Plankosten

Kostenart	Planwert in % vom Umsatz
Personalkosten	10–20 % (Unternehmerlohn inkl.)
Mietkosten	3–10 %
Raumnebenkosten	1–1,5 %
Gewerbesteuer	0–0,5 %
Werbung / Deko	2–4 %
Reise / Kfz-Kosten	0,5–1,0 %
Alle sonstigen Kosten	2–3 %

(ohne Zinsen und AfA)

2 Erfolgs- und Liquiditätsplanung

Die Ausdrucke der Erfolgs- und Liquiditäts-Planungsrechnung mithilfe des Excel-Sheets „Planung.xls" können mit folgenden Indikatoren zur Erfolgsträchtigkeit und zur erstjährigen Liquiditätsbelastung interpretiert und bewertet werden:

* **Steuerlicher Reingewinn (Plan)** in % und €
  – Liegt der Wert mindestens im Branchendurchschnitt?
  – Können mit dem €-Wert die Unternehmensziele erreicht werden?
  – Ist die Differenz zwischen Ergebnis mit und ohne Plan-Investitionen zu hoch im Hinblick auf Risikoziele?
  – Der Gewinn sollte mindestens 25.000–40.000 € bzw. 5 bis 10 % des Umsatzes (je nach Betriebsgröße) betragen

* **Einnahmen-/Ausgabenrechnung** (Cashflow-Rechnung)
  – Liegt mindestens eine Überdeckung > Abschreibungen vor?
  – Entspricht der €-Wert den gesetzten Zielen?
  – Kapitalrückbildung und Substanzerhaltung müssen gewährleistet sein

* **Mindestumsatzrechnung und Risikospanne**
  – Ist der Mindestumsatz ohne Gewinn (= kostendeckender MU) mindestens 10 % kleiner als der Planumsatz?
  – Kann der MU inkl. des angestrebten Gewinns mit einer hohen Wahrscheinlichkeit erreicht werden?
  – Ist die Risikospanne im Hinblick auf die Risikoziele hoch genug?
  – Die Risikospanne soll mindestens +10 bis +20 %, der MU soll sicher erreichbar sein

* **Plan-Betriebsergebnis** (1. Jahr)
  – Liegt das Plan-BE mindestens im Branchendurchschnitt?
  – Können damit die Unternehmensziele erreicht werden?
  – Wo liegt die Priorität: bei Erfolgs- oder Liquiditätszielen?
  – Das Plan-Betriebsergebnis sollte mindestens +3 % des Umsatzes betragen zwecks Substanzerhaltung

Konkretes **Fallbeispiel** (Input-Daten siehe nächste Seite):

Investitionsplanung-Dateneingabe (= grau)

Firma	Müller		135	m² Gesamtraum Plan
Projekt	XY Store		125	m² Verkaufsraum Plan 93%
Jahr	2007		2,00	Beschäftigte Personen Plan (Vollzeit)
1 = worst case, 2 = ø-case, 3 = best case	1		2,00	Anzahl Verkäufer Plan (Vz) 100%
			62,5	Personalbesatz Plan m²/Vk.
				(Personen inkl. Unternehmer, Vollzeit 163 h)

1) Plan-Investitions-Summen (Aktiva) — alternativ: — Abschreibungssätze in %

Gebäudemantel (Fassade ...)	10.000 €			10,00% *(3–5%)*
Geschäftseinrichtung	90.000 €	650 €	€/m²	12,50% *(10–15%)*
Fuhrpark/Kfz	0 €	90.000 €	Einrichtung	0,00% *(20–50%)*
EDV-Anlagen, Software	6.000 €		(fix)	20,00% *(20–50%)*
Sonstiges Anlagevermögen	7.000 €			20,00% *(20–50%)*
Warenlager neu/Erweiterung/ Änderung Durchschnitt	0 €	5,50	Plan-LUG	*Plan-Warenlager (fix):* 30.408 €
Sonstige Investitionen ohne AfA	2.000 €			*(Kapitalbedarf wird dann errechnet, wenn WL = 0)*
Investitionen Gesamt	**145.408 €**			

2) Plan-Finanzierungs-Summen (Passiva) — Laufzeit | Jahre — Auszahlg. — Zinssatz

			Laufzeit	Jahre	Auszahlg.	Zinssatz
Eigenkapital vorhanden bar/Sach	50.000 €	*Bezeichnung eingeben:*			(Satz)	(effektiv) 34%
Kontokorrent (Durchschnitt Überziehung p. a.)	500 €	*Bankname*				8,50% 0%
Darlehen Öffentliche Mittel*	0 €	*Bankname*	0		100%	0,00% 0%
Darlehen 2	95.000 €	*Volksbank*	5		100%	4,50% 65%
Darlehen 3	0 €	*Bankname*	0		100%	0,00% 0%
Sonstige Kredite, Bausparverträge	0 €	*Bankname*	0		100%	0,00% 0%
Finanzierungssumme Gesamt	**145.500 €**	–92 € → Überfinanziert! Prüfen!				100%
Finanzierungssumme ohne Disagio	**145.500 €**	** Tilgungsfreie Jahre trotzdem in die Laufzeit integrieren.*				

3) Plan-Umsätze und -Kosten — €-Summen — alternativ:

Bruttoumsatz KER bisher *(neu = 0)*	0 €			*Planumsatz (fix):*
Plan-Bruttoumsatz Gesamt	0 €	3.500 €	m²-Umsatz VR	437.500 100%
Plan-GF-Gehalt *(nur bei GmbH)*	0 €			
Plan-Lohnaufwendungen Angestellte	50.000 €			
Plan-Lohnnebenkosten inkl. AGA	0 €			*Plan-Personalkosten (fix):*
Plan-Personalkosten Gesamt	**50.000 €**	0 €	Durchschnittsgehalt je Beschäftigtem	50.000 11,4%
Weitere Kosten: (* nur bei Umbau, ...)				*Plan-Miete (fix):*
Mieten	0 €	30 €	m²-Miete je Monat	48.600 11,1%
Raumnebenkosten, Abgabe Center	7.500 €		*(0,8–1,5%)*	1,7%
AfA Einrichtung bisher* *(neu = 0)*	0 €			0,0%
Werbung, Deko, Sachkosten	3.000 €		*(2,5–4,0%)*	0,7%
Reise-/Kfz-Kosten ohne Kfz-AfA	0 €		*(0,5–1,3%)*	0,0%
Zinsen, Geldnebenkosten bisher* *(neu = 0)*	0 €			0,0%
AfA EDV, Kfz, Sonstiges bisher* *(neu = 0)*	0 €			0,0%
AfA Haus/Grundsteuer bisher* *(neu = 0)*	0 €			0,0%
Gewerbesteuer	1.000 €		*(0,0–0,5%)*	0,2%
Hausaufwand/Außerordentlicher Aufwand	0 €			0,0%
Sonstige Kosten (Buha, EDV, Tel. ...)	5.000 €		*(2,7–4,0%)*	1,1%
Gesamtkosten Summe	**115.100 €**	Kosten ohne Neufinanzierung		26,3%

4) Plan-Erträge — 5) Sonstige Angaben

Eingangskalkulation Plan (KER)	59,92%		Umlagekosten Filiale	0 €	0,0%
Erzielte Kalkulation Plan (KER)	53,00%		Privatentnahmen effektiv	10.000 €	2,3%
Skonti/Boni Abschlag	2,56%	*Abschlag:*	EinkSt-Vorauszahlung	10.000 €	2,3%
Inventurdifferenz Pauschale Sparvermögen	0,50%	*15,97%*	Kalkulatorische Miete	0,00%	
MwSt.-Aufschlag	19,00%		Kalkulatorischer Unternehmerlohn	10.000 €	2,3%

Auswertungen (EDV-Ausdruck mit Planung.xls):

• **Planbilanz**

infoPLAN	– Seite 2 –	Ergebnisse					
Einjährige Erfolgs- und Liquiditätsplanung für den Einzelhandel (Ermittlung der durchschnittlichen Belastung n Jahre)							
Firma/Projekt/ Jahr	Müller	XY Store	2007		worst case		
Baustein I: Planbilanz/Finanzierung							
Investitionen	**(€)**	**Finanzierung**			**(€)**		
Gebäudemantel (Fassade, ...)	10.000	Eigenkapital			50.000	34%	
Geschäfts-einrichtung	90.000	Kontokorrent	_Bankname_		500	0%	
Fuhrpark/Kfz	0	Darlehen Öffentliche Mittel	_Bankname_		0	0%	
EDV-Anlagen, Software	6.000	Darlehen 2	_Bankname_		95.000	65%	
Sonstiges Anlage-vermögen	7.000	Darlehen 3	_Bankname_		0	0%	
Warenlager neu/ Erweiterung/ Änderung Durchschnitt	30.408	Sonstige Kredite	_Bankname_		0	0%	
Disagio/Damnum	0						
Sonstige Investi-tionen ohne AfA	2.000						
Investitionen Gesamt in €	**145.408**	**Finanzierungssumme in €**			**145.500**	**100%**	
Einrichtung je m² VK-Raum	_720_	_€/m²_					

→ Die Planbilanz ist fast ausgeglichen. Für die Finanzierung wurden 92 € zuviel eingegeben. Das geplante Eigenkapital beläuft sich auf immerhin 34%! Die Eingangstüre plus das Logo kosten rund 10 T€.
Die Einrichtung ist vom Franchisegeber vorgegeben mit 650 €/m² Verkaufsraum plus Reserve/Büro/Lager mit insgesamt 90 T€.

Für die EDV wird kein neues System benötigt, lediglich eine POS-Kasse plus Software sowie ein Musiksystem. Das Warenlager wurde nach der Formel Punkt 1.4 (c) errechnet. Die anderen Investitionen richten sich nach den Angaben des Bauträgers (z. B. Klimaanlage).

- **Finanzierungsdaten**

Abschreibungen	(€)		(€)	
Gebäudemantel (Fassade, ...)	1.000	EDV-Anlagen, Software	1.200	
Geschäftseinrichtung	11.250	Sonstiges Anlagevermögen	1.400	
Fuhrpark/Kfz	0	**Summe Abschreibungen**	**14.850**	10 %
Finanzierungsdaten		**Zinsen 1. Jahr***	**Damnumkosten**	**Tilgung p. a.**
Kontokorrent (Durchschnitt Überziehung p. a.)	*Bankname*	43 €	(€)	(€)
Darlehen Öffentliche Mittel	*Bankname*	0 €	0	0
Darlehen 2	*Volksbank*	4.275 €	0	19.000
Darlehen 3	*Bankname*	0 €	0	0
Sonstige Kredite, Bausparverträge	*Bankname*	0 €	0	0
Summen in €	**23.317**	**4.318**	**0**	**19.000**
		* maximale Zinsen 1. Jahr, vom Tilgungsdarlehen ausgehend		

Die geplanten jährlichen **Abschreibungen** ergeben sich aus den AfA-Sätzen (10 % für die Fassade, 12,5 % für die Einrichtung, 20 % für den Rest) und betragen 14.850 €.

Die **Finanzierungsdaten-Ermittlung** sei anhand des Volksbank-Darlehens (95.000 €) erläutert:

Exkurs: Wäre der Auszahlungssatz nur 98 %, dann wie folgt:

Netto-Darlehenssumme (benötigt) 95.000 = 98 % Auszahlungssatz
Brutto-Darlehenssumme (de jure)   X   = 100 %

$$\rightarrow X = \frac{95.000 \times 100\%}{98\%} = \textbf{96.939 €} = \text{aufzunehmender Kredit (\glqq Brutto-Summe\grqq)}$$

$\rightarrow$ Damnum (Disagio) = 96.939 ./. 95.000 = **1.939 €**

$$\rightarrow \textbf{Damnumkosten (\glqq Finanz-AfA\grqq) p. a.} = \frac{1.939}{\text{Laufzeit 5 Jahre}} = \textbf{387,80 €}$$

In obigem Beispiel gibt es einen Auszahlungssatz von 100 %. Insofern gibt es keinen Disagiobetrag und somit auch keine Damnumkosten in der GuV. 100 % Auszahlung ist generell zu empfehlen, um eine bessere Vergleichbarkeit zwischen verschiedenen Darlehensangeboten herzustellen.

$$\rightarrow \text{Abzahlungssumme (\textbf{Tilgung}) p. a.} = \frac{95.000 \text{ (brutto)}}{\text{Laufzeit 5 Jahre}} = \textbf{19.000 €}$$

$$\rightarrow \textbf{Zinsen} \text{ p. a. (Zinssatz p = 4,5\%)} = \frac{95.000 \times 4,5}{100} = \textbf{4.275 €}$$

Der Zinssatz drückt hier die **maximale Zinsbelastung** (also 4.275 €/erstes Jahr) – ausgehend von einem Tilgungsdarlehen, aus, ohne Berücksichtigung unterjähriger Zinsen. Im zweiten Jahr hätte man z. B. nur noch 95.000 € – Tilgung 19.000 € = Restschuld 76.000 × 4,5 % (fix für fünf Jahre) = 3.420 € Zinsen etc. ... Er wird also von Jahr zu Jahr geringer.

Das Excel-Sheet weist also nur die Höchstbelastung im 1. Jahr aus. Stattdessen könnte man auch den durchschnittlichen Zinssatz – ausgehend von einem Annuitätendarlehen – ansetzen. Andererseits ist es besser, bei Investitionsplanungen (auch aus Sicht der Banken) ein gewisses Risiko einzukalkulieren und Investitionsrücklagen zu berücksichtigen. Insofern kann man auch mit der höheren Kostenbelastung weiterrechnen (Frage des Blickwinkels).

Der Zinssatz für den **Kontokorrentkredit** beträgt bei der Firma 8,5 % und hat zunächst einmal keine Begrenzung bei der Laufzeit. Die angegebenen 500 € entsprechen der im Durchschnitt kalkulierten Überziehung (nicht der maximalen Überziehung = Kreditlinie). Bei einem Franchisestore mit hoher LUG wie dem geplanten Objekt ist davon auszugehen, dass man sogar in keinem der 12 Monate mit dem Kontokorrent im Minus sein wird.

Günstige **öffentliche Kredite (z. B. ERP/GuV)** sind oft in den ersten zwei bis drei Jahren ohne Tilgung. Aus den bereits erwähnten Gründen (Risikokalkulation) können diese Tilgungsausfälle ignoriert werden (d. h., die Tilgungen werden trotzdem als Ausgaben angesetzt) und schmälern die Planungsergebnisse. Nach den zwei bis drei tilgungsfreien Jahren muss man schließlich auch wieder im Plus sein. Dessen muss man sich bewusst sein.

* **Plankosten/Plan-GuV**

Auf der linken Seite findet man die kameralistische Sichtweise (Sichtweise der Buchhaltung/GuV; Kosten = 30,7 %). Auf der rechten Seite sind sämtliche kalkulatorischen Kosten angesetzt (Unternehmer, Miete bei eigenen Räumen, Zinsen BGA und Warenlager), dafür wurden die Zinsen GuV ausgeblendet → Sichtweise der Kostenrechnung (Kosten = 33,2 %).

Baustein II: Plankosten

Plan-GUV (Soll-Seite)	(€)	(in %)	Trend laut Plan	(alles in €)		
Bruttoumsatz KER bisher	0 €					
Plan-Bruttoumsatz Gesamt	437.500 €	100,0%	0%	Umsatz/ Verkauf	**Betriebliche Kostenrechnung**	
				218.750		
Plan-GF-Gehalt (nur bei GmbH)	0 €	0,0%		50.000	Effektive Personalkosten	11,4%
Plan-Lohnaufwendungen Angestellte	50.000 €	11,4%		10.000	Kalkulierter Unternehmerlohn	2,3%
Plan-Lohnnebenkosten inkl. AGA	0 €	0,0%		Durchschnitts- gehalt/MA		
Plan-Personalkosten Gesamt	50.000 €	11,4%	50.000	30.000	Personalkosten	13,7%
				Miete/m² p. m.	Kalkulierter Zins Einrichtung	0,2%
Mieten	48.600 €	11,1%	30	30	Effektive/ Kalkulierte Miete	11,1%
Raumnebenkosten, Abgabe Center	7.500 €	1,7%	3.241	Umsatz/m² GR	Raumneben- kosten	1,7%
AfA Einrichtung (bisher + neu)	11.250 €	2,6%	3.500	Umsatz/m² VR	AfA Einrichtung	2,6%
Plan-Raumkosten Gesamt	67.350 €	15,4%	636	Warendichte	Raumkosten	15,6%
Werbung, Deko, Sachkosten	3.000 €	0,7%			Werbung/Deko	0,7%
Reise-/Kfz-Kosten ohne Kfz-AfA	0 €	0,0%			Reise/Kfz-Kosten	0,0%
Zinsen/Geldneben- kosten (bisher + neu)	4.318 €	1,0%			Kalkulatorischer Zins BGA	0,3%
AfA EDV, Kfz, Sonstige (bisher + neu)	2.600 €	0,6%			AfA BGA Rest	0,6%
AfA Haus, Grundstück (bisher + neu)	1.000 €	0,2%			Kalkulatorischer Zins WLag	0,9%
Gewerbesteuer	1.000 €	0,2%			GewSt.	0,2%
Hausaufwand/Außer- ordentlicher Aufwand	0 €	0,0%			Sozialkosten + Umlag	1,1%
Sonstige Kosten + Umlage Zentrale	5.000 €	1,1%				
Plan Übrige Kosten Gesamt	16.918 €	3,9%			Übrige Kosten	3,8%
Gesamtaufwand Plan (GuV)	**134.268 €**	**30,7%**	26,3%	(ohne Neu- finanzierung)	Betriebliche Kosten	33,2%

- **Plangewinne, Cashflow und Break-even**

infoPLAN	– Seite 3 –	Ergebnisse

Einjährige Erfolgs- und Liquiditätsplanung für den Einzelhandel
(Ermittlung der durchschnittlichen Belastung n Jahre)

Firma / Projekt / Jahr	Müller	XY Store	2007		worst case	

Baustein III: Plan-GUV/Plan-Gewinn/Plan-Betriebsergebnis

Eingangskalkulation Plan KER	59,92 %	Gesamt-Rohertrag GuV	39,09 %			
– Inventurdifferenz/ Diebstahl	0,50 %	– Gesamt-Aufwand GuV	30,69 %			
– Preisänderungen	6,92 %	= Steuerlicher Plangewinn GuV	**8,40 %**		*Soll: > 25.000*	
= Erzielte Kalkulation inkl. Inventur-differenz	52,50 %	in €	**36.767**			
– MwSt.-Abschlag	15,97 %					
+ Skonti / Boni Abschlag	2,56 %	Gesamt-Rohertrag GuV	39,09 %			
= **Gesamt-Roh-ertrag netto**	**39,09 %**	– Betrieblich relevante Kosten	33,16 %		*Soll: > 3 %*	
		= Plan-Betriebsergebnis	**5,93 %**			
		in €	**25.946**			

Der **Plan-Gewinn** (= Plan-Liquiditätsmesszahl) liegt bei +8,4 %, das bedeutet absolut einen Gewinn von immerhin 36.767 € im Erstjahr. Die Aussichten sind hier zufriedenstellend (Minimum wäre 25 T€). Um eine Familie auf Dauer mit großer Sicherheit ernähren zu können und gleichzeitig Rücklagen für Reinves-titionen zu bilden, reicht dieser wohl nicht aus. Entweder müssen auf Dauer die Erträge gesteigert, die Kosten gesenkt oder die Umsätze bzw. die Anzahl der Filialen erhöht werden.

Das **Plan-Betriebsergebnis** (inkl. kalkulatorischer Kosten, ohne effektive Kos-ten, die (a) nichts mit dem Warenhandel zu tun haben, wie Außerordentlicher

Aufwand, und die (b) bereits durch die kalkulatorische Miete abgedeckt werden wie Haus-AfA und Haus-Zinsen), ist **+5,93 %**.

→ Dieses Betriebsergebnis ist erfreulich, denn der Benchmark von mindestens +3 % wird erreicht.

Baustein IV: Cashflow-Rechnung/Liquiditätsplanung			
Steuerlicher Plangewinn GuV	36.767 €		
– Einkommensteuer-Vorauszahlung	10.000 €	Cashflow	12.617 €
– Privatentnahmen effektiv	10.000 €	– AfA	14.850 €
+ Abschreibungen Gesamt	14.850 €	**Substanzverzehr**	**–2.233 €**
– Abzahlungen/Tilgungen	19.000 €		
= Überdeckung (+)	**12.617 €**	= Cashflow	*Soll: Cashflow deutlich > als AfA*

Die Privatentnahmen, die Einkommensteuervorauszahlungen und die Tilgungsraten können gerade gedeckt werden durch den Gewinn → **Kapitalerhalt** ist möglich. Leider ist keine **Substanzerhaltung** möglich, da kein Überschuss zur AfA auftreten wird (Substanzverzehr von 2.233 €). Die Bank wäre vor einer Kreditvergabe in diesem Punkt sehr skeptisch, denn pro Jahr wäre ein Liquiditätsverlust, sprich eine Absenkung des Kontostands um etwa 2 T€ vorprogrammiert, wenn der Unternehmer tatsächlich die angepeilten 10 T€ pro Jahr herausnehmen würde (in diesem Falle so gering, da es sich nur um eine von mehreren Filialen handelt) und er Rücklagen für spätere Investitionen in Höhe der AfA bilden würde.

Der **Mindestumsatz ohne Gewinn GuV** (= Break-even-Point) liegt bei 343.451 €. Wollte man 10 % Gewinn erzielen, müsste man sogar 462 T€ umsetzen. Nun ist mit dem Vertriebsmitarbeiter des Franchisegebers XY zu beratschlagen, ob und wie der erforderliche Mindestumsatz erreicht werden kann.

Diese Betrachtung geschah unter Liquiditäts-Gesichtspunkten. Alternativ kann auch der Mindestumsatz aus Erfolgsgesichtspunkten erfolgen. Dann muss man die Daten aus der Kostenrechnung nehmen, also auch kalkulatorische Kosten. Dadurch wird das Ergebnis meist schlechter (siehe oben). Um kostendeckend zu arbeiten, müssten 2.969 €/m² umgesetzt werden, geplant sind jedoch 3.500 €/m². Was aber, wenn der Planwert nicht erreicht wird (z. B. bei Fehleinschätzung der Lage oder bei Fehlentscheidungen beim Personal?).

Baustein V: Mindestumsatzrechnung			
Bisheriger Umsatz	0 €	0 €	0 €
Plan-Bruttoumsatz Gesamt	437.500 €	3.500 €	218.750 €
Daten aus der Plan-GuV	(alle Aufwendungen)	Planumsatz/ m² VR	Planumsatz je Verkäufer
Mindestumsatz ohne Gewinn	**343.451 €**	2.748 €	171.726 €
Mindestumsatz mit 5 % Gewinn	393.820 €	3.151 €	196.910 €
Mindestumsatz mit 10 % Gewinn	461.502 €	3.692 €	230.751 €
Risikodifferenz Planumsatz – Mindestumsatz *(ohne Unternehmerlohn)*	94.049 €	21 %	(Risikospanne)
Daten aus der Kostenrechnung	(Betriebskosten)	Planumsatz/ m² VR	Planumsatz je Verkäufer
Mindestumsatz ohne Gewinn	**371.131 €**	2.969 €	185.566 €
Mindestumsatz mit 3 % Gewinn	401.979 €	3.216 €	200.989 €
Mindestumsatz mit 5 % Gewinn	425.560 €	3.404 €	212.780 €
Risikodifferenz Planumsatz – Mindestumsatz *(mit Unternehmerlohn)*	66.369 €	15 %	(Risikospanne)

• **Risikospanne**

Die **Risikospanne** errechnet sich folgendermaßen:

Planumsatz	437.500
– kostendeckender Mindestumsatz ohne Gewinn GuV	343.451
= Risiko-Differenz	94.049
94.049 in % vom Planumsatz 437.500 =	**+21,5 %**

Die Risikospanne sollte mindestens +10 % betragen, das Risiko ist hier also nicht allzu groß.

Fazit

Zu der geplanten Investition ist unter den gegebenen Voraussetzungen (Daten des ungünstigsten Falles = worst case) anzuraten, jedoch nur, wenn es gelingt, die Kosten noch um etwa 10 T€, besser 20 T€, zu senken, um das Knockout-Kriterium „fehlende Substanzerhaltung" durch zu niedrigen Cashflow in den Griff zu bekommen. Dies könnte z.B. durch Miet-Nachverhandlung versucht werden oder durch günstigeres bzw. umsatzabhängig bezahltes Personal. Alle anderen Ergebnisdaten sind mindestens zufriedenstellend.

- **Planung einer Ladeneröffnung (grobes Schema)**

Folgende Schritte sind grob zu beachten
(Zeitplanung, ausgehend von einem mittleren Store):

n. n.	Standortsuche, Maklerangebote für neues Ladenlokal, Standortsichtung
1 Woche	Standortanalyse, Frequenzmessung, Sekundärdaten
parallel	Vorblocken von Ware für den Fall der Eröffnung
> 1 Woche	Mietverhandlungen, parallel Finanzierungsplanung
	Unterzeichnung des Mietvertrags
> 1 Woche	Absicherung der Finanzierung, Personalsuche
2 Wochen	Besichtigung durch Store-Architekt, Planentwurf, Gespräche mit verantwortlichem Retail Manager, ggf. Korrekturen Planentwurf, Anträge beim Bauamt (Eingangslösung, Firmenlogo, ...), Warenaufträge Folgemonat
> 1 Woche	Einholen von Angeboten örtlicher Handwerker
parallel	Gespräche mit potenziellen Mitarbeitern
2 Wochen	Elektroinstallation, Trockenbau, Eingangslösung/Schaufenster
1 Woche	Einbau der Beleuchtung, Verlegen des Bodens, Malerarbeiten
parallel	Arbeitsverträge mit Mitarbeitern/Store Manager
< 1 Woche	Einbau/Montage des Ladenbaus durch Ladenbaufirma
2–3 Tage	Anlieferung der Ware (tagesgenau), Einräumen der Ware durch Mitarbeiter vor Ort und Visual Merchandising Team
→	Eröffnung (idealerweise zum 01. oder 15. eines Monats, optimal März/April oder September/Oktober) (alles zusammen also mindestens 12 Wochen)

3 Mehrjährige Finanzplanung

Es folgt ein Beispiel einer mehrjährigen Rentabilitätsvorschau, die immer wieder von Banken eingefordert wird. Zum damaligen Planungszeitpunkt (2004) stand die Mehrwertsteuer-Erhöhung noch nicht im Raum.

Jahr	2006	2006	2007	2007	2008	2008	2009	2009	2010	2010
Plan-umsatz €	550.000		561.000		572.000		583.000		594.000	
Umsatzindex in %	1,00		1,02		1,04		1,06		1,08	
Eingangs-kalkulation Plan KER	321.750	58,50%	328.185	58,50%	334.620	58,50%	341.055	58,50%	347.490	58,50%
– Inventur-differenz/ Diebstahl	2.750	0,50%	2.805	0,50%	2.860	0,50%	2.915	0,50%	2.970	0,50%
– Preisände-rungen	30.250	5,50%	30.855	5,50%	31.460	5,50%	32.065	5,50%	32.670	5,50%
= Erzielte Kalkulation inkl. Inven-turdifferenz	288.750	52,50%	294.525	52,50%	300.300	52,50%	306.075	52,50%	311.850	52,50%
– MwSt.-Abschlag	75.845	13,79%	77.362	13,79%	78.879	13,79%	80.396	13,79%	81.913	13,79%
+ Skonti/Boni Abschlag	9.900	1,80%	10.098	1,80%	10.296	1,80%	10.494	1,80%	10.692	1,80%
– Gesamt-Rohertrag netto	222.805	40,51%	227.261	40,51%	231.717	40,51%	236.173	40,51%	240.629	40,51%
– Personal-kosten effektiv	63.000	11,45%	64.000	11,41%	65.000	11,36%	66.000	11,32%	67.000	11,28%
– Raumkos-ten effektiv inkl. AfA	52.500	9,55%	53.000	9,45%	53.500	9,35%	54.000	9,26%	54.500	9,18%
– Übrige Kosten	45.308	8,24%	45.308	8,08%	45.308	7,92%	45.308	7,77%	45.308	7,63%
= Gesamt-kosten (GuV)	160.808	29,24%	162.308	28,93%	163.808	28,64%	165.308	28,35%	166.808	28,08%
Steuerlicher Plangewinn GuV	61.997		64.953		67.909		70.865		73.821	
in %	11,3%		11,6%		11,9%		12,2%		12,4%	

4.2 Limitplanung

* **Stückplanung – Beispiel einer HAKA-Fläche** (EG + OG):

Firma „Max Menswear"

Sortimentsplan für HAKA-Store
abgeleitet aus Limitplanung
Vorläufige Planung vorbehaltlich der Kaufraumplanung

	Plan-Stück Vororder + NO	Plan-LUG	**Plan Stück Bestückung***	Plan m²	Bestückung je m²
He-Mäntel	58	1,5	**39**	13	3
He-Anzüge	347	1,7	**204**	82	2
HAKA I (OG)					
He-Sakko Indoor	430	1,7	**253**	64	4
He-Jacke Outdoor ohne Leder	538	2,0	**269**	56	5
He-Hosen	2.346	2,0	**1.173**	100	12
He-Jeans	1.394	2,3	**606**	55	11
HAKA II (z. T. im OG)					
He-Strick	1.592	2,5	**637**	67	10
He-Hemden	5.971	3,0	**1.990**	115	17
He-Accessoires / Krawatten	3.500	2,7	**1.296**	35	37
He-Shirts / Polos / Sweats	3.542	2,7	**1.312**	54	24
HE-Artikel					
He-Tagwäsche / Strümpfe	1.000	2,5	**400**	9	44
He-Lederbekleidung	190	1,7	**112**	40	3
HAKA Gesamt	**20.908**	**2,5**	**8.291**	**690**	**12**

* Durchschnittliche Bestückung auf der Fläche = Erstbestückung im Laden davon etwa ein Drittel bis 40 % Nachorder einplanen

(Teile)
(Durchschnittsteile sonst üblich sind etwa 10–25)

→ durch großes OG und vorsichtige Umsatzplanung ergibt sich besonders bei Konfektion eine niedrige Bestückung

Kontrolle:

$$\text{Warendichte/m}^2 \text{ VK-Raum} = \frac{\text{Umsatz/LUG}}{\text{m}^2 \text{ VR}} \quad \frac{905.000}{690} = 1.312 \text{ €/m}^2$$

Sollwert: zwischen 1.200–1.800 €/m². Also in Ordnung. (Umsatz nach oben ausbaufähig.)

- **Planung der Anzahl der zu ordernden Modethemen**

Beispiel DOB-Hersteller, WGR Blusen

Musterkunde				
m²	30,00	EK	59,00 €	
€/m²	8.500,00	VK	139,00 €	
Teile im Shop	249,56	Umsatz	280.500 €	
Warendichte	8,32	Umsatz inkl. PÄ	308.550 €	
Abschriften	10,00	Blusenlimit / Jahr	2.220	
Sicherheit	10,00			
	durchschnittlicher Abverkauf in %	**Umsatz VK in €**	**Einkauf Limit in €**	**Blusen Umsatz (St)**
Januar	6,90	21.290	9.037	153
Februar	6,26	19.315	8.199	139
März	8,52	26.288	11.158	189
April	9,73	30.022	12.743	216
Mai	10,97	33.848	14.367	244
Juni	9,05	27.924	11.853	201
Juli	10,36	31.966	13.568	230
August	7,96	24.561	10.425	177
September	8,81	27.183	11.538	196
Oktober	7,25	22.370	9.495	161
November	6,99	21.568	9.155	155
Dezember	7,21	22.246	9.443	160
Summe		308.550	130.980	2.220
Grundstock	3,00	x Warenträger	1,00	x Rückwand
	235,00 Teile werden zusätzlich als Grundstock benötigt			
	Orderempfehlung gesamt		**Vororder**	**NM & Event**
	Saison HW 05/06			
	Stück	998	665	333
	EK-Limit in €	58.896	39.264	19.632
	VK-Umsatz in €	138.755	92.503	46.252
	Orderempfehlung nach Themen			
	durchschnittliche Ordermenge pro Artikel			14
	erforderliche Modelle pro Shopthema			5
	Kunde schreibt	mittel		
	erforderliche Shopthemen			9,51
	Auslage	**Teile pro Auslage**	**erforderliche Auslagen**	
	Rückwand	40	1	
	Warenträger	65	3	

- **Grundschema einfachste Limitplanung**

Umsatz (orientiert am Vorjahr, ohne Altware, Saison 1 oder Saison 2)
- Erzielte Spanne (orientiert am Vorjahr)
= **Limit EK (HAP)**

→ dann 30 % Nachorder-Reserve abziehen → ergibt Limit Vororder EK
→ dann ordern und nach der Order Ordersummen (= Aufträge) addieren, solange, bis man das Limit Vororder erreicht hat.
→ Varianten: Schema lässt sich anwenden auf
  – Gesamt – pro WGR – pro Lieferant – pro Monat

Beispiel: Haupt-WGR Blusen (Daten in T€)

Umsatz ohne Altware Vorjahr VK/POS	100
(evtl. noch etwas korrigieren, plus oder minus)	
– Eingangs-Spanne 58 %*	mal 0,42
= Limit EK inkl. NOS/Nachorder	42
– z.B. 30 % Reserve für Risiko/NOS/Nachorder	12
= Limit EK endgültig	30
Order beim 1. Lieferanten, z.B. Gerry Weber	*10*
→ Restlimit	20
Order beim 2. Lieferanten, z.B. Betty Barclay	*5*
→ Restlimit	15
Order beim 3. Lieferanten, z.B. Verse	*15*
→ Restlimit	0

→ Ende! Es darf nichts mehr vorgeordert werden.

* alternativ: Umsatz inkl. Altware, dann mit erzielter Spanne abwerten!

- **LUG-Verfahren**
  (veraltet, jedoch für diejenigen, die gerne mit der LUG arbeiten, oder für diejenigen, die nicht in der Lage sind, NOS-Ware in der KER zu trennen von modischer Ware)

→ Vorsicht! Schlechte LUG impliziert niedrige Plan-LUG (kaum steigerbar). Dagegen kann die Steigerung bei einer bereits guten LUG sehr hoch sein (Treibsandeffekt bei miserabler LUG, siehe Tabelle nächste Seite).

→ Das LUG-Verfahren hat wesentliche Schwächen und kann Fehler implizieren. Es entstehen Ungenauigkeiten. Zur groben, überschlägigen Planung kann es jedoch verwendet werden.

Plan-Stückzahl pro WGR mit Plan-LUG
Beispiel: WGR 232 Herren-Sweat

Gegeben:	Ist-Umsatz	VW	78.000	Ist-Erzeugerspanne	51,5 %
	Plan-Umsatz	VW	80.000	Plan-Erzeugerspanne	52 %
	Ist-Ø	EKP	24	Ist-LUG	1,8 ×
	Plan-Ø	EKP	26	Plan-LUG	2,0 ×

Rechenweg:

1) Durchschnittlicher Lager VW Ist $= \dfrac{\text{Umsatz Ist}}{\text{Ist-LUG}} = \dfrac{78.000}{1,8} = 43.333$

2) Durchschnittlicher Lager VW Plan $= \dfrac{\text{Umsatz Plan}}{\text{Plan-LUG}} = \dfrac{80.000}{2} = 40.000$

3) Überlager $= 3.333$
   Unterlager $=$

4) Planumsatz VW $= 80.000$
   + Unterlager $=$
   – Überlager $= 3.333$
   _____
   = Plan-Limit VW $= 76.667$

5) Planlimit VW $= 76.667$
   – Plan-Erzielte Spanne 52 % $= 36.800$ Limit EW

   Limit EW . Durchschnittlicher EKP Plan 26 $=$ **1.415** Stück

LUG Planwerte (Langzeitstudie ERFA-Gruppen, Unternehmensberatungen von P. Anklam 1985–1996)									
IST-LUG (Saison hochgerechnet bzw. Jahr)	**0,80**	**1,00**	**1,20**	**1,40**	**1,50**	**1,70**	**2,00**	**2,50**	**3,00**
PLAN-LUG (realistisch, nächste Saison)									
von ...	0,85	1,10	1,30	1,50	1,65	1,90	2,20	2,70	3,50
bis maximal ...	0,90	1,15	1,40	1,60	1,75	2,00	2,50	3,10	4,00
Dauer, um auf LUG von 2,0 zu kommen (ohne Räumungsverkauf, in Jahren)	5–10	5–10	4–8	3–7	2,5–4	1–3			

- **Limit-Planungsarten**
  (vgl. Skript „Limit" an der LDT Nagold von W. Ziegler[41])

a) Zeitlich

- Dauersortiment (NOS, Basics, ...) → Da es um die Verfügbarkeit der Ware und die Einhaltung eines definierten Mindestbestands geht, steht die **Endlagerquote** im Mittelpunkt

- Einmalsortiment (Mode, Vororder) → Da Mode nächstes Jahr nicht mehr verkäuflich ist, steht das Ziel Abverkauf 100 % bis Saisonende und damit die **Plan-Abverkaufsquote** im Mittelpunkt:
  - pro Saison → Planung nach Haupt-WGR
  - pro Monat → Planung nach Lieferanten oder Flächen

b) Sachlich

- nach Haupt-WGR (Wert und Stück)
- nach Lieferanten bzw. Flächenmodulen (Wert und Stück)
- nach Größen (Stück)
- nach Preislagen (Stück)

---

[41] Ziegler, W.: Limit, Nagold 2006.

- **Empfohlene Limitrechnung**
  (Schema mit Beispielen für F/S in T€)[42]

a) Planumsätze der WGR pro Abteilung (nur bei Umbau etc. nötig)

→ Abteilungen, größere Flächen oder Haupt-WGR werden umgeschichtet (folgendes Beispiel ist also nicht der Regelfall, meist wird Schritt a) übersprungen)

Beispiel: Abt. HAKA-Artikel*

	WG 231 H-Strick	WG 232 H-Sweat	WG 233 H-Shirt	WG 234 H-Hemd	WG 23.. SonstArt	HWGR 23 H-Artikel
Ist-Umsatz	40.000	18.000	18.000	95.000	9.000	180.000
Ist %	22%	10%	10%	53%	5%	100%
Ist-m^2	5	2	2	10	1	20
Plan-m^2	15	10	10	30	5	70
Plan-Umsatz	100.000	80.000	80.000	255.000	40.000	550.000
Plan %	18%	15%	15%	46%	7%	100%
saisonaler Modetrend	−	=	+	+	−	+
Plan % Endgültig	15%	15%	17%	48%	5%	100%
Plan €	80.000	80.000	95.000	265.000	28.000	550.000

* Die Abteilung HAKA-Artikel wurde bei diesem Beispiel von 20 m^2 auf 70 m^2 ausgebaut.

---

[42] Schritt b) bis d) vgl. Ziegler, W.: Limit, Nagold 2006.

b) Ermittlung des Planumsatzes VK

kurz:	Umsatz Ist Vorjahr (Saison F/S oder Monat)	100
+ (–)	Korrektur nach persönlicher Einschätzung	23
→	Planumsatz endgültig	123

lang:	Umsatz Ist Vorjahr (Saison F/S oder Monat)	100
–	Sonder-Umsatz Aktion/Event Ist Vorjahr	10
+	Sonder-Umsatz Aktion/Event Plan NEU	20
=	Plan-Umsatz I	110
+	Teuerungsrate (z. B. plus 2 %)	112
+	Trend laut Messeinformation (in € oder %, z. B. plus 10 %)	123
→	Planumsatz II endgültig	123
	(Planumsatz ohne Preisabschriften)	

c) Ermittlung Limit EK in € (Dauersortiment)

Ist-Lagerbestand Saisonende 30.06. VK	54	= 54 %	Bestandsquote
Ist Umsatz	100		Ist

Soll-Endlagerquote nächste Saison	?	= 30 %	Bestandsquote*
Planumsatz	123		Plan

* Zielwert ist – je nach LUG – zwischen 10 und 40 %, möglichst < 25 %.
  Am besten auch auf Erfahrungswerte des ERFA-Vergleichs zurückgreifen.

→ 30 % von 123 ergibt 37 Soll-Lagerbestand VK
→ Ist Lagerbestand 54 minus 37 Soll ergibt ein momentanes
  Überlager von 17

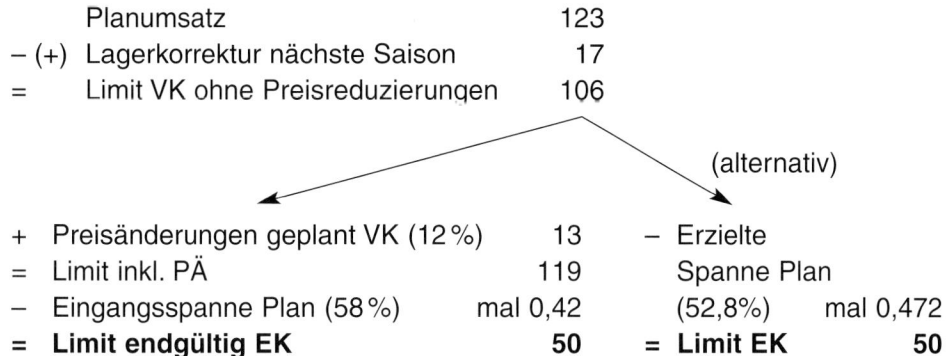

	Planumsatz	123
− (+)	Lagerkorrektur nächste Saison	17
=	Limit VK ohne Preisreduzierungen	106

(alternativ)

+	Preisänderungen geplant VK (12%)	13	− Erzielte
=	Limit inkl. PÄ	119	Spanne Plan
−	Eingangsspanne Plan (58%)	mal 0,42	(52,8%) mal 0,472
=	**Limit endgültig EK**	**50**	= **Limit EK** **50**

d) Ermittlung Limit EK in € (Einmalsortiment)

	Planumsatz	123	
−	Plan-Umsatz davon mit Altware*	30*	
=	Umsatz nur mit Neuware	93	(ohne SSV, Vorjahresware, ...)

*	Ist-Umsatz Vorjahr	100	(„Saison 0")
	davon Ist-Umsatz mit Altware		
	(aus KER rauslassen, durch	30	(Saison 2 ... 99)
	Saisonkennzahl ermittelbar, Saison 1)		
=	Ist-Umsatz Vorjahr nur mit Saison-Neuware	70	(Abverkaufsquote Ist 70%)

→ d. h., dass vom Umsatz 70% über neu zugegangene Ware verkauft wurde

→ Plan-Abverkaufsquote AVQ	80% (vorher 70%,
nächste Saison	nun Steigerung)

Planumsatz ohne Altware	93 = 80% AVQ Soll
Warenbedarf	? = 100%

→ Warenbedarf   116 (= 100% × 93 / 80%)

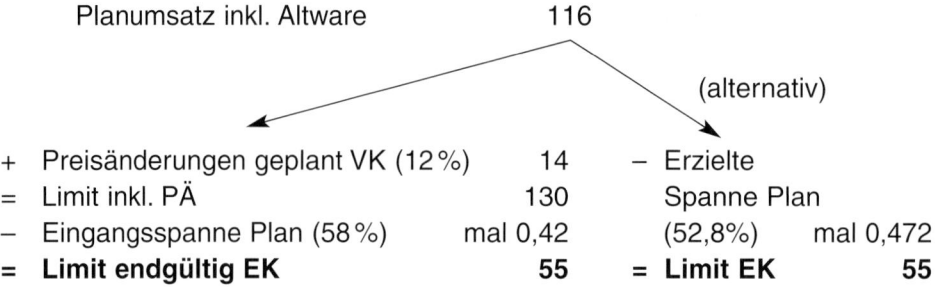

Planumsatz inkl. Altware   116

                                                                    (alternativ)

+	Preisänderungen geplant VK (12%)	14	–	Erzielte
=	Limit inkl. PÄ	130		Spanne Plan
–	Eingangsspanne Plan (58%)	mal 0,42		(52,8%) mal 0,472
=	**Limit endgültig EK**	**55**	**=**	**Limit EK 55**

e) Limitzusammenführung

→ Limit Dauersortiment plus Limit Einmalsortiment ergibt den Gesamtbetrag für die WGR bzw. für den Lieferanten. Im obigen Beispiel ergibt die Addition keinen Sinn (Planumsatz gesamt müsste 123 + 123 = 246 sein, Beispiele waren unabhängig voneinander).

f) Stückzahlverteilung

> Limit in € EK : Durchschnittlicher EK-Preis
> (= Durchschnittlicher VK – erzielte Spanne)
> = Stückzahl-Limit

Stückzahl dann in Anlehnung an bisherige prozentuale Verteilung laut KER verteilen, z. B. mithilfe von Excel-Sheets (z. B. als Download auf www.panklam.de), **Beispiele** siehe folgende Abbildungen.

→ Verteilung nach Größen, Preislagen, Lieferanten, Farbthemen, Formen, ... (alternativ) innerhalb der Haupt-WGR bzw. innerhalb des Lieferanten.

Microsoft Excel - LIPL_WA.xls
Datei Bearbeiten Ansicht Einfügen Format Extras Daten Fenster ? Adobe PDF

	St.	PREISGRUPPEN *(bis... VK in €)*						GRÖSSEN Cup *Schlüssel: 13321*							
WARENGRUPPE 511 BH modisch LIMIT EW in €: 12000 Ø-EKP €: 23,5															
		< 20.-	21-30	31-40	41-60	61-80	>80.-	A	B	C	D	E	F		
UMSATZ Limit St.	511	0	26	77	143	179	71	15	28	179	189	107	28	10	
% v.Ums.	100	0	5	15	28	35	14	3	5	35	33	21	5	2	101
Altware im Trend	5			5											
Vorord.% Ansatz %	70		40	50	60	70	80	80							
63,4 VO-Stck.	324	0	10	33	86	125	57	12	16	113	107	68	16	6	
ORDER Plan	Ist														
Lieferant: Stck	Stck														
Triumph	50	70			10	24	36		6	24	20	10	10		70
Naturana	0	0													0
Schiesser	40	20			10	10			2	6	6	4	2		20
Chantelle	25	46				16	30			10	15	15	6		46
Marie Jo	10	16						16		8	8				16
Malizia	0	12						12	2	4	4	2			12
	0	0													0
		0													0
		0													0
		0													0
		0													0
		0													0
GESAMT geordert	164	0	0	20	34	52	30	28	10	52	53	31	18	0	164
51 %	REST	0	10	13	52	73	27	-16	6	61	54	37	-2	6	SUMME

rot= einzuhaltende Planwerte (werden automatisch errechnet)
blau= Planwerte aus KER/Erfahrungen eintragen
schwarz= geordte Teile eintragen (immer im Kopf dazuaddieren!)

BH / BH Mon / Monatsanteile ERFA / t3 / t4 / t6 /

*Abb: Stückzahlverteilung nach Preislagen und Größen – Beispiel BHs
(obere Hälfte: Planwerte, untere Hälfte: tatsächliche Ordermenge)*

→ Bei der höchsten Preisklasse wurden bereits 16 Teile zuviel geordert, ebenso bei Cup-Größe „E". Insgesamt wurden bereits 51 % des Planwerts geordert.

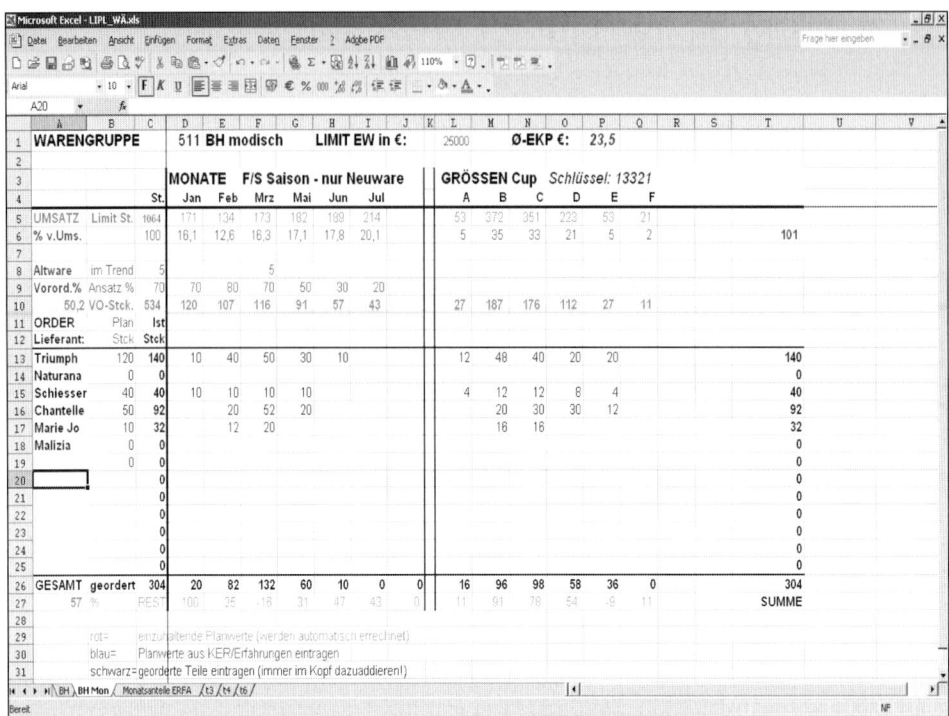

Abb: Stückzahlverteilung nach Monaten und Größen – Beispiel BHs
(obere Hälfte: Planwerte, untere Hälfte: tatsächliche Ordermenge)

→ Für den Liefer-/Verkaufstermin Monat März wurden bereits 16 Teile zu viel geordert, ebenso in Cup-Größe „E" (9 Stück zuviel). Ausgehend von den alten Ist-Werten müsste noch viel mehr in den Größen B und C geschrieben werden und noch viel mehr für Januar (100 Teile fehlen).

5 Planung eines Räumungsverkaufs

Im letzten Abschnitt soll in Kurzform noch auf Räumungsverkäufe eingegangen werden, die in der Outfithandelspraxis nicht mehr wegzudenken sind. Man unterscheidet zwischen:

- Teilräumungsverkauf wegen Umbau (i. d. R. 12 Werktage)
  → nur eine bestimmte Abteilung
- Räumungsverkauf wegen Umbau (i. d. R. 12 Werktage)
  → Gesamthaus
- Räumungsverkauf wegen Geschäftsaufgabe (i. d. R. 24 Werktage)
  → Gesamthaus

Die Termine werden verschieden gelegt, und unter den Experten gibt es auch unterschiedliche Meinungen. Besonders positive Erfahrungen liegen dem Verfasser vor bei folgenden Terminen:

Bester Termin   Mitte Dezember bis Mitte Januar (Aufgabe)
                27.12. bis Anfang Januar (Umbau bzw. Aufgabe bei einem
                HAKA-Geschäft)

Gute Termine   Dezember / Januar / Mai / Juni

In jedem Fall sollten die Räumungen nicht Anfang oder Mitte der Saison stattfinden (insbesondere bei Umbau), ebenso wenig zu den üblichen Schlussverkaufszeiten (Wirkung geht unter). Am besten ist es, wenn man dem geplanten Saison-Schlussverkauf der Mitbewerber zuvorkommt (zwei bis vier Wochen zuvor).

Der Termin um Weihnachten herum hat den Vorteil, dass verschiedene Spitzentage mitgenommen werden können und mehr Geld auf den Konten der Verbraucher vorhanden ist. Falls Printwerbung geschaltet wird, so wird diese über die Feiertage eher wahrgenommen und von mehreren Personen gelesen.

Abweichende Termine lassen sich manchmal leider nicht vermeiden, z. B. wenn bauliche Termine nicht anders gelegt werden können. Im Folgenden soll ein Beispiel einer Räumungsverkaufsplanung wegen Geschäftsaufgabe aufgezeigt werden.

Räumungsverkauf (RVK) – Aufgabe	Firma:	Müller, Emburg	
hier: Geschäftsaufgabe 24 Tage RVK	Umsatz p. a. im Jahr 2006	900.000 €	ohne Atelier
Planung der Liquidität	Umsatz p. m. im Durchschnitt	75.000 €	b)
Geplanter Zeitraum	Umsatz pro Tag im Durchschnitt	3.000 €	
13.12.2007 bis 12.1.2008	„Guter" Umsatz pro Tag (zweifach)	6.000 €	a)
	Gesch. maximaler Umsatz pro Tag (üblich das Dreifache)	9.000 €	a)
DOB: Sept., HAKA/Sport: Dez.	Schlechtester Tag Dez. + Sept. im Durchschnitt	1.450 €	c)
	Modifiziert: Durchschnitt Tag Dez. + Sept.	3.500 €	c)
300	Bester Tag Dez. + Sept. Durchschnitt 2005/2006	9.500 €	c)
Öffnungstage p. a.	Warenbestand 30.11.2006 Plan RVK	160.000 €	(EW)
	Warenbestand 31.12.2006	150.000 €	(EW)
kursive Felder = Eingabefelder			

Die *kursiv* gedruckten Aufgaben sind die Inputdaten, die für eine Planung zur Verfügung stehen müssen. Dabei können die Zeitangaben variieren. Wenn z. B. im Juni ein Räumungsverkauf durchgeführt werden soll, dann bräuchte man anstelle der September-Daten die Mai- oder April-Daten. Soll HAKA für Dezember geplant werden, so nähme man statt der September-Daten eher Oktober-Daten. Die folgende Kalkulation kann **nicht** wissenschaftlich hergeleitet werden. Vielmehr stützt sie sich auf die Erfahrungen des Verfassers und auf Erfahrungen und Berechnungen mehrerer verschiedener Unternehmensberater.[43]

---

[43] Vgl. z. B. Petri, F.: Kaufraumplanung.

Berechnung Planumsatz

a) Methode überdurchschnittlicher Tagesumsätze	Minimum	Maximum
Räumungsverkauf 1. Tag	30.000 €	45.000 €
Räumungsverkauf 2. Tag	12.000 €	18.000 €
Räumungsverkauf 3. Tag	18.000 €	27.000 €
Räumungsverkauf 4.–24. Tag	126.000 €	189.000 €
Summe Umsatz RVK Gesamt	**186.000 €**	**279.000 €**
b) Methode Monatsumsätze (Durchschnittlicher Monatsumsatz × 1,5 bis × 2,5)	Minimum	Maximum
Summe Umsatz RVK Gesamt	**112.500 €**	**187.500 €**
c) Methode bester Tag und Monat	Minimum	Maximum
Räumungsverkauf 1. Tag	17.500 €	47.500 €
Räumungsverkauf 2. Tag	7.000 €	19.000 €
Räumungsverkauf 3. Tag	10.500 €	28.500 €
Räumungsverkauf 4.–24. Tag	73.500 €	199.500 €
Summe Umsatz RVK Gesamt	**108.500 €**	**294.500 €**

Jeweils wird unterschieden zwischen „worst case" (denkbar ungünstigster Fall, sehr schlechte Witterung, schlechte Werbung etc.) = „Minimum" und dem „best case" im Sinne von nicht zu optimistisch und mit großer Wahrscheinlichkeit noch realisierbar = „Maximum". In der Praxis sind auch schon Fälle aufgetreten, bei denen noch weitaus mehr als der „Maximum"-Wert erzielt wurde.

Bei Methode a) entstehen die Planumsätze wie folgt:

1. Tag	5 × Tagesumsatz (doppelter bzw. dreifacher Wert)
2. Tag	2* × Tagesumsatz (doppelter bzw. dreifacher Wert)
3. Tag	3* × Tagesumsatz (doppelter bzw. dreifacher Wert)
4.–12./24. Tag	1 × Tagesumsatz jeweils (doppelter bzw. dreifacher Wert)

* Evtl. tauschen, hängt vom Wochentag ab. Gute Erfahrungen bei Start mit Donnerstag als erster Tag.

(doppelter Tagesumsatz für worst case, dreifacher Tagesumsatz für best case, bei Umbau nur 4.–12. Tag berechnen, also neun Tage; bei Aufgabe 1.–24., also 21 Tage)

Bei Methode b) wird der durchschnittliche Jahresumsatz : 12 = ein Durchschnitts-monatsumsatz herangezogen und mit dem Faktor 1,5 bis 2,5 multipliziert. Bei in allen Belangen gut organisierten Räumungsverkäufen dürfte es normalerweise kein Problem sein, den 2,5-fachen, normalen Monatsumsatz zu erreichen. Problematisch ist dieser nur, wenn von vornherein sehr wenig Frequenz vorhanden ist (z. B. 1c-Lage, 2b-Lage, sehr ländlich). Dann kommt es stark auf die Werbung an (vgl. mit einem Möbelhaus, das sich selbst Frequenzen schaffen muss).

Bei Methode c) gilt:

1. Tag	5 × durchschnittlicher Tagesumsatz der beiden besten Monate – z. B. Dez. + Sept.; best case: Bester Tag des Monats mal 5
2. Tag	2* × durchschnittlicher Tagesumsatz; best case: Bester Tag des Monats
3. Tag	3* × durchschnittlicher Tagesumsatz; best case: Bester Tag des Monats
4.–12./ 24. Tag	1 × durchschnittlicher Tagesumsatz jeweils; best case: Bester Tag des Monats

* Evtl. tauschen, hängt vom Wochentag ab. Evtl. auch zwei bis drei aufeinanderfolgende Jahre als Basis nehmen wegen „Ausrutschern", die vorkommen können (z. B. schlechtes Wetter).

Manche Berater verwenden für Methode c) im „worst case" den schlechtesten Tag des Monats als Grundlage oder den zweitschlechtesten. Nach Erfahrungen des Verfassers kommen dabei jedoch unrealistisch niedrige Werte heraus.

Fazit der Umsatzschätzung

Die Abwägung des zu erreichenden Umsatzes bleibt letztlich immer nur ein Näherungswert, der niemals genau bestimmt werden kann. Empfohlen wird, einen Mittelwert aller drei Methoden a), b) und c) zu nehmen und diesen ggf. nach gesundem Menschenverstand noch zu modifizieren. Im obigen Beispiel wurde der Mindestumsatz auf **150 T€** angehoben und als Maximalumsatz der Durchschnitt (**255 T€**) verwendet.

Berechnung Liquidität RVK	worst case	best case
Endgültiger Planumsatz	*150.000 €*	*255.000 €*
– Normaler Umsatz dieser Zeit (Vj)	*0 €*	*0 €*
= Brutto-Mehrumsatz BMU	150.000 €	255.000 €
– MwSt. (15,97 %)	23.950 €	40.714 €
= Netto-Mehrumsatz NMU	**126.050 €**	**214.286 €**

→ Bei Umbau-Räumungsverkauf mit normal verlaufendem Wareneingang (ohne „Aussetzen") sind noch die Umsätze abzuziehen, die ansonsten bei normalem Geschäftsverlauf erzielt würden*. In diesem Beispiel ist das nicht nötig (0 €).

→ Ohne MwSt. werden also durch den Räumungsverkauf 126–214 T€ Netto-Mehrumsatz erzielt.

Kontrolle über das Lager

Annahme Durchschnittliche Preisänderungen (häufig zwischen 20–60 %)	*40 %* (durchschnittlich erzielte Reduzierung)
Warenbestand EK	160.000 €
+ maximaler Zukauf	*10.000 €*
= maximal planbarer RVK-Umsatz	214.200 €

→ Kann der Umsatz mithilfe des vorhandenen Lagers überhaupt erreicht werden? In diesem Beispiel geht das genau auf, wenn noch 10.000 € (Vororder oder Postenware) zugekauft wird.

Hinweis: Der nachträgliche Zukauf von Ware, insbesondere Postenware zu vergünstigten Einkaufspreisen, die dann mit überhöhten Mondpreisen kalkuliert wird, um sie dann wieder zu reduzieren, verstößt gegen die guten Sitten und geltendes Wettbewerbsrecht (§ 1 UWG).

Falls Zukäufe, in welcher Art auch immer, kalkuliert werden müssen, dann könnten sie so berechnet werden:

	worst case	best case
– Warenzukauf* WZK	*0 €*	*10.000 €*
– Erzielte Spanne WZK (60 %)**	0 €	6.000 €
= Einstandspreis Zukauf (40 %)**	0 €	4.000 €

* Häufiger Wert: 10 % vom Brutto-Mindestumsatz bei Minimum / 30 % bei Maximum.

** Im Mai / Juni und im Nov. / Dez. sind erhebliche Nachlässe bei Lieferanten möglich.

Somit lässt sich nun der endgültige Liquiditätszufluss aus dem Räumungsverkauf abschätzen. Dieser Wert ist den kreditgebenden Banken meist sehr wichtig, um die Lage einschätzen zu können.

= Netto-Mehrumsatz NMU	126.050 €	214.286 €
– Einstandspreis Zukauf (40 %)	0 €	4.000 €
– Zusätzliche Personalkosten	*0 €*	*520 €*
– Werbung (10 % vom Planumsatz)	15.000 €	25.500 €
– Sonstiges (Verpackung, ...)	2.000 €	3.000 €
– Umsatzverlust von drei Verkaufstagen	0 €	0 €
= Nettoliquidität aus RVK	109.050 €	181.266 €

*   Eine zusätzliche Aushilfe 400 € plus 30 % Abgaben.

** Nur bei Umbau und gleichzeitiger Schließung anzusetzen (z. B. drei Tage).

→ Die grobe Schätzung des Kapitalzuflusses aus Räumungsverkaufen ergibt
   in diesem Beispiel etwa 110–180 T€.

→ Somit kann der Veranstalter ungefähr abschätzen, ob z. B. Immobilien und
   private Sicherheiten bei der Geschäftsaufgabe in Mitleidenschaft gezogen
   werden oder nicht.

Literaturverzeichnis

Im folgenden Literaturverzeichnis erscheinen zuerst die im Buch verwendeten Kurztitel und dann die bibliografischen Angaben.

Anklam, H.:   – EH-BWL-Fallstudie –, Manuskript an der LDT Nagold, Nagold 1992.

Anklam, P.:   – Sortimentsplanung –, Sortimentsplanung und -kontrolle im Textileinzelhandel, unveröffentlichte Diplomarbeit am Lehrstuhl für Marketing und Handel (Prof. Dr. Berekoven) an der Universität Erlangen–Nürnberg 1989.

Anklam, P.:   – Kalkulation und Preispolitik im Textileinzelhandel –, (Reihe TW-Management, Bd. 2), Frankfurt am Main 1997.

BAG (Hrsg.):   – Vademecum –, Vademecum des Einzelhandels, Köln, diverse Jahrgänge 1994–2004.

BBE (Hrsg.):   – Cheftelegramm –, BBE-Cheftelegramm Textil Nr. 318 vom 08.06.1995.

BBE (Hrsg.):   – Branchenreport –, BBE-Branchenreport „Textil-Bekleidung", Köln, diverse Ausgaben 1987–2002.

Beyer, H.-T.:   – Finanzwirtschaft –, Finanzwirtschaft I, 5. Aufl., Nürnberg 1985.

Berekoven, L.:   – Einzelhandelsmarketing –, Erfolgreiches Einzelhandelsmarketing, München 1990.

BTE (Hrsg.):   – Taschenbuch –, Taschenbuch des Textileinzelhandels, Deutscher Fachverlag GmbH, Frankfurt am Main, diverse Ausgaben der Jahre 1990–2007, darunter Daten des IfH Köln und der FfH Berlin.

Casson, H. N.:   – More Net Profit –, Mehr Reingewinn, übersetzt von F. Kaufmann und W. Sachs, Berlin 1928.

Conz, B.:   – Beratung –, Mehr Mut zu weniger Beratung, Verkaufsanalysen in vier Einzelhandelsbetrieben, hrsgg. von RGH, Redaktion: H.-J. Zellekens, Köln 1976.

Eickhoff, M.: – Erfolgsforschung im Bekleidungseinzelhandel –, Schriften zu Distribution und Handel, Bd. 23, hrsgg. von Ahlert D., Frankfurt am Main et al. 1997.

Gabler-Verlag: – Wirtschaftslexikon –, (Hrsg.) Gabler Wirtschaftslexikon, 11. Aufl., Wiesbaden 1984.

Gälweiler, A.: – Strategische Unternehmensplanung –, Strategische Unternehmensplanung, in: Planung und Kontrolle, hrsgg. von H. Steinmann, München 1981, S. 84–101.

Gälweiler, A.: – Strategische Unternehmensführung –, Strategische Unternehmensführung, Frankfurt am Main und New York 1987.

Geil, H.-P.: – Warenwirtschaft –, Manuskript „Warenwirtschaft" an der LDT Nagold, Nürtingen 1996.

Greipl, E.: – Marktanteile –, Bestimmung und Würdigung von Marktanteilen, in: Erfolgskontrolle im Marketing, Band 1, hrsgg. von Böcker, F. und Dichtl, E., Berlin 1975.

Grimm, U.: – Strategische Faktoren – Analyse Strategischer Faktoren, Wiesbaden 1983.

Hedley, B.: – Portfolio –, Strategy and the „business portfolio", in: Long Range Planning Nr. 1/1977.

Hurth, J.: – Erfolgsfaktoren –, Erfolgsfaktoren im mittelständischen Einzelhandel, Frankfurt am Main 1998.

IfH (Hrsg.): – Betriebsvergleich –, Umsatz, Kosten, Spannen und Gewinnzahlen des Betriebsvergleiches, Absatzgrößenklassen-Ergebnisse der Einzelhandelsfachgeschäfte im Jahre 1994, hrsgg. von Müller-Hagedorn L., Göttingen 1995.

Lenz, M.: – So kalkuliere ich –, So kalkuliere ich gewinnbringend, Schriftenreihe zur Berufs- und Betriebsförderung, Bd. 62, hrsgg. von BBE GmbH, 1. Aufl., Köln 1979.

Männel, W.: – Bilanzanalyse –, Bilanzpolitik und Bilanzanalyse, Nürnberg 1987.

Michels, R.: – Erfolgreich rechnen –, Erfolgreich rechnen und analysieren im Textileinzelhandel (Reihe TW-Management, Bd. 1), Deutscher Fachverlag, Frankfurt am Main 1994.

Moritz, S.: – Fast Seller –, Bestimmung geeigneter Kennzahlen zur Lokalisierung von „Fast Seller" im Textileinzelhandel, Betriebswirtschaftliche Schriftenreihe, Bd. 36, Münster 1987.

Obermann, W.: – Rationelle Betriebsführung –, Rationelle Betriebsführung im Textil-Einzelhandel, Teile I. und II., Manuskript der LDT Nagold, 8. Aufl., Nagold 1979.

Petri, F.: – Kaufraumplanung –, Manuskript Kaufraumplanung an der LDT Nagold, Nagold 2007.

Spiegel-Verlag: – Outfit 5 –, Outfit 5. Kleidung, Accessoires, Schuhe, Duftwässer, Hamburg 2001.

TextilWirtschaft: – Kundenmonitor , Kundenmonitor 08/2006 der Zeitschrift TextilWirtschaft, Frankfurt am Main 2006.

Villiger, R.: – Einzelhandel –, Einzelhandel – Planung, Steuerung und Kontrolle des Warenbestandes, Bern und Stuttgart 1981.

Wiswede, G.: – Mode und Absatzwirtschaft –, in: Handwörterbuch der Absatzwirtschaft, hrsgg. von Tietz, B., Stuttgart 1974.

Wiswede, G.: – Modesoziologie –, Theorien der Mode aus soziologischer Sicht, in: Marketing-Soziologie, hrsgg. von K. Specht und G. Wiswede, Berlin 1976, S. 393 ff.

Ziegler, W.: – Limit –, Manuskript „Limit" an der LDT Nagold, Nagold 2006.

Die Fach-Enzyklopädie rund um Mode und Stoffe

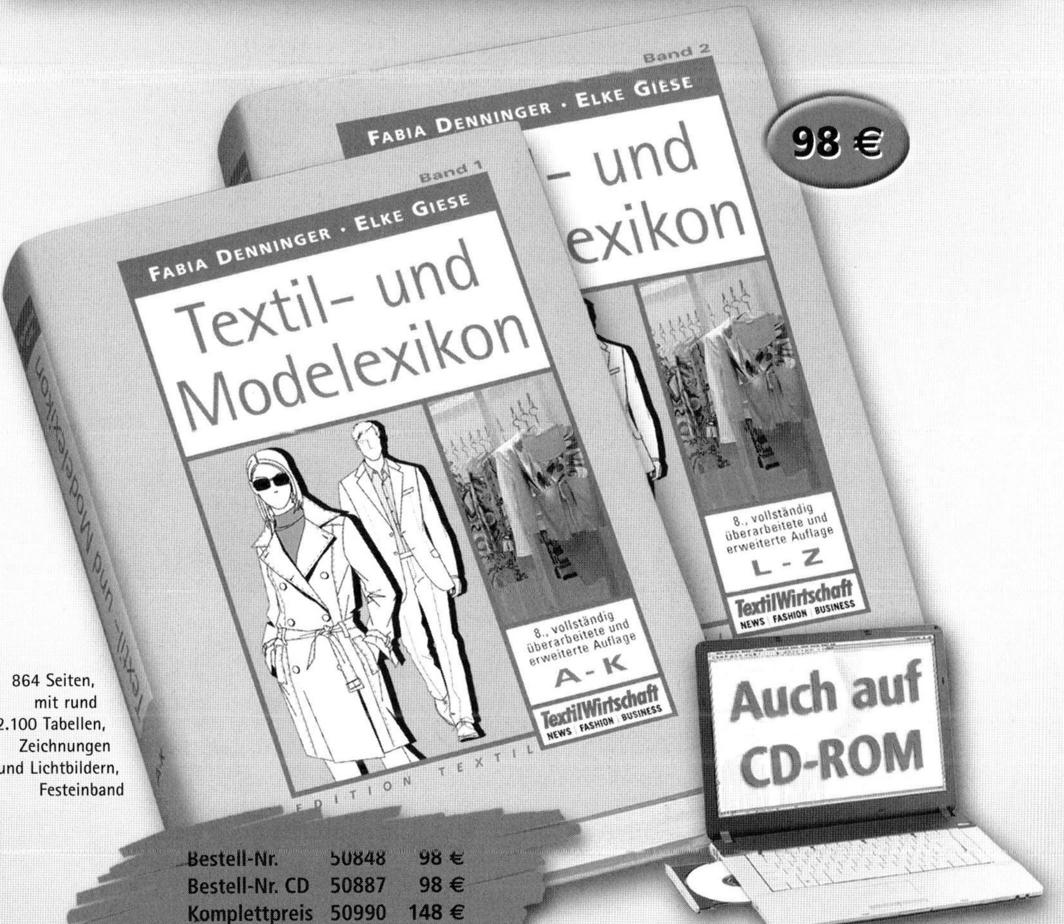

864 Seiten,
mit rund
2.100 Tabellen,
Zeichnungen
und Lichtbildern,
Festeinband

Bestell-Nr.	50848	98 €
Bestell-Nr. CD	50887	98 €
Komplettpreis	50990	148 €

Der Klassiker:
8., völlig überarbeitete und erweiterte Neuauflage

Der Klassiker bietet Ihnen:

- Über 6.000 Stichworte fachlich präzise und hochkonzentriert
- Über 120.000 Querverweise veranschaulichen das komplexe System von Mode- und Textilwirtschaft
- Über 2.100 Zeichnungen, Fotos und Übersichten zur Veranschaulichung von schwierigen Zusammenhängen
- Seit über 45 Jahren hochbewährt in Lehre und Praxis

Bestelladresse:
Deutscher Fachverlag GmbH
Gerlinde Manus
Mainzer Landstr. 251
60326 Frankfurt am Main

oder:
Tel.: 069 / 7595-2124
Fax: 069 / 7595-2110
E-Mail: buchverlag@dfv-fachbuch.de
Internet: www.dfv-fachbuch.de

dfv DEUTSCHER FACHVERLAG FACHMEDIEN
Da steckt viel Praxis drin!

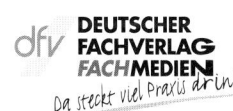